扶贫经济与产业发展

FUPIN JINGJI YU CHANYE FAZHAN

林嘉骒◎著

中国文史出版社
CHINA CULTURAL AND HISTORICAL PRESS

《政协委员文库》丛书
编辑委员会

林嘉騄（2014年）

辑二　科技创新与产业发展

附 录

辑一

扶贫经济

一本书成为我工作的指路明灯

习近平总书记曾在福建任职17年，他的第一部个人专著《摆脱贫困》是在福建任宁德地委书记时，针对闽东地区经济发展而撰写的，总结了他在闽东地区的工作实践和经验。自担任党和国家最高领导人后，他依然长期关心扶贫工作。习近平总书记在党的十九大报告中，再次把扶贫提到新的战略高度，并对扶贫攻坚提出了新思想、新目标和新征程。

我离开福建省政府实职岗位后，即赴京任中国扶贫开发协会执行副会长，在国务院扶贫办及协会的胡富国会长领导下，直接参加到我国扶贫工作中。我参加了全国政协组织的三次革命老区、贫困地区调研活动，在革命圣地延安，太行山革命老区，福建长汀、古田及江西瑞金、吉安、井冈山地区接受了革命传统教育。目前，我下乡考察的足迹遍及祖国山山水水。

我认真细读了习近平总书记《摆脱贫困》一书，领会了总书记新理念、新思想、新战略，并将其与扶贫济困工作紧密结合。同时又沿着习近平总书记曾经工作过的地方——福鼎赤溪村"中国扶贫第一村"、寿宁县下党乡下党村、福安市毛家坪等地，进行考察学习。这段考察学习带给我很多启发：

首先，习近平总书记在《摆脱贫困》之"弱鸟如何先飞"中指出："大家边走边调查、思考、研究，思绪始终集中在一个问题上：在'海阔凭鱼跃，天高任鸟飞'的发展商品生产经济的态势下，闽东这只'弱鸟'可否先飞，如何先飞？"考察后发现，贫困地区除了交通不便、制约经济发展以外，更重要的是思想观念落后，"等、靠、要"思想观念根深蒂固，主观能动性不够。扶贫先"扶志"，先进行"思想扶贫"，要"弱鸟先飞""弯道超车"，进行跨越式发展、超常规发展，要发扬南泥湾精神，"自力更生，丰衣足食"，靠自己的双手与智慧摆脱贫困，不能有"懒汉思想"。其实玻璃大王曹德旺、娃哈哈集团董事长宗庆后都是农民，他们就是在中国共产党改革开放的政策鼓励下，靠勤劳致富的。

其次，我是第九届至第十一届全国政协委员，先后对我国扶贫工作提出过多份系列提案。我曾建议扶贫工作进行两大战略转移，一是从输血式扶贫向造血式扶贫转移，二是从救灾救济式扶贫向产业扶贫转移。按习近平总书记指示来说，"授人以鱼"固然不错，但"授人以渔"更重要。要进行必要性的输血，更要有自己能动性的造血，既要与外界积极互动，又要发挥自身的主观能动性。观念先飞，思想先行，敢想敢干，才有可能加快发展步伐。

我还提出希望国务院"扶贫办"更名为"富民办"的建议，从而解决城市贫富差距问题。我曾提出了与农民工有关的户籍制度改革（身份证加居住证）、住房制度改革（廉租房）、子女教育改革、计划生育政策改革等问题，先后被有关部委采纳，北上广深已经成为改革的试点。

2017年我沿着习近平总书记在福建宁德任地委书记时曾经走过的路，进行了学习考察，体会颇深，受益匪浅。

1989年7月19日，习近平总书记第一次徒步走进福建寿宁县下党乡下党村，慰问群众，现场办公解决问题。当年寿宁县是闽东著名贫困县，下党乡是无公路、无自来水、无照明、无财政收入、无政府办公场所的"五无乡镇"。习总书记冒着炎炎烈日，头戴草帽，肩披毛巾，手拄木杖，带领20多名干部徒步行走了两个多小时。习总书记与当地农民交谈时，他深切体验到了"下乡的味道"。现场办公会上，习总书记当场表态，支持下党建设资金72万元，其中40多万元用于水电建设，解决百姓用水、用电困难的问题。会后，习近平总书记又徒步走了两个多小时到达溪源村，怀着对老区人民的深情厚意，关心百姓疾苦。

习近平总书记三次造访下党乡，如今当地企业家把"下乡味道"注册为商标，农副特产品销往全国各地，当地农民高兴地告诉我，他们已脱贫。寿宁县委把下党乡建成了党建基地，用于开展党建培训工作。

福鼎赤溪村原是少数民族畲族村，也因此被称作"中国扶贫第一村"。这个村在历史上也是极度贫困的村落，当地政府整合全社会资源，利用其生态文化、民俗文化、红色文化，发展旅游产业，农民也富了起来。

2016年中国内燃机协会在福鼎开年会，我在年会上将协会展示的100多台小型割草机、插秧机、喷灌机争取来，全部赠送给了赤溪村。

《摆脱贫困》一书是我搞好扶贫工作的指路明灯，习近平总书记扶贫战略的思想激励我奋勇向前。为了2020年全面建成小康社会，我至今还不顾疲劳，奔波在贫困地区，为贫困地区经济发展献计献策。

习近平总书记的《摆脱贫困》带给我一个启示，便是理论要联系实际，读书不但可以增加知识，而且还可以结合当今的经济发展，为社会和谐稳定贡献自己的力量。多读书，读好书，把书读活。

2018年

习近平的生态文明观，惠及子孙万代

改革开放40年，我国经济发生翻天覆地的变化，取得举世瞩目的成就，人民生活水平大幅度提高，经济总量超过日本，排在世界第二位，人均年收入9000多美元，人民享受到了改革开放的成果。

但是贫富差距加大，城乡差距加大，沿海开发开放城市和内地城市差距加大，东部与中西部经济发展差距加大。习总书记在福建宁德地区任地委书记时，执政经验总结在《摆脱贫困》一书中，时任福建省委书记项南为书作序，如今已经作为国家扶贫攻坚战经典之作。我们力争在2020年把我国全面建成小康社会、592个国定贫困县全部脱帽，我国的脱贫解困经验也将为扶贫国际化提供经验，也将为习总书记提出的"构建人类命运共同体"做出贡献。

经济快速发展，导致资源过度开发，环境污染。东部地区走发达国家发展老路，先发展后治理。其经验教训值得中西部地区借鉴。习总书记指出："生态环境特别是大气、水、土壤污染，已成为全国建设小康社会突出短板。"各类环境污染呈高发态势，成为民生之患、民心之痛。习总书记还指出："环境就是民生，青山就是美丽，蓝天也是幸福，绿水青山就是金山、银山，保护环境就是保护生产力，改善环境就是发展生产力。"

我曾在习总书记手下工作过，深有体会，时任福建省长的习总书记决心把福建建成"生态省"，因为革命老区长汀水土流失，发生洪涝灾害。习总书记心系百姓，关心子孙后代的幸福，任党和国家领导人后，把生态文明建设和扶贫济困升格为国家战略，"建设生态文明，关系人民福祉，关乎民族未来"，"生态环境保护是功在当代、利在千秋的事业"。

为了认真学习、贯彻习总书记生态观，近期我们着重要做好以下工作：

第一，筹备成立"中国投资协会生态产业投资委员会"，组建生态产业联盟，调动全社会积极性，整合资金、人才、市场、信息，共同推动生态产业发展。

第二，组建生态产业投资基金，帮助中小生态企业解决资金困难问题。

第三，成立"生态商学院"，轮训中小企业、乡镇干部及村干部，提高生态意识。

第四，成立"生态研究院"，致力于生态标准化、生态文明考核指标、生态文化、生态旅游、生态健康、生态养生、生态养老，打造生态特色小镇，致力于生态综合田园建设。

第五，遵照习总书记指示精神，探讨绿水青山就是金山银山的观念转换，转换商业模式。

第六，探索构建"生态家庭，生态社会，生态人类"，最终达到"人类命运共同体"，达到世界大同的光辉未来。

第七，解决当地民生问题。前不久，我们到石嘴山大武口区调研资源枯竭型城市，为城市产业转型献计献策。神华集团有一个废弃矿山，原有的废弃厂区、小镇将被打造成工业旅游胜地，同时搞土地修复、土地复垦治理示范，打造生态治理特色小镇，利用生态文化，开展生态旅游。

（原载于凤凰新闻社）

惜土如金

——关于加强福建省耕地保护工作的几点思考

民以食为天。耕地是难以再生的重要资源。福建省人均耕地居各省末位，情势不容乐观。认认真真贯彻土地基本国策，是当前重要任务。前不久我先后到福建省八个地市进行调查，深感土地管理工作喜中有忧。可喜的是，通过实施机构改革和土地管理体制改革，全省各级土地管理机制得到进一步健全和完善，一半以上的市、县基本建立了新型的土地管理体制，保持了全省1500万亩基本农田保护区面积的稳定。但是，福建省土地管理工作还存在不少问题、困难和深层次矛盾，必须认真解决。

要正确处理建设用地和保护耕田的矛盾。随着经济发展，建设用地剧增。一些地方试图以土地敛财，片面强调土地经济效益，提出"以地换桥、以地建路、以地兴城"的口号，甚至还给土地管理部门下达土地收益硬指标，否则将土地局长就地免职，这势必形成一股新的用地、占地热。

要合理调整农业内部结构，防止乱占耕地。目前福建省农业内部结构调整占用耕地数量过多，分布上由沿海向内地转移。据统计，从1986年至1994年，福建省农业内部结构调整占用耕地多达33.58万亩，占同期耕地减少数的44.9%，尤其是从1990年开始，我省养鳗、养鳖业从沿海地区向内地山区转移，目前特种养殖业规划面积已达83540亩。由于它严重破坏耕地的耕作层，造成难以复耕的后果，酿成耕地严重流失。

要严禁圈地抛荒。福州、莆田、泉州等地存在大量土地闲置未开发。据统计，全省共有闲置土地2万多亩，同时还有近2万亩已完成"三通一平"建设的成片土地可供二次招商或开发。当前，必须严格审批制度，加大清理力度，盘活存量土地资产，节约用地，改善投资环境。

要控制城镇建设用地。目前，各地城市规划区和新村建设向外沿发展势头过猛，侵占耕地的现象日趋严重，令人担忧。

要通过立法加强保护耕地。在计生、土地、环保三大国策中，目前土地国策地位最弱，主要原因是部分地方领导对保护耕地的重要性、紧迫性认识不足，土地管理缺乏强有力的手段，执法困难。现有的《土地管理法》中对毁坏耕地还没有明确的处罚规定；福建省的耕地保护条例覆盖面和保护力度也不够；同时土地执法人员编制、经费、装备等都待解决和强化。

此外，如何适当调整基本农田保护区规划、扶持龙岩地区去年遭受"8·8"特大洪灾水毁耕地14278亩的复耕等问题都应解决。

总而言之，福建省必须加大贯彻执行土地基本国策的力度，转弱为强，珍惜八闽每一寸土地。

（原载于《福建科技报》1997年4月24日）

提高福建省的抗灾救灾能力

去年，福建省各地遭受严重的自然灾害，人民生命财产遭受重大损失，工农业生产受到严重破坏。

据统计，全省因灾死亡82人，伤6147人；倒塌房屋38.8万间，损坏88.9万间；农作物受灾面积为55.29万公顷，造成直接经济损失71.8亿元。近年来，福建省抗灾救灾能力虽然有了明显的提高，但由于部分山区受经济条件、气候恶劣的因素制约，抗灾能力比较弱，泄洪能力差。一下暴雨就成灾，造成自然灾害不断的除客观原因外，还存在着许多主观上的问题，主要表现在：

1. 资金短缺，水利工程投入过少。有限资金没有集中使用，造成水利设施质量低，抗灾救灾能力弱。有些河道长期没有整治，致使河床上升，还有的没有构筑防洪坝等。

2. 农村房屋布局不合理，墙体不牢固，经不起洪水浸泡与冲刷。农民住房地基不牢，地基太低或是紧靠河边，受河流冲刷，地基下沉，房屋倒塌。紧靠山脚下的农房又易受泥石流侵袭等。

3. 有些乡镇、县城城关的位置选择不当，低于二江或三江交汇处，上游又没有一定库容量的水库，一下暴雨，江水猛涨，位于交汇处的乡镇或城关易受害。如清流县城关四面环水，一面靠山，龙津河呈"几"字形环绕城关，该河流经城关时，阻力增加，流速明显减缓，不利于快速泄洪。

4. 由于体制上的原因，位于清流县下游的安砂水库（属省水电部门管理）到了汛期，清流县上游洪水下泄，地方政府无权要求安砂水库提前放水泄洪。而水库为了发电需要，应保持一定的库容量，这是一对矛盾，致使上游洪水无法及时泄走，引发灾害。

对策：

1. 为了提高抗灾防灾能力，应加大水利工程投入。除了国家投入之外，应鼓励外商及民营企业家投资兴建电站及水库，实行水资源有偿使用政策，使投资者有利可图。县、乡、村三级应搞好水利建设规划，制定短期与中长期发展规划，特别对江河溪流综合整治应有个通盘考虑，发电与灌溉相结合，发展旅游与水产养殖相结合。省级财政应对大型水利工程给予支持。

2. 利用冬闲时期，兴修水利，清理河道，构筑河坝。大规模群众行动可以义务劳动性质开展。

3. 改建土墙屋，重建家园房屋应上档次，盖砖混、砖木结构，以抗冰雹与洪水。房屋成片倒塌的重灾区应重新规划。在离河道远、地基实的地方建房，而且要打好地基，尽量避免在山脚下盖房，以免泥石流侵袭。

4. 抗灾救灾应与发展经济、发展生产结合起来，培养自身造血功能，增强自身抗灾救灾能力。

5. 加强对抗灾救灾资金的管理，下拨到基层的抗灾救灾款，应加强监督、定期审计，不准挪作其他用途，以保证资金到位、合理使用。

（原载于《福建科技报》1998年3月5日）

借鉴巴西发展经验，搞好我国中西部开发

巴西属发展中国家，位于南美洲东部，拥有851万平方公里国土及1.5亿人口，是拉丁美洲第一大国。由于自然地理、气候及历史原因，沿海东南部和南部地区经济较发达，而处于内陆的中西部和北部地区经济十分落后，东北部地区最穷。

巴西政府为了改变经济发展不平衡现象，采取一系列改革措施：一是迁都，将首都由沿海的里约热内卢迁往内陆中部的巴西利亚；二是在北部亚马孙地区马瑙斯建立自由贸易区；三是利用人文自然景观优势，发展旅游业。

巴西政府于20世纪80年代又先后成立亚马孙地区开发署、中西部开发署和东北部开发署，负责制订本地区经济开发规划，向海内外筹集资金，搞活经济基础设施建设，并计划在落后地区增设新自由贸易区，投资建设从马瑙斯到巴西利亚长2000多公里的公路，充分开发当地旅游资源。

90年代以来，巴西又实施金融改革、紧缩银根、增加税收，对外开放市场，降低进口关税，引进技术，更新设备，增强民族工业竞争力，同时推行国有企业私有化，精简政府机构，开展廉政建设等，取得一定成效。

30多年的实践证明，巴西政府具有战略意义的决策，不仅改变了南北经济发展不平衡现象，也促使全国经济迅速发展。巴西政府发展经济的做法，值得我们借鉴与参考。

迁都巴西利亚

迁都前，巴西利亚仅是一座只有10多万人口的小城镇，工农业不发达。巴

西前总统古比切克提议迁都。从1957年开始，筹集国内外资金10亿美元，耗时三年多时间，兴建新都。1960年4月，巴西首都由里约热内卢迁往巴西利亚。如今巴西利亚已成为拥有5814平方公里面积、10个卫星城及200多万人口的现代化城市。巴西利亚建筑汇集世界各地建筑艺术精华，被誉为"世界建筑博览会"，整个城市用鲜花、绿草、树木及喷泉点缀，形成一个现代化的观光旅游城。

1973年为了推动中部地区农牧业发展，巴西政府又在巴西利亚成立巴西农牧业研究公司，用科学技术解决农牧业发展问题，培育出适合中部草原地区种植的大豆新品种，并全面推广。如今，巴西大豆产量达2600万吨，居世界大豆产量第2位。同时大量引进国外优良杧果、柑橘及柠檬等果树，利用草场优势，大力发展畜牧业。

首都迁移结果使巴西中部草原地区逐步发展成为一个工业、商业、农牧业综合发展地区，中部地区经济发展发生翻天覆地的变化。

建立自由贸易区

亚马孙河首府马瑙斯位于亚马孙河中部，在支流、黑河及索里孟斯河交汇处。该城建于1910年，当时欧洲大批移民进入了马瑙斯开发胶林，采集橡胶，制造轮胎。马瑙斯原来也是一个小城镇。1957年，前总统古比切克提议建设马瑙斯自由贸易区，制定优惠政策，吸引私营企业到自由贸易区投资办厂，可享受10年免交所得税；用于扩大再生产的进口商品可免交进口税；从国内其他地区购入消费品和材料免交商品流通税。还设立亚马孙投资基金，用于扶持具有战略意义的重点项目。

由于丰富的自然资源和优惠政策，巴西全国各地私营企业及欧美、日本外商纷纷到特区办厂。目前在自由贸易区内已有近百个工业门类。独资、合资企业1000多家，就业人员10多万人。贸易区内总产值达98亿美元，其中电子产品占60%。特区生产彩电产量占全国的80%，产品运销30多个国家和地区。如今，马瑙斯已成为亚马孙原始森林中一颗璀璨的明珠，它已形成拥有14337平方公里面积、150万人口的现代化城市。

发展旅游业

巴西有丰富的人文、自然景观供游客观光游览：神秘的亚马孙原始森林、闻名于世的伊瓜苏大瀑布、花园城市巴西利亚、令人神往的圣保罗东方社区以及里约热内卢热情奔放的嘉年华、桑巴舞及其阳光与沙滩。

在亚马孙原始森林，可以领略当地土人风情，观赏奇花异草及珍稀动物。有世界最大的亚马孙浮莲，有食人鳄鱼和食人鲳。还可乘坐小型飞机从空中俯瞰马瑙斯市及黑河与索里孟斯河交汇景色，黑色河水与黄色河水汇流一处而互不相容，泾渭分明，长达8公里。

伊瓜苏大瀑布横跨巴西、阿根廷和巴拉圭三个国家，瀑布高80米，宽5公里，为世界最宽的瀑布。分布在绵延近3公里的长水湾中，与加拿大尼亚加拉瀑布和津巴布韦维多利亚瀑布，并称世界三大瀑布，为世界八大奇景之一。

巴西利亚整个城市呈飞机形。"机头"集中了总统府、国会、法院及各部大楼。总统府叫黎明宫，在巴西利亚最东面。国会大厦由两座并立、式样相同、28层高的白色大楼组成，中间有一横梯相连，外部呈"H"形，象征葡萄牙语中"博爱"的第一个字母。众议院由两个白色碗形建筑物组成，一个碗口朝上，表示广泛听取人民意见，一个碗口朝下，表示综合人民意见。司法宫前有一座少女雕像，被蒙上双眼，静坐在那里，表示法不认人，铁面无私。外交部前的石头雕刻由五块不规则石块组成，看上去像一朵莲花。把五块石块组合在一起可以组成一个"地球"，五块石雕表示五大洲，象征五大洲团结。巴西利亚城"机身"部位是城市交通主轴，道路两旁由两排高楼组成，仿造欧洲建筑风格。飞机两翼是商业区、住宅区和使馆区。"飞机"尾部为文化区和运动区，建有218米高的电视塔。

国际性大城市圣保罗是巴西最大的工业、商业、贸易、文化中心，居住葡萄牙人、日本人、中国人、韩国人、西班牙人、德国人、非洲人等。城内最著名的东方社区，居住大约60万日裔巴西人，该区是除日本之外最大的日本人社区，街道店铺鳞次栉比，摆满各种日货，店面招牌全是日文，路灯也是日式挂笼设计。餐厅、酒楼遍布其中，游客可在那里品尝生鱼、寿司。

里约热内卢每年2月的嘉年华吸引了世界各国游客来此欣赏热情奔放的巴西女郎狂歌劲舞。此外，还有迷人的沙滩，供游客尽情享受。游客也可乘直升机从空中俯瞰里约热内卢市全貌或乘滑翔风筝漫游空中。

关于开发中西部地区的建议

1. 我国改革开放20多年的经验表明，设立深圳、珠海两个特区，开放上海、宁波、厦门等沿海城市是党中央的英明决策。建议在中西部地区邻近中亚及南亚边境线上设立一至两个自由贸易区（依照巴西马瑙斯自由贸易区的做法）。选择中西部地区有关省份，继续对外开放一批内陆省会城市，实行优惠政策。与东南沿海特区与开放城市交相辉映，形成全方位对外开放格局，迅速消除东西部地区经济发展差距，以迎接加入WTO挑战，迎接知识经济全球化的到来。

2. 制定优惠政策，鼓励东西部地区横向联系，充分利用中西部地区的资源优势、地域优势、劳动力便宜优势，吸引东部地区资金和人才，共同开发，共同富裕，优势互补，相得益彰。

3. 制定优惠政策，鼓励外资及国内民间资金投资金融、房地产、旅游及发展中介咨询服务产业。

4. 利用梯度扩散理论，借沿海地区产业结构调整之机，把传统产业转移到中西部地区，为进一步发展高新技术产业奠定基础。

5. 充分利用当地矿产资源和农产品资源丰富优势，发展深加工工业，提高产品的技术附加值，满足国内外市场的需求。

6. 大力引进国外先进技术、人才、资金进行中西部地区工业结构调整及农业结构调整。

7. 采用高薪聘请及来去自由原则，吸引海内外高级人才支援中西部地区开发与建设。

（原载于《华东科技》2000年第5期）

加强福建环保工作，实施可持续发展

1996年，各级环保部门紧紧围绕中央提出的实施可持续发展和科教兴国战略，认真贯彻落实全国、福建省第四次环保大会的精神，在福建省委、省人大和省政府领导的关心下，努力适应新形势的需要，根据福建省环保四大治理工程的实际情况和环境现状，采取有力措施，突出工作重点，克服薄弱环节，较好地完成了省委、省政府下达的各项任务指标，治理工作取得了新进展。

一、治理概况

1. 泉州晋江，南安的磁灶、官桥、内坑及水头四镇的建陶业烟尘治理

该项目经省直有关部门和泉州市共同努力，采取强有力措施，先后筹措资金1.2亿元，贷款近10亿元投入治理，目前已完成窑炉治理2515座，占总数的100%，基本完成了治理任务。根据省环保局的监测，经过治理，年减少烟尘排放1.4万吨，节约燃煤5.3万吨，价值100.6万元；减少SO_2排放6057吨、$NO_2$44245吨、废渣11.5万吨，基本达到"不冒黑烟、达标排放"的要求，大气质量明显改善。

2. 闽江流域水环境综合整治

沿江各地市、部门和企业认真贯彻南平会议精神和省政府《关于环境保护若干问题的决定》，按照综合整治方案的要求，加大治理投入，减少污染物排放总量。到目前为止，共减少COD5.17万吨，超计划26%，其中取缔关停"十五小"企业中，闽江沿岸的就有193家，减少了COD3.6915万吨，占总量的26.9%；年减少废水排放2.931万吨，占原排放总量的6.4%。闽江水环境质量

得到了较好的改善。

3. 制鞋业"三苯"有机废气治理

福建省已治理了26家88条生产线，减少"三苯"排放1017.8吨，占三年总任务的27%。其中莆田市已治理10家，33条生产线；福州市已治理16家，53条生产线；泉州陈埭一带在突破"三苯"废气处理技术的基础上，对固体废物污染、水污染和噪声污染等开展综合整治，并积极引导制鞋业摒弃家庭作坊，走上规模经济和科技进步的发展道路。

4. 小水泥粉尘污染治理

《治理工作的总体方案（草案）》已经初审，试点工作取得了新进展，已有9家企业治理后达标。

二、存在的主要问题及建议

总的来说，1996年福建省环保四大治理工程进展顺利，治理工作取得了令人鼓舞的成绩。但还不同程度地存在一些困难和问题。

1. 泉州四镇建陶业烟尘污染经过治理，已取得阶段性成果，达到了验收的目标要求。但在调研时我们发现，目前建陶业烟尘污染治理突出存在两个实际困难：

一是尽管泉州四镇建陶企业比较集中，烟尘污染治理可以统一进行，但由于其中私营企业占大比例，生产规模小，技术工艺落后，经济效益低下，难以投入大量资金开展治理工作。再加上目前采取的国内现有治理工艺技术不能完全过关，进一步进行技术攻关难度很大，若要采取国外工艺成熟、效果显著的治理技术，资金投入大，企业难以承受。

二是这些建陶企业在当初投资办厂时，企业用地大多数没有办理有关手续，厂房设备等固定资产价值又不高，通过走资产抵押的方式向金融部门申请贷款进行技改的路子行不通。因此，一方面环保需大量投入，造成生产成本提高，产品市场萎缩导致经济效益低下；另一方面工艺技术落后，又因资金周转困难，无力进行进一步的技改，使企业难以为继，已成为困扰这些建陶企业发展的两大难题。当前，采取科学果断的措施彻底解决这个问题已迫在眉睫。这个问题若得不到妥善解决，烟尘污染治理就不能断根，必将"死灰复燃"。我们认为，可以学习广东佛山市的做法，由地方政府在政策、资金上采取一些优惠措施进行扶持，让其中部分工艺技术较先进、规模较大、经济效益较好的企业兼并或收购规模小、技术落后、缺乏市场竞争力的小企业，积极开发卫生洁具等档次较高、科技含量较大的新型建材产品，使生产上规模、上档次，走集团化、规模化经营的路子。同时下决心对那些生产工艺原始、设备简陋、产品质量低劣、污染严重的小企业坚决关停。建议由省建材总公司、省经贸委、省环保局等有关单位会同泉州市认真研究，提出具体意见。

2. 闽江流域水环境综合整治在省直各有关部门和沿江各地市政府的共同努力下，水体污染治理取得初步成效，沿江各地政府采取果断措施，坚决取缔关停了5000吨以下化学制浆的小纸厂和其他水污染严重的"十五小"企业，使闽江水质有了明显好转。但是，由于取缔关停工作量大、面广、时间紧，取缔关停后大量善后问题没有得到及时解决，致使目前一些地方已经出现污染回潮现象，三明回潮60%，南平回潮40%，这个问题必须引起重视。

三明、南平和龙岩环保部门的同志提出造成这些取缔关停企业回潮现象的主要原因，既有被取缔关停企业的业主存有等待观望或伺机"死灰复燃"心理的主观原因，也有原材料库存较多、人员安置和转产困难、企业债权债务问题突出等客观原因。特别是企业债权债务问题极为复杂，这个问题有企业与银行、企业与企业之间的债权债务问题，也有企业与集资群众之间的债权债务问题，甚至还有企业与税务部门的债权债务问题。因此如何妥善做好善后工作，已成为防止回潮所亟待解决的问题。

针对这些问题，省环保局也多次强调，必须横下一条心，坚决打击回潮风，同时对"先停后理"问题提出"谁去取缔关停的，就要由谁去处理"的指导思想。但各地提出，由于这些企业的善后工作涉及银行、税务等单位和部门，由地方政府协调有较大困难，且难以采取统一的步骤和措施，因此请示由省政府出面协调有关部门，研究出台全省统一的、可操作性强的办法后，再由各地市贯彻执行。如何积极妥善地做好取缔关停企业的善后工作，不仅关系到闽江流域水环境综合整治工作取得的成果能否得以巩固，还关系到社会的安定团结，因此建议省里，一方面要牵头协调有关部门研究一个统一的办法，帮助各地做好善后工作；另一方面要进一步加大环保执法监督的力度，采取有力措施，对那些敢于顶风作案的人员要坚决严厉地予以打击，以切实防止被取缔关停企业的回潮。

此外，三明、南平市还提出要切实加快闽江流域水环境综合整治的步伐，加大对南纸、青纸、三钢、三化等对闽江水体污染严重的大型国有企业环保资金投入的扶持力度。这些国有大中型企业水污染占闽江水污染总量的比例很大，同时由于在先期的环保治理中不仅取得良好的社会效益，还取得可观的经济效益。如南平纸厂利润的40％来自环保效益，因此他们对环保投入有很高的积极性，但目前在所需环保投入中除自筹部分配套资金以外还存在较大的资金缺口，希望省里在每年的2000万元环保治理专项资金中给予倾斜扶持。我们认为，这笔资金应有重点地集中用于治理闽江流域污染严重的大中型企业，不能"撒胡椒面"。只有对闽江水体污染严重的大中型企业的污染源得以有效治理，闽江水环境综合整治才能实现省委、省政府提出的"一年重大突破，三年大见成效，五年基本变清"的治理目标。

3. 福建省制鞋"三苯"有机废气治理工作由省环保局牵头，在福州、莆田、泉州三地市政府和有关部门的密切配合下，积极落实治理方案，组织技术攻关，已初见成效。但各地治理工作进度不平衡，莆田、福州两地市进展较快，而拥有2296家制鞋企业的泉州市治理工作进展较慢。制鞋企业由于采用不同治理技术，治理成效也参差不齐。应当清醒地看到，今后两年省"三苯"废气污染治理工作任务仍然十分艰巨，治理力度还需进一步加大。

我们考察了莆田涵江金星鞋业公司、莆田运动鞋厂、福清元升礼品厂等部分外资、内资企业，实地考察了"三苯"废气治理情况，其中金星鞋业公司采用北京解放军防化设计院设计的催化燃烧法给我们留下深刻的印象。该技术通过抽风、活性炭吸附、催化燃烧等办法，达到了比较彻底地治理"三苯"废气的效果。同时它还便于操作和管理，安装运行成本较低，是一项值得借鉴和推广的治理技术。调研中发现了两个问题：一是福清某礼品厂在玩具产品制作过程中有大量使用工业胶水的流程，而外商环保意识淡薄，未采取任何防护和治理措施，严重影响了工人的身体健康，应引起有关部门的重视。二是莆田江口联建集团反映，该公司投入200多万元委托省环保科研所设计并安装一套通风设备，由于设计不合理，安装设备不合格，造成治理结果不能达标等问题，使该公司蒙受不必要的经济损失，严重挫伤了外商的投资积极性。建议有关部门认真核实，严肃查处。

4. 福建省小水泥企业主要分布在龙岩、三明两地市。据统计，龙岩市目前经审批的小水泥厂有157家，已投产133家，生产能力为年产200万吨，一般为年产4.4万吨机立窑生产线，三明市经审批的有67家，都已投产，年产168万吨，生产线一般为年产8.8万吨机立窑。我们在龙岩和三明调研发现，这些小水泥厂随处可见，烟囱林立，粉尘污染极为严重。虽然当前水泥市场不景气，许多小水泥企业都已停产，但仍可看到水泥粉尘对当地自然环境造成的严重破坏，可谓触目惊心！

尽管在全省第四次环保大会之后，龙岩市和三明市抓紧开展了小水泥企业粉尘污染综合整治方案的调查和制定工作，并加紧试点企业治理工作，对治理技术进行了有益探索。三明水泥厂试行采用的立窑高效化纤袋除尘技术和在龙岩地区水泥厂采用的水膜加静电一体化除尘技术，取得较好的治理效果，但都存在资金投入大、开机运行成本高等问题，大多数企业难以承受，因此省水泥粉尘污染治理任务仍很艰巨。要解决这个问题，一方面必须结合各地具体情况，加紧进行治理技术攻关；另一方面要积极创造条件，鼓励一些国有大中型企业跨行业跨地区通过兼并、联合或者收购等途径对水泥企业进行资产重组，通过在政策、资金上重点扶持，促使水泥企业走集团化、规模化经营的路子。对那些生产工艺落后、设备陈旧，且资金缺乏、资源利用率低、产品质量差、缺乏市场竞争力的小水泥企业，要下决心予以关停，使有限的资源得以科学合理地开发。

5. 各地环保部门反映，目前环保队伍人员素质参差不齐，专业人才紧缺，有必要考虑在省属大学中设置环保专业，为环保工作培养专门人才。根据目前环保工作形势发展的需要，结合福建省的实际，建议在福州大学设置这个专业。

（原载于《技术开发与引进》1997年2月刊）

海南高效农业巡礼

由国家科技部海峡两岸科技交流中心、海南省科技厅、省台办联合举行的"海峡两岸高效农业科技合作研讨会"最近在海口召开。出席会议的代表共1544人，来自台湾的农业专家学者26人。大会收到论文共33篇，内容涉及高效农业发展战略、农业高科技成果推广、现代农业管理技术在农业上的应用、农产品加工及营销等。会议特邀福建省科技厅参加，会后还分别就福建、海南及台湾三省农业进一步合作交流进行探讨，并达成合作意向。

会议组织大家考察富堂水果基地、合昌台湾鳖场、定安琼台农业合作推广基地、台新水产加工场、大地公司兰花基地及蓬莱芒果园等。

据统计，海南已成功引进台湾90%以上的农业优良品种，有500多种，并已成功推广142个优质品种。引种种类包括：热带水果、瓜菜、花卉、畜禽、水产等，推广辐射面积达60万亩。

海南从台湾引进的先进农业技术包括：优良种苗引进和推广、高科技管理经验、农产品保鲜加工技术、先进农业机械、水果生产期调节技术、蔬菜水栽培技术、工厂化育苗设施及生产技术、水产养殖技术等。

在海南的台资农业企业为琼台农业高新技术合作与交流架起桥梁，起纽带与先导作用。采用高新技术为企业创造丰富的经济效益，如富堂农业庄园的火龙果亩产值可达人民币5万元，莲雾亩产值可达6万元，西红柿亩产值达万元以上。有的台资农民企业的农产品已成为名牌产品，畅销祖国大陆，占领国际市场。

台资农民企业在海南的发展起到了很好的示范作用和推动作用，使海南企业家及农民开阔眼界，改变传统生产和经营模式，促使他们更加主动地要求改良农业品种，并积极向台湾客人学习先进技术，促进海南农业高新技术发展。

通过福建、海南、台湾三省的专家学者交流，大家一致认为，三省农民高新技术合作交流，有利于三省区域经济发展，有利于把福建、海南建成全国水果、蔬菜、花卉、食用菌及水产养殖基地，三省合作交流优势互补，相得益彰。

福建、海南两省正处于从传统农业向现代农业转型的时期，急需引进台湾优良品种、先进技术、管理经验和营销手段。闽、琼两省土地、劳力便宜，气候又属于亚热带及热带气候，与台湾十分相近，是台湾农业外延拓展首选地点。

海南岛面积为3392平方公里，还有周边广阔的海域，属热带地区，比较适合热带水果、蔬菜、花卉种植和水产养殖。海南又是全国环境保护最好的地区之一，山清水秀，空气质量好，海水干净没有污染。我们考察中发现，海南土地及海边滩涂地地价比福建更便宜。台湾优良农业品种先引入海南试种成功后，再引种至福建，有利于动植物检疫管理。建议福建企业家及农民有计划地到海南投资发展，利用当地土地、劳力资源便宜，空气和水质好的有利条件，利用台湾先进技术、管理经验及优良品种，在海南建立高效农业基地。把福建农业基地建在海南，可以解决福建地少人多的矛盾，也可以解决福建冬季霜冻影响农作物生长的问题。

（原载于《海峡科技》2000年第6期）

发展生态旅游，振兴闽东经济

闽东全长141公里的福宁（福鼎—宁德）高速公路像一条光彩夺目的项链，串起散落在闽东地区的一些著名旅游景点。山、海、川、岛一体化是闽东旅游资源的最大特色，沿福宁高速公路自北至南，福鼎太姥山、宁德三都澳，包含霞浦杨家溪、福瑶列岛、东冲半岛的蓝色旅游资源带；内地西起屏南鸳鸯溪，东至蕉城霍童溪，涵盖蕉城、屏南、周宁三县、区交界处的绿色山水生态旅游资源带。闽东大小旅游景区有30多个，各类景点181处。

福宁高速公路为生态旅游高速公路，全线依山傍海，沟壑纵横，跌宕起伏，处于福建沿海侏罗纪火山岩喷发带内，途经国家级旅游风景区太姥山、杨家溪等景区。

太姥山奇景

太姥山位于闽浙交界的福建省福鼎市境内，距市区45公里，是以花岗岩峰林岩洞为特色，集山、海、川和人文景观于一体的国家重点风景名胜区。享有"海上仙都"美称，山上可观海上日出。

据地质学家考证，太姥山岩石为花岗岩，属燕山晚期，是地质史中生代白垩纪的产物，距今约有一亿年。地壳运动使它从茫茫大海中拱出海面500—1000米，天然形成千岩竞秀、万壑回萦的磅礴气势。太姥山最动人心弦的是那些像物肖人的奇岩怪石。"和尚念经""金猫扑鼠""仙人锯板"……据说仅这样一眼就能看破而呼出其名的奇岩怪石就有360处，可见"太姥山无俗石，个个是神工"。

在千姿百态的峰峦中，"九鲤朝天"可算是太姥山的一大名景，看那一排参差错落的峰尖，多像九条硕大的鲤鱼昂首冲天，在波涛中欢跳腾跃！在落星洞附近的"金龟爬壁"则有一段有趣的传说：跟随太姥娘娘修行多年的金龟，在太姥娘娘羽化升天之时，想咬紧她的衣裙紧随而去，不幸的是在惊惧失措中从石壁滑落而下，至今仍趴在悬崖中央，望天兴叹。这就是太姥升天石侧的"金龟爬壁"奇景。

杨家溪风光

杨家溪风景区位于福建省霞浦县牙城镇境内，太姥山西南侧，是国家级风景名胜区太姥山"山、海、川"三大游览区的重要组成部分。杨家溪可乘竹筏的水程达16.5公里。由龙亭南兜乘筏，顺水而下，直至渡头，途经7曲12滩，全程11.5公里，需时2个小时。杨家溪风景区内有畲族村民居住，中游观音亭寨是霞浦、福安、福鼎三县市畲民每年正月十五、四月初八"对歌"的唯一聚会场所。

在杨家溪的下游有一个村庄叫渡头村。历史可以追溯到宋代，村后有一片胡姓始祖手植的古榕树群，其中大者为南宋绍兴三年（1133年）所植，至今近900年；小者系清咸丰四年（1854年）所种，至今也有140多年了。17棵古榕虽历尽沧桑仍生机盎然。据专家考证，这是全球纬度最北（北纬270度）的古榕树群。

渡头村周围还生长有11000多株枫树，是江南最大的纯枫香林。40多年前凭空从地里冒出来，其种源与成因至今仍是个谜。如今这些枫树已经长到30多米高。枫叶的颜色，随着季节的更替而变换。

海上牧场

你见过海上"牧场"吗？海面上漂浮着成片的渔排，一条条纵横交织、相互勾连的水路就像都市的大街小巷。城里有水上110、水上派出所，水上医疗救护站、卡拉OK歌舞厅、水上旅馆酒家、水上超市、水上饲料站……

从宁德蕉城区金蛇头坐快艇大约40分钟，就能见到一间间用油毛毡搭盖的工作房连成的"海上浮城"。

这座城实在太大了，比一般小县城的城关还要大，方圆数十公里，网箱上万个，生活在这里的养殖户近3万人。

逛"海上浮城"，就不能不到海上酒家美食一餐，海仙阁酒楼据说是这里最大最热闹的酒家，最多可容下400多人吃饭。酒家四周的网箱里都是活蹦乱跳的各种海鲜，看中哪条鱼，或钓或捞随你便。八爪鱼、虎鱼、露螺、笔架……全是现捞现煮，要尝海鲜没有比这里更名副其实的了。

福建第一瀑

周宁九龙漈瀑布有福建第一瀑美誉。以瀑布宽度论，九龙漈瀑布群中的第一级瀑布宽达76米（丰水期可达80余米），是福建瀑布中最宽的；以瀑布形态论，九龙漈瀑布群共有九级，形态各具特色，或如龙脊，或如龙牙，最为神奇的是"四连瀑"，从60多米高的层崖上奔腾翻落，在山崖间撕开一条200米长的深峡，宛若巨龙连翻四个筋斗，也算是八闽最奇妙的瀑布了。

沿九龙漈瀑布拾阶而下，有水声穿过两边的葱郁林木渐行渐近，银白的水流隐约闪现。拐了个弯前行几步，一道瀑布赫然展现。眼前的水帘不是特别高，但宽度却有70多米，如巨幅屏画，展现着生机与壮观。凉凉的水雾扑面而来，很是惬意。这是九龙漈的第一级瀑布。所谓九龙漈，即指龙江溪在危崖断壁之间层层跌落，形成九级瀑布群。从山道继续往下走，水流被汇集到较小的道口一跃直下，形成第二级瀑布，虽宽度缩小，但流量显然增大了许多，如一群白马奔腾而下。第四级瀑面中有巨石突兀，形似龙牙，把瀑布扯成两半，故名龙牙瀑。第六级至第九级是瀑瀑相接，又称"四叠瀑"。瀑布两边是青翠的山林，幽谷中只有哗哗的水声回荡，碧水从脚边徐徐淌过，游人安详地享受大自然的馈赠，有种难言的快乐。

鸳鸯溪、白水洋

鸳鸯溪与白水洋位于屏南县东北部，距县城30公里，是我国目前唯一的鸳鸯保护区，也是国家级风景名胜区。鸳鸯溪长达14公里，附近山深林密，幽然清静，是鸳鸯栖息的好地方。每年秋季有数百只至上千只鸳鸯从北方飞来越冬，故屏南有"鸳鸯之乡"之美誉。鸳鸯溪共分白水洋、叉溪、水竹洋、考溪、鸳鸯湖五个游览区。鸳鸯溪中心景区，以鸳鸯、猕猴等野生动物为主要特色，集溪、瀑、峰、岩、洞、潭等山水景观于一体，成为不可多得的综合性游览区。

白水洋在鸳鸯溪上游，溪流两岸流泉飞瀑，万物复苏，最令人叫绝的是其独一无二的"十里水街"。"水街"是由溪水漫过三大块平坦的巨石组成奇特的景观，最大的一块达4万平方米。人行其上，水恰漫足背，波光潋滟，一片白炽，故称"白水洋"。白水洋平坦宽敞，上可骑自行车，可驾驶汽车。下游有一条50多米长的天然滑道，称为"天然冲浪游泳池"。

鲤鱼溪

距周宁县城约5公里处的浦源村，溪流穿村而过，全长有500多米，溪流两旁的古民居隔溪相望，溪宽不过数米，溪中生长数万尾五颜六色、大大小小的鲤鱼，有的静卧溪底，有的游弋自如，悠然自在。

据史志记载，宋朝年间，村民们便立下村规民约，在小溪中养鲤鱼，并严禁捕捞和伤害鲤鱼。800年来，村民们严守族规，代代相传，如今在村庄中形成一条罕见的鲤鱼溪。

岁月催人老，鲤鱼也会老，老到游不动了，它们就含笑而逝。浦源村人将它们安葬在鲤鱼冢中。本来墓冢是人类铭刻历史的一种方式，可是浦源村的鲤鱼也享有这样优厚的待遇！鲤鱼冢建在溪畔两株古柏之下，隆起土丘埋葬着800年来数以万计的鲤鱼。

如遇山洪，有的鲤鱼不慎顺着溪流被冲入下游，村民则冒雨跳入溪内，捞起被冲下的鲤鱼送回原处，人、鱼之间已建立起深厚感情。

鲤鱼溪旁有郑氏宗祠，建于明朝，祠堂形同靠岸古船，别具一格。祠中有一株千年古椿树，树高10丈，干粗6围，树腹中空，却枝叶茂盛，当地人奉为神木，称为"灵椿"。与之相对，有一个碧波涟涟的池塘，与溪相通，鲤鱼冢就在池畔。

发展生态旅游意见和建议

闽东高速公路贯通福州与温州，为闽东发展生态旅游业打开方便之门，为此建议如下：

1. 保护与开发同时并举，应珍惜大自然、原始景观，尽量减少人工景点。自然景区内严禁修建宾馆、酒楼及人工景点。

2. 点、面结合，把生态旅游与民俗文化、民族文化、宗教文化结合起来，旅游景区内各景点合理规划，计划安排，基本上可安排两条旅游线：一条由北向南，从温州进入到福州离开；另一条由南向北，由福州沿高速进入景区，到福鼎离开，可组织二日游、三日游、五日游。

3. 利用闽东石头、木材及毛竹等天然原料，开发具有地方特色的旅游产品，满足旅客购物需求。

4. 开放旅游市场，多方筹集资金，吸引外资、民间资金发展旅游业。

5. 加大宣传力度，注重在中央及地方新闻媒体上宣传闽东旅游资源，提高知名度。有意识地整理地方上流传的民间传说及民俗文化，加工成电视、电影及音乐片加以宣传。

2001年

科技助山区经济腾飞

改革开放以来，福建经济迅速发展，但地区之间经济发展不平衡的现象相当突出。加快我省欠发达地区经济发展，是贯彻江总书记"三个代表"重要思想的具体表现，是落实中央提出西部大开发战略和省七次党代会精神的具体要求，也是全省广大人民群众的迫切愿望。

基本情况

我们通常把不靠海的南平、三明、龙岩和虽然靠海但经济发展较慢的宁德市统称为山区，其他五个市称为沿海地区。山区四个市的发展明显落后于沿海地区，是福建省主要的经济欠发达地区。山区四个市人口约占全省的三分之一，土地面积约占全省的三分之二，是福建省主要的商品粮基地，林业、矿产、旅游等资源丰富。改革开放以来，山区各项事业得到发展，由于区位条件和经济基础的差异，与沿海地区相比，经济发展仍存在较大差距。2001年这四个市的GDP为983.46亿元，增长8.2%（沿海为10.7%），占全省的21.9%，人均GDP为8298元（沿海为16100元）；地方财政收入45.87亿元，占全省的19.1%，社会消费品零售总额为309.62亿元，占全省的20.6%；实际利用外商直接投资3.41亿美元，占全省的8.7%，固定资产投资（不含城乡个人投资）120.35亿元，占全省的21%。从人均GDP看，沿海五个市与山区四个市的人均GDP相对差距由1978年的0.84∶1发展到1990年的相对持平，到1997年为1.87∶1，2001年继续扩大为1.95∶1。这说明，山区与沿海经济发展水平的相对差距在进一步扩大。

问题与困难

我省经济欠发达地区发展中存在的问题与困难：

1. 经济总量偏小，发展后劲不足。从2001年GDP占全省的比重看，三明为6.1%，南平为5.4%，龙岩为5.2%，宁德为5.3%，四市总计占全省的21.9%，比福州（24.0%）、泉州（25.1%）还低。从投资、消费、出口三大拉动来看，固定资产投资（不含城乡个人投资），三明占全省的5.8%，南平为5.7%，龙岩5.6%，宁德为3.9%，四市合计占21%，与厦门（22.3%）、福州（19.8%）、泉州（18.3%）接近。民间投资不够活跃；全社会消费品零售总额占全省的比重偏低，四市合计占全省为20.6%，不到福州（25.8%）、泉州（25.2%）的水平，市场体系发育迟缓，市场规模狭小；对外开放水平不高，四市实际利用外商直接投资仅为3.41亿美元（沿海为35.77亿美元），占全省的8.7%，外贸出口合计为3.74亿美元（沿海为121.26亿美元），仅占全省的2.7%。外贸出口不仅总量小，而且出口产品的科技含量和附加值低。

2. 经济结构不合理，产业竞争力不强。从1990年到2001年，山区四个市的三次产业结构比例分别为36：34.7：29.3和26.2：37.8：36.0，虽然有了调整，但与沿海地区同期相比（分别为26：38.5：35.5到11.2：49.0：39.8），农业所占比重偏大，第二产业、第三产业发展不足，特别是工业化进程缓慢。大企业不强，小企业不活，名牌产品少，国民经济增长缺乏优势支柱产业的支撑，非公有制经济和第三产业总量小，活力不足。

3. 科技创新能力不强，人才缺乏。高新技术企业少，真正能占领科技制高点的技术和产品更少，绝大多数企业技术设备、生产工艺仍较落后，科技投入少，技术开发、技术创新能力不强。人才队伍严重滞后于经济发展，人才总量偏小，如南平市和龙岩市每万人口的科技人才拥有量为317人和302人，均低于全省的平均水平。人才队伍结构不合理，人才外流现象严重。

4. 人民生活处在全省平均水平之下，尚有一定数量的贫困人口。2001年四个市的城镇居民人均可支配收入和农民人均纯收入都低于全省平均水平，其中城镇居民人均可支配收入，全省最高的厦门市是宁德市的1.8倍；农民人均纯收入，全省最高的泉州市是南平市的1.6倍。

思路与建议

认真贯彻落实"科教兴省"和可持续发展战略，充分发挥"科学技术是第一生产力"的作用，调动全省力量，促进欠发达地区经济发展。

1. **加大欠发达地区的科技推广服务体系建设，为欠发达地区经济发展服务**

在重点完善省、市、县各级科技推广服务网络的同时，重视欠发达地区的科技服务体系建设，培育和扩大农村技术市场，建立多元化的科技服务体系和科技信息网，提高科技意识，加大这些地区经济与科技的结合力度；搞好科技扶贫和科技下乡工作，推广"科技特派员"制度，以人为本，激活广大科技人员为欠发达地区经济、社会发展服务的工作热情和创新精神，把科技人员的工作与欠发达地区的资源利用和产业开发的科技需求相结合，切实解决欠发达地区科技力量薄弱、科技资源不足的问题。

2. **开展山海协作，提高欠发达地区经济、社会发展的科技水平，促进区域经济的跨越式发展**

搞好沿海发达地区与山区贫困地区的经济、科技协作，促进山区经济的快速发展是我省扶贫工作的一大特色，并取得了显著效果。"十五"期间，我省还应比照中央西部大开发的新政策、新举措，出台进一步推进山海协作的相关政策，更好地发挥沿海地区对山区贫困地区经济发展的引导和拉动作用。

山海协作，一方面根据山区经济发展的阶段和要求，遴选贫困山区亟须的先进、实用技术，通过政府科技成果推广计划、星火计划、科技扶贫等途径在山区推广应用，加速科技成果转化，提高山区科技工作的整体水平和显示度；另一方面以山海产业协作为纽带，支持沿海企业以先进的技术和设备到山区兴办内联企业，投资建设基础设施、开发高优农业和高新技术产业。推动山区的资源开发，新兴产业发展，能源、基础设施建设和生态环境的保护，推进山区经济在原有基础上实现跨越式发展。

3. 加强政府科技计划管理，增强政策观念和全局意识，在有益于欠发达地区发展的基础上给予倾斜和支持

在用好有限的政府科技扶贫专项资金的同时，将科技项目的立项与贫困地区的产业发展存在的技术难题相结合，确保对欠发达地区科技投入的增加，特别是落实好《福建省农业科技发展纲要》中提出的"十五"期间新增用于支持农业科技开发与成果转化1亿元专项经费对欠发达地区的倾斜，多渠道筹集资金，加大对贫困地区的科技投入力度。

"十五"期间，我省要立足于贫困地区已经形成的产业基础，充分发挥地方产品所具有的传统声誉，根据国内外市场对产品的品质要求，着力解决品种优化、科学种植、深加工、包装、运输等环节的技术难题，在有条件的地区开发、推广绿色食品和有机食品的种植和加工技术，为贫困地区特色产品开拓内外市场、产业上规模、产品创品牌提供科技支持。

4. 加强欠发达地区的科技园区建设和产业化示范工作，通过科技园区的示范、辐射作用，带动产业结构调整、农民增收和农村经济发展

统筹全省各类科技园区的布局和建设工作，加强欠发达地区科技园区的布点和建设，通过体制改革、机制完善和政策扶持，确保高新技术园区、农业科技园区、星火技术产业带、可持续社会发展实验区的科技水平和创新能力，孵化、扶持各类科技型工业企业和农业龙头企业。通过园区的示范、辐射，推广沿海发达地区发展成熟的各类公司加基地、基地带农户，科技、信息、市场一体化的经营方式和组织形式；加大乡镇企业科技创新，立足于农副产品加工，重点发展资源加工型、劳动密集型、外向型的产业，积极发展高新技术产业和产品，提高科研成果的示范、推广和产业化工作力度，推进规模化和集约化经营，实现地区经济发展、产业结构调整和农民增收的目标。

（原载于《福建科技报》2002年7月23日）

我国农业发展须走产业化道路

前不久，我率国家科技部考察团赴台考察农业产业化。我们感到台湾农业取得成绩的主要原因在于重视农业科技创新与人才教育，同时出台相关政策与法规，促进农业发展。目前台湾农业已形成一套比较完善的，以市场为导向的农、工、贸、技有机结合的农业经营管理体系和运行机制。其发展目标是：建立一个现代化农业经营体系，以企业化经营观念、高效率的生产技术、安全而符合环保的经营方式、最快速而便捷的运销体系、提供安全而品质优良的农产品，提高市场竞争力，建立一个与自然界共存互补的生态环境。

一、台湾农业科技教育概况

1. 台湾科研行政管理机构：台湾分管农业行政管理机构有"科委会""农委会"、台湾省"农林厅""省林务局""粮食局""渔业局""水土保持局""水利局和农村航空测量所"等相关部门。

2. 台湾研究院动植物研究所为台湾重点学术、基础研究场所。

3. 与农业相关的大专院校有台大农学院、中兴大学农理学院、海洋大学、中山大学海洋研究院、东海大学农学院、文化大学农学院、嘉义农专、宜兰农工专科学校等。

4. 台湾农业研究院所有：省农业、林业、水产、畜牧、农药、毒物等试验所，省生物研究保育中心，省茶业改良场，省农林厅种苗改良繁殖场等18大类农业机构。

5. 公营事业单位及财团法人研究所有：农业工程研究中心、生物技术开发中心、农机化研究中心等11个。

6. 国际科研机构有：亚洲蔬菜发展研究中心和粮食肥料技术研究中心。

二、种质资源丰富，优良品种繁多

台湾地处亚热带，种质资源十分丰富，据设在台南的亚洲蔬菜发展研究中心介绍，该中心收集农作物种源多达45万多种。该中心创建于1973年10月，由美国、日本、韩国、泰国、菲律宾、越南等国及中国台湾地区、亚洲开发银行等共同筹资成立，占地120公顷，总部设在台南，分别在泰国、非洲坦桑尼亚、中美洲哥斯达黎加设有分部。"中心"发展迅速，陆续又有德国、法国、澳大利亚、加拿大、瑞士及世界银行等新赞助国及单位加入。"中心"的主要任务有四项：承担全球蔬菜研究与开发；从事蔬菜种源的收集、评估与应用；注重环保与蔬菜食用安全；培训世界各国蔬菜研究开发人才，并筹划在世界各地建立蔬菜研究发展体系。由"中心"育成的新品种已推广到全球180多个国家和地区；有82个国家和地区采用"中心"番茄新品种；有25个国家和地区采用"中心"的结球白菜新品种；有25个国家和地区采用"中心"的毛豆新品种；有54个国家和地区采用"中心"的绿豆新品种。历年来，"中心"为全球培训1372名蔬菜技术人员，为欧、亚、非各国培养研究生40名，均授博士学位。

三、依法开展农业技术推广工作

台湾于1965年出台《农业推广实施办法》，由"农委会""省农林厅"、县市政府、乡镇公所等组织督导农业技术推广工作。由各区县和农业各专业试验改良所（场）进行农业技术成果推广和指导。由民间组织、省、市、县农会及村农事小组直接对农户农民开展农业技术推广。

台湾农业科技发展特点有三个：一是教育、科研、推广三结合。二是科研、生产、消费三结合。农业科技立项主要来自市场需求，并以应用技术研究为主，其成果转化率高达72%。三是经费来源方面注重政府、农会、企业三结合。一般说来政府拨款占大头，各级农会及企业给予适当扶持。早期台湾农业科技发展主要是从海外引进，推广新品种，普及先进技术，促进稳产、高产。20世纪70年代初至80年代中期，农业转轨期，引导农民以市场为导向，拓展生产经营领域和建立完整运销体系。80年代中期以后，受经济全球化影响，农业面临国际化、自由化的激烈竞争，高新技术进入农业科技。1987年，台湾出台"农业科技资讯推广应用系统"计划，在农业推广资讯自动化实施上分为个人电脑推广及电脑资讯网络上推广，并开发五大资料库：

1. 农产品市场资讯：含每日交易状况、数量、价格。

2. 农产品农情资讯：收集五大类80种农产品；以往五年生产概况、平均价格、生产成本及粗收益等。

3. 农业经济：含国际农情资讯、产销动态、进出口数量、价格波动等。

4. 科技新知：含各地农业科技研究成果。

5. 植保资讯：含害虫防治、农药基本资讯、法规、病虫害预警系统等。并建立全岛性推广资讯网络。

四、以农会为主体的农业社会化服务体系

台湾省、县、乡都设有农会，省、县两级属管理机构，乡一级农会属经济实体。农会设理事会、监事会、农事小组，成员均由会员选举产生。聘任一名总干事，下设总务股、会计股、研稽股、推广股、信用部、供销部和保险部。推广股负责指导农业生产、推广农业技术、指导农民和文化福利事业等。信用部主要运行金融存贷业务。供销部主要营销农产品、畜产品、生产资料或饲料等。保险部负责农民健康保险及全民健康、老年农民福利。

台湾各级农会通过民主选举产生，总干事由理事会聘任，可以解聘。由于是多功能，优势互补，农业推广与保险赔钱，供销与信用则赚钱。农会为农民提供完善的资讯系统，为家庭农场提供信息服务。

台湾农业社会化服务体系以农会为主体。其服务范围为：技术指导、推广及转化、生资供应、产品储运销售、信贷保险等。农会实行自下而上、跨行

政区域建制组建自己的联合组织，实行自愿结合、自主经营、自我管理，坚持为农户服务为宗旨，不以营利为目的。

五、依法建立现代化农产品批发市场

台湾为了规范农产品运销行为、调节供需，促进公平交易，出台《农产品市场交易法》。该法对农产品、批发市场、农民、农民团体、供应人、承销人、贩运商、零售商、批发商、农产品生产企业等定义做了明确规定。对农民团体办理共同运销方式、主管机关、必需费用、土地使用（视是否为农业用地）以及税收（免征印花税和营业税）也有明确规定。

按照规定精神，台湾对新鲜、易腐烂农产品如花卉、果蔬、肉品和鱼货等建立运行规范的现代化农产品批发市场。以花卉批发市场为例：台湾分别在台北、台中、彰化和台南建四个大型花卉批发市场，担负全台湾花卉产品集中、均衡和分散的运销任务。供应人和承销商是批发市场营运的主力。供应人是向批发市场供应花卉者，一般由农民、农民团体、花卉生产企业、贩运商等组成。承销商是向批发市场购买花卉者，大多由花卉零售商、批发商、贩运商、出口商及花卉大消费户组成。

花卉批发市场作业流程为进货作业、理货作业、验货作业、拍卖作业、分货作业、提货作业、行情报道和汇款作业。批发市场依其场地大小和作业方式，制定作业流程规定。进货花卉按质量好坏，验货分级。符合定量包装规定，并填妥进货明细表，始能进场参加拍卖。拍卖次序按花卉种类不同轮流拍卖。同种花卉按质量特、优、良次序拍卖，不良花卉延后拍卖。按货车到货先后次序拍卖。成交后由承销商提货运出。交易结束后将当日行情传真到主要产地供花农参考，并设语音行情专线查询，以方便花农得知行情信息。台南农产品综合市场创立于1994年，占地面积119895平方米，建筑面积13618平方米，由台南农会经营，专门经营鲜切花。该批发市场拍卖会交易决价作业采用先进荷兰式电脑钟进行，有助于提高运销决价效率，并使花卉拍卖价格更能反映市场价。

六、农作物农药残留监测、管理制度规范化

为达到农产品的高品质和食用安全卫生，台湾加强对农药管理和对农民进行防治病虫害技术培训，积极开发生物防治技术，发展综合防治技术，并引进低毒、残留期短的农药供果蔬使用。对易发生残留农药的果蔬制定一套安全标准，从田间到市场分级监测和管制；产地进入农药残留总量速测，进入批发市场前进行抽样快速检测；确定安全后方能销售。台湾63个果蔬批发市场均设有农药残留量快速检验室。如果检出农药残留超标，送当地卫生部门进一步检测，确认具体超标数，同时追究业者法律责任，重者判刑。全省建立果蔬安全用药规章制度，辅导农户安全使用农药，经评审合格者发给"吉园围"标章，确保食用安全。

台湾农业产业化经验值得借鉴，为此建议：

1. 有关部门尽快出台推动农业产业化政策与法规，使农业产业化有章可循，有法可依，逐步与国际惯例接轨，迎接加入WTO的挑战。

2. 建立农业科技人才激励机制，为他们提供发挥聪明才智的舞台，鼓励农业科技人员与农民结合，创办股份制企业，发展种养殖业、农副产品加工业、生态农业及观光农业，发展为农业服务的各种中介咨询服务机构，鼓励农业科技人员成为现代农场主、庄园主和企业家。

3. 鼓励城市下岗职工与居民到农村就业，到城市郊区发展卫星城镇，发展第三产业，解决下岗职工就业难的问题。

4. 大力支持农村成立以农会或同业公会为主体的农业社会化服务体系，把农民组织起来，开展技术培训、技术推广、农副产品加工、营销、运输、信贷、保险和医疗服务。

5. 鼓励企业家利用民间资金投向发展农业产业化，以"公司+农户"模式把农民组织起来，发展生产，逐步做到科工农贸一体化。

6. 选择条件好的地区，组建农副产品批发市场或拍卖市场，逐步形成

产、供、销一条龙，解决农民卖粮难、卖菜难、卖果难矛盾。

7. 鼓励发展绿色食品，推广使用农家肥和生物治虫，减少农副产品污染。农副产品市场应设立农药残留量快速检测室，凡是进入批发市场的农副产品均应检测，确定安全后，方能发给销售许可证。

2002年

建瓯启示：县域经济特色化、产业化、规模化

建瓯市委、市政府为贯彻落实福建省委、省政府提出的项目带动战略，发展县域经济创出经验和特色，按照县域经济特色化、特色经济产业化、产业发展规模化的总体思路，重点发展竹业，既转移农村劳动力，又增加农民收入，同时开拓国际市场和国内市场。

竹业产业化带动县域经济发展

建瓯素有"竹海粮仓"之称，农业资源十分丰富，粮食、林业、竹业、茶果、锥栗、蔬菜、食用菌、烟叶、畜牧、水产10个产业优势明显。全市农业总产值为18.9亿元，是全国重点林业县（市），现有林地面积500万亩，其中毛竹林面积120万亩，毛竹总量1.8亿株，居全国县（市）级首位，1996年3月被林业部命名为"中国竹子之乡"。在全市18个乡（镇、街道）中，毛竹林面积在5万亩以上的有8个乡镇；在全市217个行政村中，毛竹林面积在1000亩以上的有176个村。2003年全市生产毛竹材1270万根，生产鲜笋23.5万吨（大年可产鲜笋26万吨），亩均产值427元。

全市现有笋食品加工企业63家，其中年产值5000万元以上的企业有2家，1000万元以上企业有7家。2003年生产水煮笋罐头3.6万吨，软包装笋6000吨，产值2.4亿元，直接出口创汇480万美元。生产的"金瓯牌"水煮笋被评为"福建省名牌农产品"，"万木林牌"系列笋食品获绿色食品的标志使用权，并通过农林水产省JAS有机食品认证。"万木林牌"和"明良牌"笋系列产品在中国竹文化节上多次获得"金奖"产品称号。建瓯颖食物产有限公司、明良食品

有限公司和东福光食品有限公司通过ISO9000质量管理体系认证和HACCP食品卫生安全标准体系认证。

竹板材加工业发展迅速，是继水煮笋之后迅速发展起来的又一个规模大，带动力强的新兴产业，全市现有竹胶板企业9家、竹地板企业12家（含竹地板坯半成品企业），年生产竹胶板能力达6万立方米，竹地板能力达180万平方米（其中生产竹地板成品50万平方米），年消耗竹材900万根，年产值达3.3亿元。

建瓯全市现有竹炭生产企业13家，建有300个炭窑，年生产竹炭3000吨，竹醋液1200吨。以竹原料生产活性炭企业有3家，年生产竹质活性炭2000吨。建瓯颖食物产有限公司与浙江大学合作开发"毛竹笋加工废弃物中生物活性物质的提取及其综合利用项目"，目前研究工作进展顺利，如果该项目取得成功，将极大地提升建瓯竹业产业化技术水平。

竹家具及竹工艺品企业以市场为导向，不断创新，开发新产品，尤其是竹凉席企业，从传统的竹筒席、竹条席、麻将席向保健竹凉席方向转变，花色品种更加丰富，现有竹凉席企业27家，年生产竹凉席450万平方米，年产值近1亿元。建瓯天丰竹业有限公司和吉斯达克科技竹木有限公司正在探索以竹板材为原料加工生产高档竹家具。

全市拥有笋竹产品流通队伍5000多人，其中常年从事笋干经销有1000多人，季节性从事鲜笋流通有1000多人。近年来建瓯又相继成立了水煮笋同业公会、竹炭分会、迪口笋竹专业合作社、玉山笋干专业合作社等中介组织，提高了笋竹产品流通的组织化程度。如成立于1998年的水煮笋同业公会，通过5年多的发展，目前已拥有会员88家，不仅组织企业开展水煮笋标准化生产，而且专门建立了水煮笋销售服务中心，及时向企业发布水煮笋市场信息，帮助企业销售笋产品，成为笋产品销售的主渠道。

竹业总产值11.9亿元，其中竹山产值5.3亿元，加工产值6.6亿元；农民人均销售笋竹收入1310元（占农民人均收入的33%）；笋竹加工的产品出口创汇1.5亿元。

实施科技兴竹发展战略

建瓯在竹业产业化方面虽然取得了一些成效，但在科技兴竹方面落后于浙江省安吉县。

安吉县从国家科技部、浙江省科技厅立项，和科研院校紧密结合，开展新技术、新工艺的研究和应用，不断开发新产品。与浙江省林科院合作建立全国首家"竹子产业化研究所"，与中国林科院亚林所、浙江大学、浙江林学院等科研院所合作试制成功电脑数控纺织竹窗帘机、激光雕刻机、热收缩包装机等自动化竹材加工机械设备；完成了"中国竹子染色体图谱"等科技成果，建瓯市委、市政府十分重视科技对推动竹业产业化的作用，确立重点扶持龙头企业政策，鼓励支持企业与大专院校、科研院所联合开发高新技术产品。

建瓯特色竹木公司同中国林科院、南京林化所和浙江林学院、福建农林大学建立产、学、研合作关系，研制出全国最先进的数控炭化炉、世界一流高科技新产品——纳米改性竹炭光触媒材料。这种高科技产品，具有强吸附能力，释放远红外线及具有负离子作用，还具有抑菌、杀菌能力，还能将吸附过来的有毒有害物质分解为无毒害的二氧化碳和水，是当今人们迫切需要能够长期发挥作用的环保新型材料。公司开发的主要产品有卫生口罩、纳米改性竹炭炭布空调过滤网、除臭炭包、坐垫、床垫、鞋垫等。纳米改性竹炭系列产品今后还将在工业、环保、生活、保健等领域广泛应用。

建瓯颖食物产有限公司将加工笋后的废弃物（笋头、笋壳和笋液）废物利用，企业出资100万元，与浙大力夫生物科技公司合作，共同研发毛竹废弃物提取植物甾醇、多糖、黄酮素等生物活性物质及综合利用，使传统笋竹加工向现代化、高科技、清洁型、集约化经营方向发展，项目集经济、社会、生态、环境效益于一体，对我省竹产业发展起到了示范作用。

意见和建议

关于竹业产业化意见和建议：

1. 实施以质取胜战略和品牌战略：企业认真实施质量管理和食品卫生安全标准体系，在原有品牌基础上，努力创立国家名牌和国际名牌。

2. 开拓多元化市场，除了开拓国内市场之外，努力开拓国际市场如东南亚市场、独联体市场、欧美市场、日韩市场。

3. 采用国际商务通用的授权、连续营销模式迅速扩大生产规模，建立营销网络。

4. 借用信息产业发展模式，善于将人才、资金、信息集成，资源共享，优势互补，为竹业产业化服务。

（原载于《台湾农业探索》2004年第4期）

加强农村专业合作社的金融支持力度

近几年来，在党的农村政策的正确指引下，在各级政府的积极推动下，我国农村的各类农民专业合作社蓬勃发展，为组织农民进行集约化、规范化、标准化农业生产、促进农产品的产销衔接、防止出现农产品"卖难"问题、保护农民利益、增加农民收入，发挥了越来越大的作用。但是，由于目前农村专业合作社主要从事种植业、养殖业、农产品初加工和运输，注册资本少，缺少可供抵押的资产，社会上的担保公司在缺少反担保措施的情况下，又不愿为其提供担保，因此农村专业合作社很难从银行融到信贷资金，使许多农村专业合作社发展缓慢或陷入经营困境。为尽快解决农村专业合作社"融资难"问题，特提出如下建议：

（一）国家的农业政策性银行——中国农业发展银行，应将支持农村专业合作社的发展作为义不容辞的责任，将支持农民专业合作社的贷款列为国家农业政策性贷款。同时，应根据不同专业合作社的性质、经营特点、风险程度，研究开发不同的金融产品，提供不同的信贷服务。为农村专业合作社提供快速、高效、便捷的信贷服务。

（二）各级政府部门设立的融资性担保公司，要积极开发新的融资担保产品和服务，为农村专业合作社提供低成本、高效率的保证担保，为农村专业合作社融资创造更多的条件。对各类融资性担保公司为农村合作社提供的担保所得保费收入，国家应减收或免收营业税及所得税。

（三）国家应建立为农业、农村和农民服务的农业政策性保险公司，为农村专业合作社从事的种植业和养殖业提供保险。涉农保险的收费率不得高于保险公司的基准水平。同时，国家要引导和鼓励商业性保险公司扩大涉农保险业务。对商业性保险公司开办农业种植业和养殖业取得的保费收入，应减收或免收营业税和所得税，对涉农保险发生的亏损，国家应给予必要的补贴。

（四）中国银行业监督管理委员会、中国保险业监督管理委员会应加强对涉农信贷资金使用的监督和管理，确保国家用于农业的信贷资金全部用于农业。防止农业信贷资金"农转非"和以支持农业为名，转移支农信贷资金用途。

2005年

延安老区扶贫开发经验

9月19日至25日，全国政协组织部分常委、委员视察延安革命老区经济建设与扶贫开发工作，我们先后听取陕西省、延安市以及安塞县、洛川县革命老区经济发展和扶贫开发工作情况的汇报，考察了科技示范园和苹果产业基地等企业，深入到搬迁扶贫村贫困农户家，并与基层干部、群众交谈，对延安革命老区通过经济建设和扶贫开发工作，极端贫困人口明显减少，低收入贫困人口的温饱水平得到巩固提高，产业化扶贫增收路子拓宽，基础设施建设明显加强，贫困乡村群众的生产生活条件不断改善，社会事业全面进步的成绩感到由衷的高兴。他们还创造了很多宝贵经验，如产业化扶贫、移民扶贫、社会扶贫、东西部协作扶贫、外资扶贫、劳动力转移扶贫等。

回良玉副总理高度评价陕西省与延安市的扶贫工作："陕西扶贫开发工作、领导重视、思路清晰、措施得力、成效显著，走在全国前列，与时俱进的做法和经验在全国具有很强的借鉴意义和推广价值。"去年，国务院把全国扶贫开发会议放在陕西召开。

主要经验如下：

1. 产业化扶贫

延安果业集团公司是陕西首批32个农业产业化重点龙头企业，下设果品公司、物资公司、制袋公司、基地公司和酒店等，公司按照"公司+基地+农户"模式在洛川10个乡镇33个村组建立绿色果品出口基地，组建果农协会33个，通过协会与1061户果农建立协作关系，提供物资服务、技术服务和营销服务。公司还引进德国比泽尔设备制冷，采用意大利美控电脑控制系统，温差小，控制精度高，有效保证水果储存品质，产品出口泰国、墨西哥、加拿大等国。

2. 移民扶贫

延安把移民搬迁工作作为解决地处偏远、自然条件恶劣的村组温饱问题的重要途径。有组织、有计划地集中开发，共投入1.4亿元，搬迁安置贫困人口7365户3.1万人，建设新村183个，搬迁村、组248个。为了解决搬迁资金不足问题，实行"1+2"建房补助标准，每户补助1万元，每人再补助2000元。按农村建设的城市化思路，努力做好移民新村建设规划，做到搬得出、留得住、能致富，坚持"政府引导、农户自愿、统一规划、分户实施"的原则组织搬迁，使移民工程成为"民心工程"和"德政工程"。洛川县交口河镇岭前村搬迁新居为"新型民居工程示范村"，统一规划水电、广场、路及绿化，家家户户设有花园、厕所、沼气池、机具车棚、牲畜圈地及太阳能灶具等。

3. 科技扶贫

安塞县棚栽业集团是远近闻名的生态农业示范园，占地290亩，新建大棚100棚，由主体温室、连栋温室、培训楼和生态广场组成。重点引进国内外果蔬新品种、新技术，试种成功后，向当地农民推广。采用工厂化育苗，既保证种苗质量，又降低育苗成本。按照生产环节，定期对农民技术培训，让农民系统地学到理论知识和操作技术。示范园积极探索"公司+基地+农户"生产模式，打造果蔬品牌，开拓市场。建立统一"农产品质量检测中心"，定期组织检测人员对各乡镇生产的水果、蔬菜抽样检测，指导农民进行标准化生产，提高果蔬品质，提高市场竞争力。技术人员帮助农民积极推广新技术，仅杨家沟村农民就已发展大棚212座，户均2.7座，村里共培养农民技术员9名，专门从事大棚农业技术指导工作。

4. 劳动力转移扶贫

坚持"政府主导、市场运作、培训就业、跟踪服务"思路，以贫困户子女为培养对象，以职业技术培训院校为平台，以劳务输出为主要目的。陕西省通过专项财政扶贫资金补贴，对3万名贫困户子女进行专业技能培训，全部上岗就业。还对150万人次贫困人口实施农业实用技术培训。仅延安宝塔区就实施劳动力转移培训，建立7个培训基地，开设电工、电子装配、计算机、美容美发、保安、家政服务等10个专业，培训1200多人，全部安置就业。

5. 外资扶贫

充分利用"世行""亚行"贷款，开发扶贫项目，累计完成项目投资12亿元人民币，实际利用外资近6亿元人民币，17.2万贫困户、70.5万贫困人口得到项目资金直接扶持，户均投资4000元，年人均增加3000元左右，取得显著的社会效益和经济效益。弥补扶贫资金不足，同时引进国外先进管理经验。

6. 全社会扶贫

按照"领导带头、部门包抓、定点帮扶、社会参与"的思想，动员全社会扶贫。2001—2004年，中央19个赴陕定点扶贫单位，进驻33个国家重点县开展扶贫工作。40个省级领导每人挂一个重点县，包扶一个贫困村，和省级746个"两联一包"（即联县联乡包村）扶贫单位向贫困地区投入，引进、捐赠物资10.9亿元。争取国家和省级财政扶贫资金43亿元。

7. 广大群众积极参与

从规划制定到具体项目的实施，从资金使用到监管，都让群众充分发表意见，积极参与到项目建设的各个环节中去，使广大村民拥有选择权、知情权、参与权、监督权和管理权。通过参与式扶贫，使广大村民的主观能动性得到发挥，主体意识得到尊重，最大限度地调动群众的积极性和主动性。

延安革命老区经济建设与扶贫开发虽然取得丰硕成果，但由于基础差，底子薄，仍有11.5万人口未解决温饱问题，35.71万人口收入在865元以下。为了加快脱贫致富步伐，广大群众强烈请求国务院扶贫办能把延安列为国家级扶贫开发示范区，除了各级政府继续支持之外，争取联合国等国际机构扶贫基金支持，使之成为发展中国家一颗扶贫开发的明星，为全世界做出榜样。

（原载于《红土地》2005年第11期）

学习实践科学发展观，指导农民脱贫致富

党的十七大提出科学发展观和进一步解放思想、坚定不移走改革开放道路，这是我们一切工作的指导方针，也是解决我国"三农"问题切实可行的指导思想。闭幕不久的十七届三中全会，又把农村改革开放工作摆上重要议程。下面，我就学习实践科学发展观、指导农民脱贫致富，提几点建议。

基本情况

我国改革开放30年，经济发生翻天覆地的变化，人民生活水平大幅度提高，这是有目共睹的事实，但是不可否认存在贫富差距、城乡差距、东西部地区经济发展差距拉大的趋势，即所谓的"马太效应"。这个不平衡，轻者影响社会和谐，重者影响社会稳定。

自1984年，中共中央、国务院发布《关于帮助贫困地区尽快改变面貌通知》以来，我国开展大规模的扶贫工作至今已满24年，党和国家三代领导人为从根本上消除贫困，以愚公移山的坚定意志，举全国之力，投入巨额资金，开展扶贫工作，取得举世瞩目的成就。截至2004年底，全国累计有4亿人口摆脱贫困，我国成为全球唯一实现联合国千年发展规划提出的贫困人口减半的目标的国家。

但是，我国消除贫困的任务还相当艰巨。首先，贫困群体人数还很庞大，按农村现行人均年纯收入668元标准，全国农村还有2610万人未解决温饱问题，年收入处于668—924元低收入人群带的有4977万人，两者合计共有7587万人。据建档立卡人数统计，扶贫对象近1亿人。如果采用世行规定每人每天1

美元的贫困线标准计算，加上城镇贫困群体，我国贫困人口还将增加一倍多，即总数为2亿人。我国贫困人口总数仅次于印度，列世界第二位。其次是消除贫困的难度大大增加。经过长期扶贫仍未脱贫的人口，大多分布在生存环境恶劣的地区，脱贫任务十分艰巨。此外，还有一个难点：因病、因灾或子女上学造成返贫现象。由于经济发展不平衡，贫富差距、城乡差距、东西部之间差距越来越大，衡量贫富差距的基尼系数已突破警戒线。正如温家宝总理批示的那样，"扶贫开发取得很大成绩，但任务仍然十分艰巨"。

协会工作

中国扶贫开发协会成立于1993年，在国务院扶贫办领导下做了不少工作。2005年换届以来，原山西省委书记、煤炭部部长胡富国同志任会长，协会工作取得显著成绩。

2005年至今，胡锦涛总书记、吴邦国委员长、温家宝总理、全国政协贾庆林主席、国家副主席习近平及原国家副主席曾庆红作了十多次批示。今年以来，全国政协贾庆林主席、中纪委贺国强书记、人大副委员长陈至立分别多次接见协会领导及企业家，对协会工作给予高度评价，这在我国NGO发展历史上是前所未有的。党和国家领导对扶贫工作高度重视，是对协会全体工作人员的支持和鼓励。

胡锦涛总书记在批示中指出："扶贫开发是建设中国特色社会主义事业的一项历史任务，也是构建社会主义和谐社会的一项重要内容。这些年来，我国扶贫开发工作取得了显著成绩，但面临的任务仍十分繁重艰巨。帮助贫困地区尽快脱贫致富，需要党和政府以及社会各方面共同努力。中国扶贫开发协会作为扶贫开发的一支重要力量，要按照党和政府扶贫开发工作的总体部署和要求，充分发挥自身特点和优势，在推动产业扶贫开发、开展扶贫资金技术信息服务、促进贫困地区劳动力培训和转移、加强扶贫开发国际交流与合作等方面发挥积极作用，为加快我国扶贫开发进程、为实现全面建设小康社会宏伟目标做出新的更大贡献。"

协会在胡总书记思想的指导下，在国务院扶贫办领导下，充分发挥自身优势，广泛动员社会力量在探索推进"产业化扶贫""教育扶贫""甘泉工程""农村信息网络工程（中国村络工程）""医疗卫生扶贫""阳光创业工程""文化扶贫"等方面闯出一条条新路，在全社会产生广泛的影响。

产业化扶贫：全面坚持开发式扶贫战略方针，与国家开发银行签订全面合作协议，建立政府、企业、银行和NGO全面合作新模式，优势互补、相得益彰。以山西长治为试点，包括：长治市82万农村人口饮水工程，长治县建立家禽标准化养殖生产示范基地及太行革命老区教育扶贫工程。以点带面，向全国推广。

教育扶贫：启动"民办教育扶贫工程"，全国已有百所院校参与教育扶贫工程。又启动"北方汽车教育集团捐资工程"，捐资7000万元招收贫困地区孩子免费就学。

甘泉工程：重点解决高砷、高氟地区群众饮水安全问题，香港叶树林先生捐赠100万元在河北、内蒙古农村搞饮水试点。山西海鑫集团又捐赠200万元在山西搞10个净水站，取得良好效果。

农村信息网络工程：充分利用现有的社会资源，为"三农"服务，选择条件成熟的村和乡镇做试点，捐赠电脑等硬件，培训农民学电脑、用电脑。建立"资金、市场、人才和信息"共享网络系统。与致公党中央和搜狐网站合作开展"绿色电脑扶贫行动"，实施可持续发展战略。

医疗卫生扶贫工程：组织医疗卫生工作者下乡，巡回医疗。开展"白内障""兔唇整容"等手术。动员企业捐赠医疗卫生仪器及药品。城市医疗机构捐赠医卫仪器设备，构建乡级卫生院等，与月朗国际合作，启动捐赠1000所农村医院工程。

阳光创业工程：启动的阳光创业工程，主要针对劳模、残疾人、复退军人及教师，采取商业连锁加盟形式，为他们提供就业岗位、就业场所，提供创业机会，采取一带一、一帮一的模式，发挥其增殖作用，解决面临就业困难的弱势群体就业问题。

文化扶贫工程：充分发挥文化的作用，聘请社会名流担任扶贫形象大使，书画家捐赠书画作品、整理挽救"非物质文化遗产"形成旅游商品、推动红色之旅发展，组建"大爱"书画院和"大爱"艺术团。

协会在开展国际合作与交流方面做了一些工作。与世界银行、亚洲开发银行、国际金融公司、联合国开发计划署、澳门巴蒂基金会、香港慈善总会、新加坡连氏基金会建立联系，探索合作交流模式，计划召开"携手扶贫、和谐共富国际高峰论坛"，邀请联合国开发计划署及国际扶贫与慈善组织参加，动员全球NGO与知名人士共同参与中国扶贫事业。

用科学发展观指导农民脱贫致富

（一）产业化扶贫，开发扶贫中应注意几个问题

1. 因地制宜发展各种产业。

工业产业：浙江模式。最典型的是义乌国际小商品市场，从小五金、服饰、工艺品到服装、鞋帽……五花八门，品种齐全。一村一业发展，形成国际物流中心，每天吸引世界各地的客商数万人，以工业产业发展带动第三产业服务贸易发展。

农业产业：福建模式。改革开放30年来，福建借台湾产业调整时机，大量引进台湾资金、农业技术、农产品优良品种，形成福州、漳州台湾农业试验区，台湾农民创业园，使传统农业向高效生态农业、立体农业、绿色有机农业发展。发展茶叶深加工（天福茶叶），武夷大红袍、安溪铁观音远销海内外。水产养殖（鳗鱼、大黄鱼、鲍鱼养殖）除了满足人民日益增长的需要，还外销日本、中国台湾地区。

旅游产业：妈祖文化带动海峡两岸文化交流合作，促进旅游产业发展，开辟红色之旅线路，把龙岩、长汀、古田、上杭革命老区景点与瑞金红色苏维埃老区、井冈山革命根据地景点连成红色之旅。安徽绩溪县生态旅游与名人故居、徽商文化、徽派饮食文化结合。

文化创意产业：通过文化创意产业发展，带动我国新一轮经济腾飞。经调研，准备上报中央，在江苏南通辟出6.5平方公里土地，组建"非物质文

遗产世界博览园"，形成永不落幕的奥林匹克文化主题公园，搭建东西方文化交流平台，发展文化创意产业，一不要能耗，二不耗损资源，又可弘扬传承中华传统文化，又有利于东西方文化交汇融合，百利而无一害。

2. 保护生态，保护环境，避免发展高污染、高能耗产业，为子孙后代留下美好的生态环境。从传统种养殖业、传统农业向高效生态农业、立体农业、绿色有机农业发展。发展农产品深加工产业，增加技术附加值。发展种养殖业，从引进优良品种上下功夫。发展矿产资源性产业，避免简单销售矿产资源，大力发展加工型产品。

3. 当今世界经济全球化、区域经济一体化的大趋势日益凸显，学习借鉴欧共体发展经济的经验。调动全社会力量，整合资金、人才、市场、信息资源，搞好社会主义新农村建设。国家财政支持、金融支撑，利用民间资金，实现东部地区对中西部地区的支持。

（二）加强农村信息化建设，促进农村经济跨越式发展

中国扶贫开发协会与致公党中央合作，实施中国农村村络工程，推动农村信息化建设。福建武夷山、浙江台州等国家级农村信息化基地是成功范例：整合社会资源，政府、企业积极参与共同建设农村信息化服务平台；培训农民用电脑，实施远程教育、农技服务、科技普及、网上销售；丰富农民文化生活（解决看书难、看戏难、看电影难、看电视难问题）；促进管理民主，加强基层建设（村务公开、村财公开、农民与市长对话等）。

我国条块分割的体制造成权力分散、资源浪费，中央每年财政倾斜解决"三农"问题，但资金远远不够用于实施农村信息化工程。我们打破"条块分割"的行政管理体制，调动全社会力量，整合资金、人才、市场、信息资源，实践证明，这个办法是切实可行的。我们也希望能把政府、NGO和企业联合起来，成立"中国农村信息化产业化联盟"，实施这一宏伟计划。

实施循环经济，充分回收利用废旧电脑用于农村信息化工作。据了解，跨国公司、大型企业事业单位每三年更新一批电脑，淘汰下来的电脑完全适用于农村，可研发适合农村信息化的国产软件和开发适用农村的物美价廉、容易操作使用的电脑。

（三）通过教育扶贫，全面提高农民素质

建立教育扶贫基金，解决农村孩子上学难问题。动员全社会力量，政府出台政策，鼓励企业与个人献爱心，实施税前抵扣政策。放宽限制，鼓励设立各项教育基金，解决农村孩子上学难的问题。

要解决农民工子女上学难问题，最重要的是户籍改革，尊重人的迁移权和居住权，实施身份证管理。允许农民工自由流动，取消城市学校对农民子女上学的限制政策。允许农民工子女随父母进城入学。鼓励社会力量创办农民工子弟学校，解决农民工子女上学难问题。

（四）实施农村医疗卫生扶贫计划，解决农村看病难问题

全国医疗卫生人才分布不合理，显示为城乡差别、东部与中西部差别。广大农村缺少优秀的医疗卫生人才，相关NGO可以动员组织巡回医疗队到各地巡诊，解决农村缺医少药的矛盾。鼓励中青年医务工作者到农村卫生院挂职锻炼，既解决医务人员紧缺问题，又培养锻炼人才。动员有社会责任感的企业向农村捐款、捐药，捐赠医疗设备。实施城市医院与农村卫生院对口支援。协会会员企业——月朗国际准备捐赠1000所农村医院，计划分批、分期实施。

（五）发展文化创意产业，带动我国经济腾飞

弘扬中华传统文化，开发非物质文化遗产。单靠国家财政保护非物质文化遗产，实为杯水车薪。动员全社会力量，整合政府、NGO、企业资源，发展文化创意产业，发挥文化产品优点："节能减排"为贫困地区、革命老区和边远山区解决数十万就业岗位，特别是农村妇女就业问题，开发旅游产品促进外贸事业发展。建议筹建中华非物质文化遗产产业化促进会。江苏南通辟出6.5平方公里筹建"非物质文化遗产世界博览园"，推动我国文化创意产业发展。

（六）建议国家出台政策，引导宗教信仰与社会事业结合

台湾佛教慈济基金会募集社会资金，引导兴办学校、医院、养老院，在从事社会事业方面积累了很好的经验。如何在公益慈善事业中发挥宗教组织和不同宗教信仰人群的作用，应引起有关方面重视。调动这方面的力量，共同为构建和谐社会做贡献，也是推动当前社会发展的重要课题之一。

2007年

安阳发展，大有可为

河南安阳，我久闻其名，可一直没有机会来。通过这次对安阳的考察，我实现了夙愿，且收获颇丰，得到了很大的启发。

第一个体会：党的十七大精神的精髓有两个，一个是科学发展观，另一个就是要坚持走改革开放道路，这是总的指导思想。所以说，招商引资切记不要把东部沿海产业结构调整下来的一些高能耗、高污染的产业引进来，要考虑到节能减排的问题。还有，要发展环境友好型的产业，如文化产业等。安阳的殷墟是得天独厚的资源，任何地方都取代不了，国际上也竞争不了，这是非常难得的品牌，一定要把这个品牌用足、用活。

第二个体会：安阳市要发展区域经济，可以仿照欧共体的做法，学习他们整合资金资源、人力资源、市场资源、信息资源的发展经验。可以说，欧共体是人类社会在区域经济发展当中一个很典型且比较成功的例子。其他国家的企业，只要在欧共体20个国家之一设立一个工厂，其生产的所有产品，就可以在20多个国家里全部免关税，这就是市场资源整合的优越性。

还有，资金的整合方面，建议安阳市在发展经济的时候，国家该拿的钱要勇于争取，银行的钱也要想方设法贷出来，民间的资金也应该加以引导，用来发展文化产业和地区经济，从而在根本上解决本地区的经济发展资金不足的问题。一定要善于将资金资源整合，优势互补，相得益彰。

第三个体会：安阳有着丰富的文化优势，要打好文化品牌，发展文化产业。我建议：一是让殷墟文化走向全国，走向世界。全中国有很多人不知道殷墟文化、不了解甲骨文，这是宣传太少的缘故。举个例子：《太阳岛上》这首歌唱得那么动听，其实到哈尔滨的太阳岛一看，也没啥东西，和殷墟文化根本没办法比。但是，他们的宣传方法可以借鉴，可以请一些作词家、作曲家和著名的演员，作首关于殷墟文化的歌曲，像《鼓浪屿之歌》唱响厦门一样，把安阳殷墟也唱响，唱响全国，唱响全世界。

二是拍摄殷墟题材的影视作品。直到这次参观，我才知道《封神演义》的故事就发生在安阳。封神榜题材的电视剧也有，但跟安阳的殷墟没有任何关系。安阳既然有这么丰厚的文化底蕴，就应该围绕这个优势，请一些编剧、导演和演员好好地为殷墟写一部连续剧，重现当时的服装、当时的文化，将安阳殷墟宣传出去。

过去，我只知道西安的兵马俑里有那么多的马车，原来殷墟下面也有马车，并且比兵马俑早了那么多年，这令我感到很突然，也很震撼！所以，建议每年搞一次国际论坛，让殷墟文化走向全国，走向世界，像博鳌论坛一样，扩大安阳的知名度和影响力。

这次考察之后，我才知道《周易》的发源地也是在安阳。听说现在每年都有关于《周易》的地方论坛，研究《周易》的书也很多，而且越来越多的年轻人开始研究《周易》，这是个非常大的市场。建议开发一整套反映周易文化的出版物、影视剧，在每年的周易文化节上展现在世人面前，这就是安阳的品牌。

三是开发丰富的非物质文化遗产。开发甲骨文方面的工艺品，肯定会有很多人感兴趣。

总之，文化产业很重要，其兴起可以为周边农村解决就业问题，还可以带动产品的出口。但是，我们国家离文化产业化的距离还相差很远。所以，建议安阳市在发展区域经济的时候，一定要把发展文化产业考虑进去。

第四个体会：关于非政府组织的问题。李区长在报告中也提到了这点，我非常赞赏。所以，建议你们：一是组团到台湾考察农业产业化和农业合作组织项目。台湾的农会是非常典型的非政府组织，农会组织里包含技能培训和新技术、新品种的推广，而且，还可以办超市、办农贸市场、办企业。二是组团到韩国考察新农村建设。我们国家提出的社会主义新农村建设，实际上借鉴的是韩国的新农村建设经验。韩国的新农村建设搞了几十年，在世界上也是比较成功的。三是组团到北欧四国学习农业合作组织。北欧的农田耕作，从畜力、汽车到飞机的转变，体现了北欧农业科技化的快速发展。很多人认为，当农民不需要过多的知识和文化，但是在北欧，农民的最低学历必须达到本科。四是考察荷兰、新西兰的人居环境建设。可以借鉴在农家小院里种花或种其他植物，形成一个围墙，让人感到这里有山有水、干净整洁，这样的农村风光与城市没有太多区别。

第五个体会：安阳的钢铁企业在这里造成了污染。如果安阳把文化产业作为重点发展，建议将安阳钢铁公司搬迁，不然形成不了最适宜人类居住的环境，会影响到整个殷墟文化的发展。我个人认为，应该保留文化产业，把企业搬迁。

另外，建议围绕新农村建设搞个课题，邀请国务院发展中心和部委的官员、学者和专家来论证，论证之后，争取和全国政协常委合作搞个论坛，引起这些常委的重视，把发展殷墟文化、周易文化的产业立项，以便今后争取中央财政以及中央各个部委的支持。

最后，希望能够为安阳市的区域经济发展做出贡献。我们若有好的项目，包括农业生态项目和农产品深加工项目，计划推荐给安阳市。这些项目不要企业担保，不要财产抵押，与商业银行贷款相比有很大优势。刚才，我给了市长一份材料，还签订了一个协议，建议你们充分利用好这个资源优势。另外，产业化的开发和扶贫也是我们的一个重要任务和课题，我们之间应该优势互补，实现资源整合。我在这里表个态，就是要尽量安排一些项目在安阳发展。

（原载于《中国新农村建设》2008年第6期）

PPP，新型公私合作模式

各位朋友：大家好！

我今天演讲的题目是：PPP，新型公私合作模式。

一、PPP模式的兴起及其内涵

为适应现代经济飞速发展，各国十分重视公共基础设施建设，但是单靠政府资金已不能满足需求。随着政府财政在公共基础设施建设中地位的下降，私人企业在公共基础设施的建设中开始发挥越来越重要的作用。世界各国在利用国际及国内民间私人资本进行公共基础设施建设中，bot模式也就是特许权的模式是目前比较成熟和应用最广的项目融资模式。

但是这种模式也存在着几个方面的缺点：公共部门和私人企业介入往往都需要经过一个长期的调查了解、谈判和磋商过程，以致项目前期时间过长、投标费用过高，投资方和贷款人风险过大，没有退路，使融资举步维艰；参与项目投资各方利益冲突大，对融资造成障碍；机制不灵活，降低私人企业引进先进技术和管理经验的积极性；在特许期内，政府对项目失去控制权等。

为了弥补bot模式的不足，近年来，出现了一种新的融资模式——PPP（Public-Private-Partnership）模式，即公共政府部门与民营企业合作模式。PPP模式是公共基础设施建设中发展起来的一种优化的项目融资与实施模式，这是一种以各参与方的双赢或多赢为目的的现代融资模式。其典型的结构为：政府部门或地方政府通过政府采购形式与中标单位组成特殊目的公司签订特许合同（特殊目的公司一般是由中标的建筑公司、服务经营公司或对项目进行投资的第三方组成的股份有限公司），由特殊目的公司负责筹资、建设及经营。政府通常与提供贷款的金融机构达成一个直接协议，这个协议不是对项目进行担保的协议，而是一个向借贷机构承诺将按与特殊目的公司签订的合同支付有关费用的协定，这个协议使特殊目的公司能比较顺利地获得金融机构的贷款。采用这种融资形式的实质是：政府通过给予私营公司长期的特许经营权和收益权，来换取基础设施加快建设及有效运营。

PPP模式虽然是近几年才发展起来的，但在国外已经得到了普遍的应用。1992年英国最早应用PPP模式。英国75%的政府管理者认为，PPP模式下的工程达到和超过价格与质量关系的要求，可节省17%的资金。80%的工程项目按规定工期完成，常规招标项目按期完成的只有30%；20%未按期完成的，拖延时间最长没有超过4个月。同时，80%的工程耗资均在预算之内，而一般传统招标方式只能达到25%；20%的工程耗资超过预算，是因为政府提出调整工程方案。按照英国的经验，适用于PPP模式的工程包括：交通（公路、铁路、机场、港口）、卫生（医院）、公共安全（监狱）、国防、教育（学校）、公共不动产管理。

PPP模式的内涵主要包括以下四个方面：第一，PPP是一种新型的项目融资模式。第二，PPP融资模式可以使民营资本更多地参与到项目中，以提高效率，降低风险。第三，PPP模式可以在一定程度上保证民营资本"有利可图"。第四，PPP模式在减轻政府初期建设投资负担和风险的前提下，提高标的工程的质量。

二、PPP模式的目标及运作思路

PPP模式的目标有两种：一是低层次目标，指特定项目的短期目标；二是高层次目标，指引入私人部门参与基础设施建设的综合长期合作的目标机构、目标层次。

PPP模式的组织形式非常复杂，既可能包括私人营利性企业、私人非营利性组织，同时还可能包括公共非营利性组织（如政府）。合作各方之间不可避免地会产生不同层次、不同类型的利益和责任分歧。只有政府与私人企业形成相互合作的机制，才能使得合作各方的分歧模糊化，在求同存异的前提下完成项目的目标。PPP模式的机构层次就像金字塔一样，金字塔顶部是项目所在国的政府，是引入私人部门参与基础设施建设项目的有关政策的制定者。项目所在国政府对基础设施建设项目有一个完整的政策框架、目标和实施策略，对项目的建设和运营过程的参与各方进行指导和约束。金字塔中部是项目所在国政府有关机构，负责对政府政策指导方针进行解释和运用，形成具体的项目目标。金字塔的底部是项目私人参与者，通过与项目所在国政府的有关部门签署一个长期的协议或合同，协调本机构的目标、项目所在国政府的政策目标和项目所在国政府有关机构的具体目标之间的关系，尽可能使参与各方在项目进行中达到预定的目标。

这种模式一个最显著的特点就是项目所在国政府或者所属机构与项目的投资者和经营者之间的相互协调及其在项目建设中发挥的作用。PPP模式是一个完整的项目融资概念，但并不是对项目融资的彻底更改，而是对项目生命周期过程中的组织机构设置提出了一个新的模型。它是政府、营利性企业和非营利性企业基于某个项目而形成以双赢或多赢为理念的相互合作形式，参与各方可以达到与预期单独行动相比更为有利的结果，参与各方虽然没有达到自身理想的最大利益，但总收益却是最大的，实现了"帕累托"效应，即社会效益最大化。这显然更符合公共基础建设的宗旨。

三、PPP模式的优势所在及其成功运作的必要条件

从国外近年来的经验看，以下几个因素是成功运作PPP模式的必要条件：

（1）政府部门的有力支持。在PPP模式中，公共民营合作双方的角色和责任会随项目的不同而有所差异，但政府的总体角色和责任——为大众提供最优质的公共设施和服务——却是始终不变的。在任何情况下，政府均应从保护和促进公共利益的立场出发，负责项目的总体策划，组织招标，理顺各参与机构之间的权限和关系，降低项目总体风险等。

（2）健全的法律法规制度。PPP项目的运作需要在法律层面上，对政府部门与企业部门在项目中需要承担的责任、义务和风险进行明确界定，保护双方利益。

（3）专业化机构和人才的支持。PPP模式的运作广泛采用项目特许经营权的方式，进行结构融资，这需要比较复杂的金融法律和财务等方面的知识。

四、PPP模式在我国运用应注意的事项

虽然PPP模式在国外已有很多成功的案例，但在我国基本上是一个空白。我国基础设施一直以来都是由政府财政支持投资建设，由国有企业垄断经营。这种基础设施建设管理的模型不仅越来越不能满足日益发展的社会经济的需要，而且政府投资在基础设施建设中存在的浪费严重、效率低下、风险巨大等诸多弊病，暴露得也越来越明显，成为我国市场经济向纵深发展的一个制约因素。因此，基础设施领域投融资体制要尽快向市场化方向改革，政府在基础设施领域的地位和职能迫切需要转变，政府在基础设施领域作为直接投资者、直接经营者、直接监管者的职能要分离，政府在基础设施领域中的角色迫切需要改变。

在这种背景下，在我国基础设施建设中引进和应用PPP模式，积极吸引民间资本参与基础设施的建设，并将其按市场化模式运作，既能有效地减轻政府财政支出的压力，以提高基础设施投资与运营的效率，同时又不会产生公共产权问题。因此，PPP模式在我国有着广泛的发展前景。但是，PPP模式在我国的应用中，应注意以下几点：

（1）PPP项目的选择。当一个项目满足以下条件时，政府可以考虑采用PPP模式，吸引民营伙伴参与：对民营伙伴的加入不存在法规管制；服务对象欢迎民营伙伴的加入；潜在民营伙伴之间存在着竞争，通过竞争可以达到低成本高效率的目的；服务的产出可以被简单地度量和定价；通过对客户的收费可以很快收回成本；可以提供创新机会；有利于促进国家或地区的经济发展。

（2）政府的角色转换。PPP模式离不开政府的积极推动，但是政府顺利

完成角色转化也是非常重要的。按照完善社会主义市场经济体制的要求，在国家宏观调控下更大程度地发挥市场配置资源的基础性作用，最终建立市场引导投资、企业自主决策、银行独立审贷、融资方式多样、中介服务规范、宏观调控有效的新型投资体制。在这种新思路下，政府应由过去在公共基础设施建设中的主导角色，变为与私人企业合作提供公共服务中的监督、指导以及合作者的角色。在这个过程中，政府应对公共基础设施建设的投融资体制进行改革，对管理制度进行创新，以便更好地发挥其监督、指导以及合作者的角色。政府通过制定有效政策及具体措施，促进国内外私人资本参与本国基础设施的投资，形成风险共担、利益共享的政府和商业性资本的合作模式。政府改变为扮演组织者和促进者的角色，而不再是全部资金的供应者和经营管理者，不再承担巨大的投资风险和商业风险。

（3）设计合理的风险分担结构。PPP项目融资是否能够成功，最主要的因素是项目的风险分担是否合理。政府部门在设计风险分担结构时要考虑项目方案的吸引力，一个合理的风险分担结构是一个项目方案是否具有吸引力的关键。通常可根据各方获利多少的原则考虑相应承担的风险，使项目参与的各方包括政府部门、民营公司、贷款银行及其他投资人等都能够接受。只有项目方案具有强烈的吸引力，才能使项目具有可操作性。

（4）建立健全相关法律法规。在PPP模式下的项目融资中，参与的私人企业一般都是国际上的大型企业和财团。政府在与它们的谈判与合作中，所遵循的不仅有国内的法律和法规，同时也要遵循国际惯例。政府应该行动起来，在立法制度上有所突破，迅速完善我国的投资法律，使其适应这一形式的发展。

（5）形成有效的监管构架。良好的监管框架的形成和监管能力的执行，是一个项目得以顺利完成以及未来运营顺畅的重要环节。政府监管必须确定一种承诺机制，以保证企业资产的安全性，降低企业融资成本，并给企业提供投资的激励。同时，政府监管必须能够保证企业生产或运营的可持续性，让接受监管的企业得到合理的利润收入。通常一个基础设施的投资需要较长的时间才能收回，所以政府必须建立一个适合项目长期发展的程序，并有一个相应的监管规则。项目具有可持续性的前提是项目公司必须保持良好的财务状况，同时利益相关方一定要进入监管过程。政府监管不力将会带来各种各样的风险，监管效率应成为政府监管的最重要目标。

（6）加强人才培养。PPP模式操作复杂，需要懂经济、法律、财务、合同管理和专业技术等各方面的人才。我国在工程建设领域拥有大量的技术人才，但是缺少按照国际惯例进行工程项目管理的人才。在我国PPP模式尚属新生事物，并具有国际融资项目的性质，我们在这方面经验不足。因此要着重加强人才的培养。培养复合型、开拓型人才，增强民营企业或外商的投资信心，确保项目立项、签约、实施能够高效率地完成。

我的发言完了，谢谢大家。

2008年

为扎赉特发展贡献力量

——在 2009 年首届扎赉特经济社会发展论坛上的讲话

这次来参加论坛，非常感动，也很激动。扎赉特旗这个地方我是第二次来，第一次来是为希望小学捐款，跟内蒙古自治区开发银行的郭行长一起来的，跟扎赉特旗的老百姓结下了深厚的友谊关系。后来丛主任多次到北京，友谊继续发展，双方就进一步了解，知道扎赉特旗的发展面临着困难也面临着机遇。面对这种情况，我们更应该加大对国家贫困区域的经济发展支持力度。当时我跟国务院有关部委的专家、中国社会科学院的专家代表聊天的时候，提出我们能不能发起和组织中央各个部委的一些专家来这里进行调研，召开发展论坛。这些专家的真知灼见，将在社会上产生一定的影响，我们将完成文字材料整理，编成一本书。

尽管面临具体的困难，扎赉特旗的经济发展在各级领导班子的领导下，仍然取得了令人可喜的成绩。刚才各位专家谈到了扎旗的优势，我感觉到，不管有多少优势，一个重要优势是区位优势，虽然它是位于兴安岭的一个贫困县。但是刚才有个司长说了，在东三省的工业基地上，它又是齐齐哈尔和大庆的辐射圈，另外，对环渤海地区来说，对首都地区来说，它又可以说有很大的优势。经济发展，生态优势包括水资源、空气的质量。所以，我们虽然只在这里住两天，但如果可能，我们住一个礼拜都不过分。这里山清水秀，人杰地灵。昨天晚上的宴会热情洋溢，虽然聘书我们还没拿到，但是都勇于表态，愿意为扎赉特旗的发展贡献力量。

大家的意见总结起来，无非是几个资源的整合：

资金资源整合、人才资源整合、市场资源整合、信息资源整合。

刚刚构建时，欧共体只有4个国家，现在发展到了25个国家。后来东欧的一些国家也陆续参加了欧共体，货币统一为欧元，而且做得很成功。为什么要组织欧洲经济共同体？关键是面对着美苏两国（苏联后来解体了），面对着两个超级大国的经济。当初温家宝总理到法国专门参观了法国空客的飞机——大家知道现在全世界质量最好的飞机就是空客跟美国的波音。空客这个厂给温家宝的感触很深，欧共体所有国家的（飞机产业）都在法国。所以，温总理当场就在那里签订了协议，空客320在我们的天津也建立了总装厂。

他们就是进行资金资源、人才资源、市场资源、信息资源整合，已经整合到中国都加盟到欧共体国家一些大项目的程度了。这里给各位领导一个启示，就是如何跳出扎旗，跳出兴安岭，甚至跳出内蒙古的思路观念，站得高，看得远，就好像我们站在喜马拉雅山顶峰，如果能够坐上火箭搭上卫星，整个地球就在眼底了。经济发展能不能站高看远，能不能把扎旗的经济发展跟首都经济圈的发展结合起来，跟环渤海的经济圈发展结合起来，跟东北经济圈发展结合起来，如果做到了，这就会是你们的优势。

第二个建议，发展工业，不是说不发展，而是如何发展生态工业，注意招商引资尽量不要招国务院包括国家发改委不提倡的高能耗高污染的项目。农业也一样，不能搞传统农业，要搞现代农业，特别是生态农业。旅游也是，旅游要发展生态旅游，这里的资源好，山清水秀，人杰地灵。北京空气不好，我们都想到边远的地方去，想到扎旗这样的地方来。所以，发展生态旅游等方面要把生态整个考虑进去。

另外，刚才吴司长提出改革方面的问题也很重要。我有一个想法，你们向中央部委报项目，一定要有创新改革的理念，这样立项就相对容易。这一方面建议你们在立项的时候考虑进去。另外建议多加宣传。

我平时很关注网站，也很关注电视上的信息，扎旗的宣传应注重你们的生态优势。昨天的歌那么好听，争取拿到太阳岛上唱，太阳岛上看什么东西都美，唱歌宣传效果更佳。比如你们弄一首歌《我爱扎旗》，一首歌唱响全中国，就能吸引各地人来旅游。

过去的经济学家讲，三流企业搞产品、二流企业搞品牌、一流企业搞文化。

你们这里的龙头企业还不多，招商如何招？外面企业的标准化做法在这里很成功。我举一个简单例子，你们搞有机产品绿色产品，一定要标准化。大家知道，日本神户的牛肉价格非常贵。我去山西看到，当地农民往鸡饲料里面加入稀有元素硒，一个鸡蛋就卖了十几块钱。所以产品要有品牌效应，标准化生产。

因为时间关系，最后提一个建议。我很高兴听说你们跟首都的顺义县结成兄弟关系，建议第一、二次论坛在顺义召开，把蒙古族的民族文化带到首都去，或者直接在钓鱼台宾馆搞。我记得每年江苏有一个龙虾节，江苏搞完了拿到深圳搞，然后拿到钓鱼台搞，请各国大使和商务参赞到那里品尝，效果非常好。建议你们在民族特色旅游这方面好好宣传一下。

另外，有条件的话，派一些干部到东部沿海地区挂职，或者到顺义区挂职，这对整个干部队伍的培养有很大好处。另外也建议一些大城市的干部到你们这里来挂职，进行整个干部队伍的交流合作。

2009年

扶贫开发工作应多层次、多样化

改革开放30多年，我国经济发生了翻天覆地的变化，举世瞩目，人民生活水平大幅度提高。但是贫富差距、城乡差距、东部沿海和西部地区经济发展差距加大，社会矛盾加剧，影响社会和谐稳定。

在中央领导下，国务院扶贫办长期领导我们扶贫事业做了大量工作，取得显著成就，但是工作范围仅局限于贫困地区、革命老区、少数民族地区及边远山区。城市弱势群体——农民工、下岗工人及历届未就业大学毕业生总计1亿多，还没有专门机构负责其扶贫济困的问题。为此建议：

1. 国务院扶贫办更名为国务院富民办公室，由副部级升格为正部级，把城乡贫困群体全部涵盖，加大国家财政支持力度。

2. 按胡锦涛总书记指示精神，动员全社会力量参与扶贫开发事业，统筹解决城乡贫困人群的扶贫济困问题，建议由国务院扶贫办牵头，组织中央各部委扶贫办、社会上公益慈善NGO和具有社会责任感有爱心的企业家大联合，加大社会扶贫力度，实施资金、人才、市场和信息资源共享，共同为缩小贫富差距、城乡差距、东部沿海和中西部地区经济发展差距做贡献。

3. 加大金融体制改革，面向城乡弱势群体，解决他们创业过程中的贷款难问题。建议组建"中国扶贫开发银行"（或"中国富民银行"），自筹民间资金，开发小额贷款业务。学习借鉴孟加拉尤努斯（获诺贝尔和平奖）格莱珉银行经验，组建"穷人银行"。

4. 适度开放博彩业。多年来，我国发行体育彩票和残疾人彩票已积累很多经验，建议开放"扶贫彩票"（或"富民彩票"），用于扶贫济困事业，扶贫彩票业务由国务院扶贫办管理。

5. 加大产业扶贫力度。公益慈善活动捐款是输血模式，救急不救穷，不能从根本上解决城乡贫穷人群的贫穷面貌，长期使用易引起副作用，养成"懒汉"思想。扶贫济困应着眼于发展生产，使贫困人口用自己的双手、用自己的聪明才智，利用当地资源，响应动员创业，从根本上解决贫穷问题，通过发展产业（工业产业、农业产业、文化产业、旅游产业等）使自己富起来，培养造血能力。动员有社会责任感、有爱心企业家通过发展产业来扶贫济困，建议我国转变扶贫模式，从输血扶贫模式转向造血扶贫模式，从扶贫济困模式转向开发式扶贫和产业扶贫，从悲情式扶贫转向快乐式扶贫。

6. 加大国际合作交流力度，拓展新领域，组建"产业扶贫基金""产业发展国际联盟"，每年定期召开"产业发展论坛"，学习借鉴国内外经验。

7. 加大宣传力度，争取国际话语权，建议由国务院扶贫办牵头发布《中国扶贫白皮书》，向全世界宣传我国改革开放30多年来的扶贫开发事业的成就。

8. 尽快出台《扶贫法》，规范我国扶贫开发事业，使扶贫各项工作做到有法可依、有章可循、依法办事。

2010年

组建中国扶贫开发银行，势在必行

根据联合国开发计划署的统计数字，中国目前的基尼系数为0.45，占总人口20%的最贫困人口占收入或消费的份额只有4.7%，而占总人口20%的最富裕人口占收入或消费的份额高达50%。在短短20多年的时间里，中国已经从一个平均主义盛行的国家，转变为贫富差距现象严重的国家。尽管党和政府及社会对贫困人口给予了极大的关心和帮助，但如何让中国最低层的贫困人口以最快的速度脱贫致富，依然是中国执政党、政府和社会面临的一个巨大挑战，也是中国贫困人口对党和政府及社会的最急切的期盼。

国际社会公认，贫穷是产生社会矛盾的根源，贫富差距过大则是造成社会不和谐、不稳定的主要因素。当今世界不论社会制度如何，经济发达程度有何差异，世界各国一个共同的社会现象是穷人都享受不到社会公平的金融服务，银行"嫌贫爱富"、贷富不贷穷是大家共同遵循的市场经济铁律。这一点，在中国也不例外，不论是国有商业银行，还是股份制商业银行，不论是政策性银行，还是农信社、村镇银行、小额贷款公司，对无资产抵押、无公司担保的穷人贷款一概不会受理。穷人同样享受不到社会向公民提供的金融贷款服务的权利。一项调查表明：中国农村约有5500万低收入农户，能从信用社获得贷款服务的不到五分之一，尚有4000多万农户得不到信贷服务，即使向每户提供一次1万元的贷款，信贷需求缺口就在4000亿元以上，如扩大到城乡近亿的贫困人口，若向每人提供一次1万元的贷款，信贷需求缺口就达1万亿元之多。改革开放30年来，中国一直在探索一条使贫困人口通过自身努力，创业脱贫、劳动致富的产业扶贫开发之路，使国家由"输血扶贫"变为"造血扶贫"，其瓶颈就在于始终未能找到如何解决金融扶贫信贷服务缺失的有效途径。

努力消除和缓解贫困是实践科学发展观的重要内容，也是构建和谐社会的基础，中国扶贫开发协会在坚持以科学发展观统领扶贫开发工作的同时，一直致力于探索金融扶贫开发的新思路、新举措，并对国内外金融扶贫模式、经验进行了充分的研究与论证，一致认为，组建一家全国性的以贫困人群为主要服务对象的金融扶贫机构，可以有效地解决金融扶贫这一短板，让中国最低层的贫困人口享受到公平的贷款权利，帮助其实现脱贫致富的梦想。

目前，国际上公认的专为穷人提供小额信贷服务的孟加拉国格莱珉银行模式正在我国海南省进行尝试推广，中国银监会刘明康主席专门就此批示"好的开端、加强监管、加快推广"。中国扶贫开发银行将在借鉴格莱珉银行小额信贷项目成功经验的基础上，根据我国农村及城镇社区贫困人口的现状，以扶贫开发为核心，为不同的贫困人群设计不同的扶贫项目，并提供信贷支持，金融帮扶对象不再局限于农村贫困人口，而是扩大到城镇社区。

中国扶贫开发银行在市场定位、营运目标及运行模式上将完全不同于现行的其他金融机构，将有效地填补现行金融机构在扶贫功能及定位上的缺失。

1. 市场定位不同。中国扶贫开发银行将以向国内最低层的贫困人口提供信贷服务为目标，主要目标客户群瞄准无法从商业银行、小额贷款公司、农村金融机构获得贷款支持且具有劳动能力的农村及城镇贫困人口、失业人员、残疾人、未就业的大学毕业生。通过发放小额贷款，向其提供创业资金，促使这部分人脱贫与就业。

2. 营运目标有别。中国扶贫开发银行追求的是经济效益与社会公益效益的最大统一，其强调盈利，并不是为了自身利益，而是把所得利润的大部分仍用于新的扶贫项目、新的扶贫领域，以更好地服务于国家扶贫开发的总体战略，盈利的最终目的是实现国家和社会公共利益的最大化。中国扶贫开发银行将在公司章程中规定，银行年度盈利的50%不用于分红而是专项用于扶贫开发，以实现持续扶贫的目标。

3. 运营模式上有差异。

（1）建立富人出钱帮穷人的资本金募集及扶贫存款机制。不需要国家财政出资，而主要是在富裕地区和富裕人群中吸纳愿意参与扶贫事业的企业及个人的资本金及存款，形成资金来源的多渠道和特定化，然后在贫困地区发放贷款，让先富的人帮助后富的人，让最富的人帮助最穷的人。而对于先富起来的人而言，扶贫不仅仅是行善，更是其重要的社会责任，政府应主动引导这部分社会力量参与中国的扶贫事业。组建的中国扶贫开发银行将主要吸纳中国富人阶层的投资作为资本，仅以中国前500名富人（个人拥有资产均在13亿元以上）每人出资1000万元的标准计算，中国扶贫开发银行就可以募集到50亿元的资本金。

（2）建立"多户联保+风险基金+循环贷款"的贷款模式。尤努斯创办的格莱珉银行的成功经验告诉我们：市场化的银行服务可以有效地帮助穷人摆脱贫困。只要相信贫困者的生存技能和诚信品格，穷人完全可以利用针对其量身打造的市场化的银行服务及金融产品（主要是小额信贷），通过创业和劳动逐步摆脱贫穷。中国扶贫开发银行将根据中国农村及城镇社区的实际情况，将同一社区内社会经济地位相近的贫困者在自愿的基础上组成贷款小组，小组成员相互帮助选择项目，相互监督项目实施，相互承担还贷责任，形成多户联保的机制，然后向小组成员提供无抵押的、短期的小额信贷，并要求贷款人分期还款，按期还款后可继续借贷并可扩大借款额度。

（3）实行差异化的服务方式。中国扶贫开发银行除在省会城市及国家贫困县设立分行外，将以社区、乡镇为单位设立分理处，以村为单位设立代办点，实行上门送贷款、收本息的"流动银行"服务方式。

中国扶贫开发银行的性质将定位于全国性股份制商业银行，建议政府能给予必要的政策支持。

1. 税收政策。减免部分营业税和所得税。这主要是因为银行盈利的50%用于了扶贫，因此，申请在税收上作相应的减免。

2. 利率政策。在基准利率的基础上，中国扶贫开发银行的存款利率可上浮0.5—1个百分点，以解决因储蓄网点少而导致的吸收存款困难的问题。

拟设立银行的名称：中国扶贫开发银行股份有限公司。

总行设在北京，分行设在国内省会城市，支行设在全国592个国家级贫困县。

注册资本及股权结构：注册资本50亿元人民币。全部由国内富人阶层及企业出资。

公司治理架构：建立规范的股东大会、董事会、监事会和独立董事制度，建立科学的权力制衡、责任约束和利益激励机制；实行董事会授权下的行长负责制及总行领导下的分行责任制，在城市社区及乡镇一级设分理处，在各村庄实行代办员制度。

为减小运行风险，控制银行呆坏账发生，确保运营资金的安全，实现稳健运营的目标，中国扶贫开发银行将制定完备的风险控制体系及科学的业务运营流程，强化自我约束机制，自觉接受中国银监会的领导与监管。建立审慎规范的资产分类制度和拨备制度，充分计提呆账准备金，确保资产损失拨备覆盖率始终保持在150%以上，全面覆盖风险；建立健全内部审计稽核制度；建立透明的信息披露制度；建立严格的任职资格制度，培养一支高素质的从业队伍，面向农村、面向穷人招募大学毕业生，投身中国扶贫开发银行事业，学习尤努斯的精神，牢固树立为贫困人群服务的责任感和使命感，牢固树立"遵章守纪，诚实守信，勤勉尽责，稳健经营"的金融从业职业道德，把社会弱势贫困人群作为自己的亲人，执着地为他们脱贫致富而工作。

组建中国扶贫开发银行不只是单纯地向贫困人口提供扶贫信贷服务，而是向社会庄严宣示，中国共产党永远不会忘记在社会最低层的贫困阶层中落实"以人为本"的科学发展观，使最低层的贫困民众公平地分享国家改革发展的成果，为促进我国普惠型金融体系建设，为加速构建中国社会主义和谐社会而努力奋斗！

2010年

在全国医院设置"贫困与残疾人门诊"

据统计资料，我国13亿人口中，农民占9亿，而这9亿农民，由于多种原因，很多人没有参加医疗保险，有病看不起、小病拖大病、因病致残、因病致贫、因病返贫的现象时有发生。至于社会人群中有着特殊困难的8300万残疾人，更是困难重重。因此，在全国医院设置贫困与残疾人门诊，对这部分人逐步实现先减后免，尽快切实解决贫困人群的医疗困难，提高人民健康水平，保障经济建设平稳推进，也是构建和谐社会、促进经济和社会可持续发展的重要课题。为此，建议如下：

（一）高度认识在全国医院设置贫困与残疾人门诊的现实和政治意义。在全国医院设置贫困与残疾人门诊，是旨在解决贫困和残疾人等社会弱势群体看病难、看病贵、因病致贫、因病返贫、因病致残的急迫问题，是贫困和贫困残疾人迫切盼望解决的问题，是提高人民健康、推动社会进步、保证经济建设所需、提高人力资源质量的重要环节，体现着党的富民政策和共同富裕宗旨，体现着党和国家对社会弱势群体的关心和对贫富差距问题的关注，对于缩小贫富差距、维护社会和谐稳定和经济可持续发展具有广泛的现实意义和深远的政治意义。

（二）为了让全社会关心贫困弱势群体，包括保障残疾人平等地充分参加社会活动，共享社会物质文明成果，逐步减少因病致残、因病致贫、因病返贫人群，消除疾病困扰，提高人民健康，推动社会发展和社会进步，逐步扶持医院，提高康复等医疗服务水平和加强服务能力的建设。并在中国残联领导和监督下，全面负责该公益性项目的设立、调研、筛选、合作、开发、审批及按中国残联有关规定管理与具体实施。

（三）动员社会力量，整合资源，形成政府、NGO，以及有社会责任感、有爱心的企业家联盟，向医院贫困和残疾人门诊部捐赠医疗仪器和药品。

（四）协调卫生管理部门，引入第三方力量，以监督控制过度医疗。所谓过度医疗是指医疗机构或医务人员违背临床医学规范和伦理准则，不能真正为患者提高诊治价值，只是徒增医疗资源耗费的诊治行为，它给国家财政、企业和个人造成了沉重的经济负担，助长了社会不正之风，还侵蚀着中国的道德传统。通过对医院的无偿捐资捐物，使医疗成本保持在合理的范围内，既有效解决了贫困与残疾人看病治病的问题，又解决了广大人民群众看病贵的问题，从而维护了社会的和谐稳定。

（五）由全国残联牵头，由卫生部、劳动和社会保障部、国务院扶贫办协助，在全国有条件的医院开设贫困与残疾人门诊。

根据资源配置和因地制宜的原则，充分发挥地方医院现有设施设备和人力资源。贫困与残疾人门诊首先在四川、福建、山西、陕西、上海五省市选择条件适宜的医院进行试点，在取得一定经验的基础上逐步向全国推广。

2011年

扶持革命老区兴安盟

2010年，中共中央下发了中发〔2010〕11号《中共中央国务院关于深入实施西部大开发战略的若干意见》，指出："南疆地区、青藏高原东缘地区、武陵山区、乌蒙山区、滇西边境山区、秦巴山—六盘山区等集中连片特殊困难地区生态脆弱、经济落后、贫困程度深，要全力实施集中连片特殊困难地区开发攻坚工程，基本消除绝对贫困现象。"同时还规定了国家确定集中连片特殊困难地区的标准，并初步拟定了六大连片区27个地州列入集中连片特殊困难地区。根据中发〔2010〕11号文件的有关规定，内蒙古自治区人民政府已于2010年8月26日分别向国家发改委、国务院扶贫办报请《关于将兴安盟列入国家集中连片特殊困难地区予以扶持的函》。最近，经过我们全国政协有关委员进行认真的实地调研，认为兴安盟农村牧区确实生态脆弱、经济落后、贫困程度深，在全国也不多见。所以，建议国家充分考虑兴安盟的特殊困难，将其适时纳入国家集中连片特殊困难地区，给予重点扶持。

内蒙古兴安盟是我国第一个少数民族自治区——内蒙古自治区的诞生地，是内蒙古自治区党委、政府确定的唯一实施重点帮扶的老少边穷地区，是大兴安岭重要的生态屏障，是嫩江流域和科尔沁沙地的主要源头。因长期受到历史、地理、自然、环境、投入等诸多因素的影响，经济发展严重滞后，仅以2009年为例，全盟人均GDP、农牧民人均纯收入、城镇居民人均纯收入三项指标都明显低于全国、全区平均水平。2009年人均GDP为13497元，城镇居民人均可支配收入为10252元，农牧民人均纯收入为3401元。贫困人口多，贫困面大，特别是受农牧业基础薄弱、各种自然灾害频发、抗御自然灾害能力较弱的影响，农牧民的收入极不稳定，因灾返贫的现象尤为突出。兴安盟是少数民族聚居区，少数民族人口达79.5万，占全盟总人口的47.2%，其中蒙古族人口占总人口的42%。按照国家新的贫困标准统计，全盟贫困人口还有42.6万，占农牧业总人口113万的38%。如果对这一地区农村牧区贫困人口不加大扶持力度，势必与全国、全区的差距越来越大。

近年来，内蒙古自治区党委、政府对兴安盟实行差别化的特殊扶持政策，除组织动员自治区137个厅局对兴安盟实施帮扶外，还决定由鄂尔多斯市对其进行重点帮扶，从而为兴安盟的又好又快发展注入了新的生机和活力。但内蒙古自治区在全国来说，也并非富裕的地区，尤其是森林草原生态环境保护治理项目和改善民生方面都需要国家财政转移支付。所以，仅仅依靠自治区厅局和鄂尔多斯的支持，在短期内要解决革命老区兴安盟农村牧区极其贫困的现状，缩短同全国、全区的差距，仍有很大困难。为此，恳请国务院会同国家有关部门将革命老区兴安盟纳入国家集中连片特殊类型贫困地区，以获得国家更多的政策和资金，通过他们自身的努力和国家的积极扶持，尽快摆脱贫穷落后的状况，与全国人民共同享受改革开放的成果，走上脱贫致富的道路，实现全面建设小康社会的宏伟目标。

2011年

全面推动农村信息化

中共中央提出了建设社会主义新农村的重大历史任务，而推动农村信息化、用信息化带动农业产业化和促进农村现代化，对于新农村建设具有重要意义。信息技术具有科技含量高、发展速度快、渗透力和带动力强的特点，它在促进农业增产、农民增收和农村文明等各个方面都具有十分重要的作用。

农村信息化包括农业信息化、农村行政管理信息化、农村社区管理信息化、农村医疗管理信息化和农村教育信息化等主要内容。近年来，国家先后采取了不少推进农村信息化建设的措施，农村信息服务体系已初步形成。尽管已取得一定成效，但仍然存在一些困难和问题制约着农村信息化的推进。主要是：

1. 农村电脑、互联网、电话、广播电视普及率偏低。
2. 网络费用过高，制约农村信息化发展进程。
3. 涉农网站缺少专职人员管理，低层次重复建设现象严重。
4. 农村信息化相关政府部门工作人员的信息素质亟待提高。
5. 信息服务渠道单一。
6. 偏重农业信息化建设，忽略农村其他领域信息化。

建议：

（一）构建科学的农村信息化评价体系，有效指导并跟踪农村信息化发展进程

建议信息产业主管机构联合统计、农林部门和信息化专家一起建立科学的农村信息化统计指标体系，并把它纳入统计体系中。农村信息化评价指标体系可由一个总指标（即农村信息化发展水平）及四个一级指标（即农村行业信息化、农村行政管理信息化、农村生活消费信息化和农村社会资源信息化）组成，各个一级指标下设2—3个二级指标，各个二级指标下设3个三级指标，所有这些指标将构成一个科学的农村信息化水平评价体系。在此基础上评价各地的农村信息化发展程度、农村信息化发展目标和发展战略。

（二）动员社会力量，形成合力，全面推进农村信息化

农村信息化是一项涉及多个部门的投入巨大的复杂的系统工程，建议国家统一规划、协调各部门工作，明确政府推动与市场运作相结合的建设思路，通过建立"政府支持、企业运营、社会参与"的多方共赢机制，实现农村信息化的可持续发展。同时理顺产业界和村镇及农户之间的关系，农村信息化的出路不在于推广单一的电脑产品或网络产品，而在于如何给农民提供高质量、低成本的信息服务环境。各级信息化主管部门一方面可促使网络接入服务商降低农产网络使用费；另一方面充当企业间联姻的"红娘"，让处于同一产业链上的企业联手推出适合农村信息化建设的整体解决方案，从而加速农村信息化、产业化进程。

（三）进一步加大农村信息化人才培训力度

一是出台优惠政策，吸引信息技术专业人才到农村中小学任教，在农村中小学系统开设信息技术教育课程，通过提高下一代的信息素质来推进农村信息化进程。二是对农民特别是农村种养大户、农民经纪人、农技人员和青年农民进行信息技术培训，在普及计算机技术的基础上，充分利用职业教育体系和远程教育平台，依托农村行业协会组织和合作社组织，把培养一大批不离乡土的有文化、懂技术、会经营的新型农民工作落到实处。三是加强对服务于农村信息化的政府工作人员、农村干部的信息技术教育，强化信息素养，增强信息服务观念。

（四）完善信息基础设施建设，构建立体信息服务体系

建议加大对农村信息基础设施建设的投入，解决"最后一公里"问题；充分挖掘互联网、电话、手机短信、网络、广播、电视等多种技术平台信息服务功能，根据本地区产业特征及农民需求，构建全方位的、立体的信息服务平台；同时逐步在行政村设立免费或低价接入互联网的公共信息服务场所或互联网中心。

（五）加强规范，制定农村信息化统一标准和法律法规，实现信息资源的共建共享

建议加强农村信息化规范，制定统一的农村信息化相关的技术标准、信息标准，改善农村信息化条件；制定和完善适合农村信息化的法律法规。在制定标准的基础上，着手整合涉农部门的资源，统一颁布制度，统一标准和规范，建立涉农信息交流共享机制，确保信息的准确无误。

（六）整合农业信息网络资源，强化信息内容建设

建议在对我国农业网站全面调查的基础上，统筹规划，制定农业信息网站整合计划，健全网络功能，强化信息内容建设，避免低水平重复建设，建成农业技术信息服务体系、农村环境信息服务体系、农业要素信息服务体系、农村医疗卫生信息服务体系、农村人口管理信息体系、农村电子政务信息服务体系、农村教育信息服务体系，开发农产品监测预警信息系统、市场监管信息系统和科技市场等综合性信息系统，着力推进网络应用向乡村和农户延伸。

（原载于《中国产业》2011年第6期）

农业发展新方向：生态农业

　　农业是我国的一个基础产业，粮食生产是主要产品。在单产增加有限的情况下，20世纪80年代引入西方国家"石油农业"方法，大力推广应用化学肥料、化学农药、各种生物激素等，想方设法增加粮食产量。尤其是在实行土地承包经营责任制和社办企业大发展后，满足了粮食供应，却导致环境污染速度增快，出现食品不安全问题，造成人体健康状况下降，各种疾病频发。这说明我国在农业发展过程中，由于承载方法和措施不当，走了一条不适宜我国农业发展的道路，对生态及环境产生了负面影响。污染程度超过了自然界自净能力，使生态环境转向恶性循环。今天，我国农业同样面临着经济全球化的挑战，因此要搞商品化农业，及时调整我国农业发展大方向和产业结构，发展我国特色的生态农业。

　　在污染治理中，要先治土壤为本，治水不治土是治标不治本，治土不治水是治本不治根，要治土同时治水，才能标本兼治，达到根治，最终达到治理好环境污染的目的。现在，我国土壤都遭到了不同程度上的破坏和污染，超过了自然界的自净能力，促使生态环境步入恶性循环的怪圈，一些土壤由肥沃土壤变为贫瘠土壤，甚至死亡土壤，土壤的盐碱化和沙漠化速度加快。其根本原因是从20世纪80年代以来，在我国大规模实施石油农业，90年代为了发展乡镇企业，使用了原始的、低技术水平的生产方法，结果获得了发展牺牲了环境，造成全国范围内的环境污染，我国自然生态环境污染程度在20年内走了美国70年的污染过程。由于我国人多地少，基本没有休耕季节，所以，污染后果和危害性超过美国等西方国家。健康食品的基本特征是"新鲜、安全、营养、健康、口感"，所以只有健康的土壤和生态环境才能生产健康食品。

土壤对污染物具有很强的自净能力。它可以通过一系列的物理、化学和生物学过程，如吸收、吸附、离子交换、氧化还原、沉淀、转化和降解等作用，净化进入土壤中的污染物。但是当污染程度过重，它就失去了自净能力，生态环境就要恶化，产生许多种代谢毒素。当这些有害物质在环境中积累到一定程度，就会爆发出不利于人类生存、生活的环境污染，人类就会发生多种疾病。各种毒素通过不同途径，进入到人类的食物链之后，由于食物链的富集作用，在更大的程度上危害着人类身体健康。这种危害时间将是相当漫长的，而且不易马上修复或恢复，甚至会世代相传下去。

现在，农产品食用不安全，主要原因是大量推广化肥、化学农药的使用，将不合理的农业技术应用于其中；另一方面是由于人类的生产、生活活动中，所产生的废弃物没有经过处理就排入自然环境中，其污染程度超过了自然界的自净能力，严重污染造成自然生态环境进一步恶化。改变这种状况的关键，是修复自然生态环境，禁止推广应用不合理的农业技术，建立自然生态农业法则和清洁卫生生产技术体系。

目前的状况是，一些不合理的农业技术措施作为先进技术措施在全国范围内加以推广应用，造成自然生态环境、土壤、水系的破坏和污染。

1. 微生物发酵有机肥（EMS菌肥）。这项技术是由日本比嘉昭夫等发明的，实际上是不能应用于新鲜有机肥发酵中的。所谓的EMS微生物肥料是将外来的微生物菌（有益微生物）对新鲜有机粪肥进行发酵处理。但是经过处理后有机肥料会对土壤根际微生物生态平衡造成极大的破坏，长期使用可以使土壤逐渐板结，还能造成土壤的养分匮乏、营养物质无法正常循环，由可吸收态变为不可吸收态，促使土壤自净能力和融氧能力下降，破坏土壤团粒结构，最后把沃土变成贫土或死土，使土壤严重退化，造成盐碱化及沙化。尤其是在大量使用化肥的情况下，造成土壤生态失衡，有机肥力无法发挥作用。

2. 沼气肥料（还原态肥料），人们认为是清洁卫生肥料，殊不知还原性肥料是不能直接施入土壤中的。沼气肥料是在氙气条件下抑氧发酵而成的，自身带有许多没有经过彻底氧化分解的有害代谢中间产物，在与有机中间产物结合下，能形成更多复杂的有害有机物质。还有，沼气肥料在土壤中要进行二次有氧发酵，会把土壤中的氧气吸收掉，造成土壤严重缺氧。同时造成土壤毒害、结构破坏等严重后果，有些有毒物质可以通过植物吸收进入人体食物链，严重危害人体健康。东北密闭生活室内推广沼气，殊不知沼气是含有78％甲烷成分，而沼气的燃烧率只有60％，大量的甲烷因燃烧不净而散发在室内密闭的空气中，与环境中氧气结合，形成甲醛，严重危害人体健康。

3. 测土配方施肥是一项劳民伤财的技术。土壤、植物与人类都是一个有生命的、活的循环系统，土壤养分是经常在不断变化的，它是由土壤氧化还原性、酸碱性、微生物活动能力、离子的结合形式、水分变化等所决定的。不同土壤的养分状态也是不同的，按照目前人类已有的技术水平，无法测出土壤真实养分含量。在土壤—植物—人类系统中，有机体密度最高，生命活动最旺盛，养分的流动必须达到和谐统一，保持着良性循环。土壤与植物系统都是具有生命活力的系统。植物对土壤养分的吸收是在最小养分定律下（木桶理论）而保持动态吸收平衡的，如果违背了这个规律，植物就不能有效地吸收土壤养分，造成食品养分不全，形成空壳食品或无活性食品。土壤中，有许多微量元素因土壤的酸化造成不能有效利用，并未达到匮乏的程度，如Ca，在酸性土中形成碳酸钙而沉淀，植物无法溶解它、吸收它，因此而不能有效利用。

4. 在重金属严重污染土壤的治理中，有一项所谓的先进技术是植物修复技术。这项技术的实际作用是很小的，很浪费时间，无法彻底根治污染。它主要是通过超滤植物的种植来吸收重金属。但是吸收了重金属的植物秸秆，如何处理呢？根据物质不灭定律，燃烧秸秆后，重金属离子又回到土壤中去了，拿走秸秆则是污染转移。重金属在土壤中以多种多样的形态存在，有些状态是不为植物所吸收的，所以没有毒性。同时，植物吸收重金属的能力还受到土壤的pH值、氧化还原性、水分等众多因素影响。而超积累植物对重金属的吸收是有选择性的，吸收能力也是很有限的。

5. 太湖的治理：国家每年投资几百亿元治理太湖，但是，越治理污染反到越严重，说明了太湖治理技术只治标不治本。太湖污染主要有三大来源：土壤污染、乡镇工业污染和居民生活污染。近年来农田大量施用化肥和化学农药，过量的残留危害着水体和地下水源，造成水源大规模污染，加剧了整个生态环境的恶化。造成环境污染的主要原因，主要是农事操作不当、农业管理不力、人口大量增加、经济实业集聚，产生大量的化肥、农药残留物，生活污水，工业污水以及其他废弃物。化肥的当季利用率很低，只有30%左右，大量使用造成土壤残留过量和土壤板结。我国江南市区镇虽具备一定的污水处理能力，但纳污率比较低，而土壤和水体的自净能力也是十分有限的，致使各类污染物在土壤、水体中得以快速积累，造成大规模的生态环境污染。人为地将各类污水未经处理直接排放也是造成河道污染的主要原因。人们盲目填堵侵占河道、随意倾倒垃圾等行为，不仅使河道淤积，降低了河网的调蓄能力，而且水体的自净能力大大削弱。区域内缺乏必要的水体交换、循环和流动，致使局部区域河道形成黑臭等。

上述所谓先进的农业技术对自然生态环境有很大的危害性，并且可能对土壤产生污染。这些项目的实施，每年国家花费了大量的人力、物力而收效甚微。

中国农业发展的瓶颈问题是农产品食用不安全问题。中国三农问题的关键之一也是农业安全生产和农产品食用安全。如果农产品食用安全性问题解决了，中国农业的发展问题也就迎刃而解了，中国农业就可迅速发展了。

人类只有吃了健康食品，才能将体内积累的毒素逐渐排出体外，将血管中沉淀的毒素清除出体内，将体内积淤重新溶解，使人体恢复健康。人体需要吃有活性或活力的健康食品，它来源于大自然。在食品中是以有效融氧量来计算活性的，而水是以溶氧量计算活性的，融氧可以把体内的毒素重新化解，将毒素氧化成无毒的CO_2、水及低分子化合物，溶氧可以促进体内消化，在有氧条件下可以将物质彻底氧化。所以，我们把活性物质称之为灵气，食品中的灵气是来自肥沃的土壤，其实就是食品的融氧能力。融氧能力强，它的灵气就足，融氧能力差，就是灵气不足。有灵气的食品其养分含量高而全，没有灵气的食品其养分含量低。所以健康食品具有强身健体的功能和作用。

在实际农业生产中，要合理解决氮与矿物质元素的比例关系，氮高矿物质元素就低，食品不安全；氮低矿物质元素高，农产品就没有产量，保持合理、平衡的氮与矿物质元素之比，是生产健康食品的关键。要提倡推广无污染种植、养殖技术，即清洁卫生的生产技术，要将污染控制在环境自净能力之内。要不断修复土壤、水体等自然环境，促进自然环境向良性循环发展。充分利用生态食物链的富集作用为人类的健康服务。

此外，还要研究开发一系列新技术：无污染零排放的生态养猪技术、无污染清洁卫生的种植技术、水处理技术、盐碱地综合治理技术、沙漠综合治理技术、林下生态养鸡技术、蝇蛆养殖与深加工技术、生物抗菌肽开发技术、大麦麦绿素产业化技术等。

（原载于《中国产业》2011年第8期）

信息化助力缩小城乡教育差距

基础教育，作为造就人才和提高国民素质的奠基工程，在世界各国都占有重要地位。随着"普及九年制义务教育""希望工程"的实施，我国农村及偏远地区的基础教育在普及教育人数、投入资金所取得的成就方面是举世瞩目的。同时我们也必须清醒地认识到，在推进教育公平方面也面临一些深层次的问题和矛盾。

为了解决农村及偏远地区长期以来存在的教育机会不均等难题，建议实施"智慧教育工程"。

1. 智慧教育资源平台依托智慧教育专网，打造智慧教育资源平台，解决教育资源问题。由中央和地方共建基础教育信息资源平台及教育资源库，建设中央、省、地、县多级基础教育资源中心。结合各地区实际情况，加强支持农村及偏远落后地区教育资源内容建设。突出优质资源共享，收集、加工、整理并传播能真正为实施素质教育和新课程服务的、为广大教师和学生喜闻乐见的优质资源，包括优秀课件、课程及教学经验和案例。特别是创造大量适合农村教育特点的教学资源，注重农村学生终身学习和可持续发展。

2. 智慧教育学习平台依托智慧教育专网，打造智慧教育学习平台，创新学习模式。利用学习平台，全程参与到学生的学习活动中。提供在线学习、在线答疑、在线交流和在线评测。提供丰富的学习内容与灵活的教学模式，根据自身特点和实际情况，让学生可以灵活选择学习时间，自主掌握学习进度，选择自己感兴趣的内容深化学习。

3. 智慧教育交流平台依托智慧教育专网，打造智慧教育交流平台，传递先进文化，消除"数字鸿沟"。方便校长、教师、学生、专家、志愿者等广大教育参与者实时交流探讨。校长对教学管理进行探讨，一线教师在平台上对示范课教学、配套课件、教育资源提出需求和评价，教育志愿者与学生之间相互沟通，专家对在线案例进行点评，社会对教育成果的监督与宣传。

4. 智慧素质教育平台依托智慧教育专网，打造素质教育平台。丰富教育内容，面向提升学生素质，提供德育、体育、美育等全面教育，培养和提高学生的审美能力，净化心灵，塑造完善人格。开发学生潜能，展示个性，培养创造精神和实践能力，消除应试教育的不良影响。

5. 智慧实用技能培训平台依托智慧教育专网，打造实用技能培训平台，促进知识向生产力的直接转化。以学校为辐射中心，逐步形成乡镇信息资源中心，针对学生家庭和当地群众提供二次学习机会，进行符合当地情况的实用技能技术培训，提高当地劳动者素质，缩小城乡发展差距，形成与本地社会发展的良性互动机制。

智慧教育工程，有利于推动社会主义教育公平，促进社会主义教育事业阳光发展，而教育信息化最高层次是智慧化教育。在目前社会矛盾频发、人口大量流动的现实情况下，实施智慧教育工程有助于提升劳动者素质、法律意识和改善劳动者生存能力，同时对于缩小贫富差距、维护社会稳定具有积极意义。

（原载于《人民政协报》2012年8月8日）

加大对农业科技的信贷支持力度

2012年中央1号文件《关于加快推进农业科技创新　持续增强农产品供给保障能力的若干意见》，唱响了增加农业科技投入的主旋律。文件要求，"支持农业发展银行加大对农业科技的贷款力度"。国家农业政策性银行——中国农业发展银行如何在支持农业科技中发挥好主力军作用，特提出以下几点建议：

1. 扩大对农业科技的信贷支持范围。根据中央1号文件精神，农业发展银行的农业科技贷款范围应覆盖：农业标准化生产、规模化种养、设施农业、园艺作物标准园、禽畜水产示范场、农业基础设施建设、肉牛肉羊标准化养殖和原良种场建设、生猪和奶牛规模化养殖、水产养殖生态环境修复、远洋渔船更新改造、高效安全肥料、低毒低残留农药的生产和流通等。

2. 扩大贷款对象。对符合农业科技贷款支持范围的企事业法人、科研单位、农村专业合作社，只要产权明晰、治理结构合理，有还款能力，都应列入农业发展银行的农业科技贷款支持对象。

3. 降低贷款条件。对符合农业科技贷款支持范围的借款人，农业发展银行应适当放宽所有制形式、借款人注册资本金、项目资本金比例、信用等级等限制，切实解决农业科技企业和科技项目"融资难"的问题。

4. 创新贷款方式。对农业科技贷款的方式，应根据借款人的实际情况，在充分利用好传统抵押担保方式的基础上，积极探索专利权质押、预期收入质押、政府融资平台担保等多种贷款担保方式，解决农业科技企（事）业和项目可抵押资产过少或没有抵押资产的问题。既要保证这些借款人能借到款，又要保证银行贷款风险能得到有效控制。

5. 安排专项计划和资金。为保证农业科技贷款投放量，农业发展银行每年应安排用于支持农业科技的专项信贷计划和资金。专项农业科技信贷资金必须全部用于支持农业科技，不得挤占挪用。同时应加强对专项资金使用效率和效果的考核，确保这些专项信贷资金投向准、投量足、效益高。

2012年

辑二

科技创新与产业发展

福建劳动就业形势及对策研究

前不久，受中央有关部门委托，我参加再就业工程专题调研，先后考察厦门、福州、泉州、莆田、三明、龙岩等地，召开座谈会，拜访一些下岗职工，听取基层干部意见，又调研各国解决就业问题的途径和办法。结合福建省具体实际，提出如下看法。

一、劳动就业状况

据福建省人民政府发展研究中心提供《今后三年福建就业形势分析与预测》报告：福建省就业人口总量快速增长，今后三年将新增劳动就业人口108万人；城镇新增劳动就业人口87万人，就业压力大多集中在城市；今后三年由于国企改革下岗职工、政府机构改革分流党政干部、退伍军人与转业干部等，大约分流人员70万人；城镇失业人员约15万人。总计今后三年福建省就业劳动力将增加157万人，其中城镇就业人员有130万人。因受东南亚金融风暴影响，经济不景气，可提供就业岗位不多，全省劳动就业形势相当严峻。如果就业问题解决不好，特别是国企下岗职工再就业问题解决不好，势必影响社会稳定和治安工作。再就业问题已成为全社会共同关心的热点和焦点问题。

1. 基本生活状况。大部分下岗职工收入下降，生活水平比较低，月收入在200元以下的大约占57.8％。为了维持生活，解决温饱问题，大约71.2％的下岗职工每月支出主要用于食品。主要表现：市场副食品供应价格上涨，许多家庭为了紧缩开支，能不买的尽量不买，使得副食品特别是高档食品销售量降低，百货业不景气、市场疲软等。

下岗职工中生活水平下降比较大的群体中，以年龄分析，大多在31—45岁，大约占55.7%。以文化程度高低分析，大多集中在初中文化程度，大约占50.9%。他们是再就业工作难度比较大的群体，主要是年龄偏大、文化素质低、技能单一、就业观念陈旧等。少部分下岗职工再就业后，生活水平有较大提高，其人数大约占2.1%。这些人大多文化程度高，有一定专业技术技能，社会适应能力强。

2. 基本思想状况。大部分下岗职工心态不平衡，情绪不稳定。有的牢骚满腹，有的对前途失去信心。（1）部分下岗职工情绪低落，对前途失去信心，把生活希望寄托在"佛祖慈悲""上帝保佑"上，使信教队伍不断扩大；（2）部分下岗职工对企业领导矛盾加深，从而加深社会矛盾，增加不稳定因素。（3）少数下岗职工认为"下岗是正常现象"。国企改革，产业结构调整，从事传统产业的职工过多，需要下岗，需要再培训，转而从事一些新兴行业工作，这种思想应广为宣传。

3. 对社会稳定和社会治安的影响。今年以来（1—3月）福建省出现"三多"即上访、信访、告状多迹象。上访反映的不少是下岗职工生活困难。而且，社会治安也相当严峻。今年1—3月全省不少地方暴力犯罪严重，引发诸多社会不安定因素。

二、解决就业问题的对策

1. 贯彻实施"依法治国"方针，为再就业工程立法，使就业工作法制化、制度化、规范化。各国政府为解决本国失业问题制定了不少法规，如美国最早法律之一是《就业训练合作法》。该法规定，由州、地方政府和私人机构共同合作进行培训项目开发、实施和管理。各州还设有就业训练协调委员会，由企业、州有关局、地方政府及失业者代表组成。委员会主要协调"训练内容"，包括课堂培训、就业现场培训，同时提供介绍工作、咨询、基础技术训练和支持性服务等。根据我国就业具体情况，建议中央出台相应政策法规，使就业工作法制化，做到有法可依。

2. 实行宽松的劳务政策，解决就业问题。在这方面巴西的经验值得借鉴。巴西实行宽松的劳工政策，它把经济分为正式经济和非正式经济。所谓正式经济，指在各级政府正式注册登记的各类公司和企业，这些企业必须照章纳税，企业职工受政府劳工法保护，有医疗保险，享受退休金，其经济实体大多为国营或私营大中企业。非正式经济指未在政府登记注册的私营小型或微型企业，有的小商小贩不纳税或很少纳税，职工不受劳工法保护，也没有医疗保险和退休金。据统计，巴西国民生产总值60%来源于正式经济，从业人口3000万人；40%来源于非正式经济，从业人口4000万人，他们分布在全国5000多个城镇。为此，建议中央出台有关政策，鼓励下岗职工从事非正式经济活动，国家给予免税优惠。可以在指定时间、地点，创办一些交易市场（旧货市场、专业市场、综合市场等），为下岗职工提供经营场所。为了开拓城乡市场，可以鼓励下岗职工走街串巷、送货上门或到城郊、农村开展促销活动，开辟农村市场。

3. 努力开拓农村就业市场，鼓励下岗职工到城乡接合部、边远山区、海岛及中西部地区搞农业开发。建议中央制定有关政策鼓励支持分流下来的党政干部、下岗职工到广阔的农村去，一是加强各级乡镇、村级班子领导力量，二是从事农业开发工作，三是加速农业产业化进程，四是完善各种技术咨询、服务中介机构，组建同业公会等。

4. 进一步开放科技、教育、文化、卫生事业，鼓励支持社会力量及私人兴办教、科、文、卫事业，为下岗职工提供大量就业机会。

5. 扩大招商引资，培植新的经济增长点，增加就业机会。台湾新竹高科技工业园占地8700多亩，有170多家公司，集中电脑、半导体集成电路、通信、光电、精密机械、生物工程等企业，还有10多家研究所、开发中心及100多家第三产业企业为其配套服务，从业人员5.5万人。目前面临土地紧缺、劳动力不足的难题，他们计划在台南开辟第二科学园。台湾不少上层人士欲在福建长乐开辟"闽台高科技工业园"。建议中央批准立项在福建长乐搞大型高科技园区，既可带动福建半导体、电子、通信、光电技术及生物工程发展，又可解决党政干部分流及下岗职工再就业问题，并为大中专毕业生提供新的就业机会。

6. 发放就业贷款，解决下岗职工就业问题。波兰鼓励失业人员自谋职业，并为其发放低息贷款，同时还向招收下岗职工的雇主提供优惠贷款，如利用低息贷款成立"私人护理公司"，专为老人、病人、残疾人服务，解决了一大批失业护士就业问题。希腊政府前不久颁布的《促进就业计划》中规定，为一万名失业人员每人提供3600—5600美元贷款，帮助其自谋职业。俄罗斯的《自主就业计划》主要针对有一定技能的失业职工。帮助他们通过培训，制订经营计划，并提供一定数量的启动资金。如一次性发放全年失业救济金，帮助他们开办自己的企业或小农场。为此，建议中央出台鼓励政策，为下岗职工自谋职业、创办经济实体提供低息贷款，并在税收方面给予优惠。

7. 设立专门机构，统一领导就业工作。就业工作是个系统工程，需要全社会的支持和关心。建议我国劳动部门成立"就业服务管理局"，专门从事再就业工作。

8. 开展社区服务和便民服务，不断开拓就业渠道。它包括城市清洁工，绿化工，道路维修工，保养工，修理工，货物装卸，照顾孤寡老人、残疾人，家庭护理，报刊发行，蔬菜加工，家政服务，服装裁剪，送货上门，家庭教师，社区医疗，心理咨询，物业管理等。我国社区服务业方兴未艾，如果完善起来，可解决数百万人就业问题。

9. 加大职工培训力度，坚持持证上岗制度。待业青年上岗前必须培训，取得上岗资格后才能就业；干部职工转岗前也须先培训，取得新岗位就业资格才能转岗。部队退伍军人、转业干部转入地方工作，也先参加岗位职业培训。建议由国家劳动部门负责，全国建立统考制度，使人才培养、使用走上法制化轨道。

（原载于《福建论坛·经济社会版》1998年第10期）

福建省出口商品的结构及技术创新策略

一、外贸出口商品结构分析

1997年，福建省外贸出口额达115.89亿美元（按外贸业务统计），比1996年增加15.89亿美元，增长15.54%，出口总额占全省国内生产总值的31.9%，占全国出口总值的6.3%，名列广东、上海、江苏、山东之后，居第五位。

改革开放以来，福建省出口商品结构发生很大变化，初步实现了两个转化：由出口农副产品、矿产资源及初加工产品向出口工业制成品转化；由出口初级加工制成品向出口深加工制成品转化，初级产品与工业制成品之比由1978年的58∶42调整为19.2∶80.8。按《国际贸易标准分类》划分，1997年初级产品出口额达22.6亿美元，占全省出口总值的19.2%，比1996年下降0.7个百分点。工业制成品出口额达93.63亿美元，占80.8%，比1996年提高0.7个百分点。其中高新技术产品出口额达7.32亿美元，占全省出口总值的6.3%。1997年技术出口额达0.5亿美元，主要是技术软件、船舶、成套设备出口。1998年全省高新技术产业总产值已达433.2亿元，创税利47.5亿元，出口创汇12.3亿美元。初步形成通信设备、计算机软硬件、消费类电子产品、生物医药、机电一体化等新兴产业，拥有一批如万利达、实达、厦华等产值超10亿元的高新技术企业。至1999年6月底，全省已认定高新技术企业330家，其中国家级重点高新技术企业17家。1999年6月我省有7家高新技术企业进入全国电子百强。

二、存在困难与问题

1. 出口商品结构不合理，传统出口商品技术含量低，靠低价促销，面对亚洲金融风暴影响，外贸出现负增长。国有外贸企业由于经营范围小，管理水平低，经营机制不灵活，在国内难以与外资企业竞争，国际上难以与大集团公司竞争。福建省经济基础较薄弱，产业规模小，骨干企业、企业集团少，全国知名品牌少。

2. 技术创新能力差。科技部曾对我国各省市科技综合实力进行评价，福建省居全国第11位。在10个领域25项指标的综合评价中，除经济增长方式、科技活动产品、生活质量提高、科技意识居前10位外，其余指标均在中下水平。尤其是科研物质条件、科技人力资源、科技人力投入分别居全国第27位、第22位和第18位。

一是企业技术创新能力差。只有10.1%的企业因竞争压力而主动创新。全省大中型工业企业有一半以上没有设立技术开发机构。已设置技术开发机构的，有1/3机构没有经常性任务，从事科技开发的仅占56.04%。技术开发经费仅占产品销售收入的0.56%，大多集中在福日、厦华、厦新、三钢等大企业，占总额40%左右。

二是产品创新能力弱。1997年，大中型工业企业的新产品、高新技术产品销售收入250.50亿元，占产品销售收入的14.59%，居全国中等水平，而且引进及仿制产品较多，自主创新开发产品较少。

三是人力资源文化素质低，缺乏高层次、高科技人才。至1997年，福建省受大专以上教育人数只占人口总数的2.38%，毕业的大学生、研究生只占全国的2.60%，职工素质低，影响企业科技进步。福建省人均GDP居全国第7位，而从事科技活动的人员却居全国第24位，每万人口从事科技活动的人员只有13.34人，远低于全国25.68人的平均水平。面对21世纪知识经济的挑战，福建省高层次人才，尤其是学科带头人、高新技术产业高层次技术人才和管理人才十分缺乏。新兴产业、学科科技人员不足。一般产业、行业内通用型、需要知识更新的科技人才偏多。另外，科技人才使用不当，也造成人才流失。

3. 省、地市属和高校科研机构的研究、开发与创新能力差。1997年全省地市级以上政府部门所属科研开发机构107个，职工7285人（其中科学家、工程师3680人，占50.5%），但推广应用成果仅68项。全省高校所属科研开发机构128个，职工1039人，其中高中级职称566人，推广应用成果仅26项。由此看出，福建省科技创新能力有限。福建省科技对经济总量增长的作用，主要表现为改革开放后，通过引进技术、引进资金、引进设备提升技术水平。

4. 沿海地区与中西部山区的科技实力存在明显差异。据统计，福、厦、泉、漳、莆沿海五地市占全省高新技术产业总值的95%以上。沿海地区科研开发机构在人员、科研经费及科研成果方面明显优于山区。1997年，沿海地区平均每个地市有科技人员898人，而山区每个地市平均只有79人。在产品研制与开发上，投入相近数量的人力和物力，产出差异很大。山区四地市只及沿海五市的1/3到1/2。

5. 科技投入资金总量不足与存量资产的空耗和浪费同时存在。科技财力资源配置和科技投入结构不合理，科研与生产脱节的问题未能根本解决。一方面，科技经费不足，"僧多粥少"，使人力、设备闲置，得不到充分利用。另一方面，大量经费用于养人养机构，不能用在刀口上。不少科研活动是在由几个人组成的小作坊式的小课题中分散进行，研究成果不适应经济发展需要。

6. 科技研究与经济发展脱节，科技成果转化率低。

一是科技研究与生产脱节，科研成果停留在成果奖评定及科技人员职称晋升、增加工资及奖金方面，忽略将科技成果转化为生产力。

二是缺乏科技成果转化基金及有效的风险投资机制，使科技成果无法及时转化为商品。

三是科技经费不足，使科研机构、高校及企业无法承担重大研究项目。

四是技术市场发育不健全，经纪人素质不高，经济秩序混乱（合同履约率低、企业信誉差），影响科技成果转化。

三、实施技术创新战略的若干建议

实施技术创新战略，要遵循"经济建设必须依靠科学技术，科学技术工作必须面向经济建设，努力攀登科技高峰"的方针，紧密围绕国民经济和社会发展总体目标，走科教兴省、科教兴贸道路，着力推进创新体系建设，坚持吸收引进与自主创新并举。通过引进消化国外先进技术，学习借鉴兄弟省市经验，吸收应用国内著名大学、科研院所科技成果，自主研究开发一批拥有知识产权的科技项目，使其转化为生产力，改变福建省传统的出口商品结构，增加其技术附加值。建议：

1. 加快深化福建省科技体制改革方案的实施，尽快形成由企业、高校、科研院所和政府、金融部门等组成的福建省技术创新体系。出台新的优惠政策，向以高新技术为核心的重点产业、支柱产业倾斜。积极鼓励建立各类科技服务中介组织，形成高新技术产业社会化服务体系。

2. 加快国家与省级高新技术开发区建设。借鉴台湾兴办新竹、台南高科技园区经验，建议在福建长乐建设一个闽台合作高科技园区，引进新竹的技术、人才与资金，带动大陆东南沿海地区半导体、电子、通信、光电技术和生物工程发展，同时进行全省产业结构调整，从而带动相关（中下游）产业发展。

3. 加大政策扶持力度，促进高新技术企业发展。凡经认定为高新技术产业，减按15％的税率征收所得税，增值税地方分成部分全部返还企业。高新技术企业和项目建设用地，除按比例交中央部分及支付征地补偿费用外，免征土地使用权出让金。高新技术企业和项目奖励或分配给员工的股份红利，直接再投入企业生产经营的，不征个人所得税。

4. 大力发展民营高科技企业。制定优惠政策鼓励科技人员、党政干部、高校教师自办或合办民营高科技企业。在政治待遇、职称评定、成果鉴定、出国考察、奖励、银行贷款、技术和产品出口等方面享受与国有企业一样的待遇。

5. 大型外贸企业与外贸企业集团都要建立和完善科技开发机构，指导下属生产基地的科技产品研究、开发、生产与出口。

6. 大型工业企业与企业集团努力办好工程技术研究开发中心，做到生产一代、储备一代、研制一代、预研一代。制定优惠政策鼓励研制开发新技术、新产品、新工艺。

7. 加快科研机构改革步伐，推动科研机构面向经济建设主战场。技术开发型科研机构逐步由事业机构变成企业，成为科工（农）贸一体化科技型企业，或并入大型工业企业、外贸企业成为企业内部研究开发实体。从事科技应用推广和咨询服务的科研机构要转化为"科技咨询服务公司"。

8. 高等学校科研工作要走"产学研"相结合道路，以市场为导向，技术为核心，企业为基地，互惠互利，共同发展。

9. 建立科技风险投资机制，支持高新技术产业发展。建立科技风险投资公司或投资担保基金，资金由政府拨款、非银行金融机构和企业投资三方面组成，按现代企业制度运作。

10. 改革科技成果评价体制。科技成果评价不但要重视学术水平，更要注重经济效益，强调为社会创造财富。要把科技成果的经济效益和市场竞争能力作为科技人员晋升职称、增加工资、参加评奖的重要依据。

11. 加强知识产权保护工作，建立知识产权评估机构，发展各种中介机构，加大执法力度，打击各种侵权行为。

12. 鼓励国内外单位或个人以科研成果、专利、专有技术等知识产权做投资股本，兴办科技型企业，获取合法收益，成果价值占注册资本比例经省科委审核最高可达35％。科技人员的工资福利由用人单位与本人协商确定，不受限制。

13. 制定优惠政策，大力引进国外、省外优秀科技人才，建立技术交易市场和人才交易市场，建立职业企业家队伍。

（原载于《学会》1999年第12期）

深圳高交会经验值得借鉴

我国每年的专利技术有7万多项，省部级科研成果有3万多项。但是据统计，专利技术实施率仅10%左右，科技成果转化为商品规模效益的比例为10%—15%，远远低于发达国家的60%—80%。高新技术产品产值仅占工业总产值的8%左右，大大低于发达国家的30%—40%。我国科研经费和科研成果转化资金比例在1∶1.1至1∶1.5，根据国际经验，科研资金、科研成果转化资金、批量生产资金三者比例应为1∶10∶100，才能使成果较好地转化为商品，推动产品升级。

深圳高交会正是起桥梁和纽带作用，把科学技术与经济建设有机结合起来，全方位地解决了人才、资金、中介机构、交易方面、政策保障等问题，为科技成果转化探索一条新路。

1999年10月5—10日，深圳举办的首届中国国际高新技术成果交易会胜利落下帷幕，总共交流项目1459项，成交额达65亿美元，其中高新技术项目成交1030项，成交额为42.78亿美元。这次高交会规格高、规模大、阵容强，海内外反响强烈。海内外有87个团组参展，参展企业和机构2856家，参加交易会投资商950家，跨国公司50多家，累计征集项目15000多项，上网项目9000多项，参展项目4159个，世界37位著名学者在论坛发表演讲。

福建省也组织科技展团参展，上网项目289项，分别为电子、电脑、通信、环保、医药卫生、光机电、轻工等。参展企业、院校、科研院所17家，参展项目44项，并取得签约18项、9385万元人民币的成果，获高交会"优秀组织奖"。

学习借鉴深圳高交会经验，对今后搞好福建省厦门"9·8"投资贸易洽谈会及明年5月的福州海峡两岸高科技博览会有重要的现实意义。

虚拟大学隆重开园

深圳缺少著名大学和科研院所，他们为了发展高新技术，善于"借鸡生蛋"，除了引进海内外人才之外，还借鉴国内著名大学办学力量，筹建"虚拟大学"。高交会期间，深圳虚拟大学隆重开园。首批进入大学园的单位有中国工程院、中国科技大学、北京大学、北京理工大学、华中理工大学、西北工业大学、西安电子科技大学、西安交通大学、吉林工业大学、同济大学、西南交通大学、武汉大学、南开大学、复旦大学、哈尔滨工业大学、南京大学、香港大学、香港科技大学、清华大学、厦门大学、浙江大学和深圳大学等22所。市政府为每一所入园大学备有25—32平方米的办公室，免费提供现代化办公用品，为各大学提供长期赴港通行证。深圳市政府于1999年安排2000万元专项资金，以后每年安排1000万元支持其发展。

虚拟大学为网络大学，在全国首创。他们将网络教育与实体教育结合，优势互补，以此来促进各大学在深圳开展多形式的人才培训和研究生实习工作，系统地、全方位地培训、塑造、引进大批高素质人才。通过大学科技成果网上交流，引进科技成果或专利技术在深圳就地转化。通过大学与企业、大学与风险投资机构交流与合作，为科技成果转化创造条件，实现各校的聚合效应，探索产、学、研结合新路子。

深圳市政府决定在深圳高新区内建设一座面积为1.5万平方米的虚拟大学区办公大楼，包括公用教室、会议室、阅览室、科技成果转化"孵化器"和综合服务系统，预计2000年可交付使用，22所大学校旗已在园区内高高飘扬。

中介机构全方位提供服务

高交会另一特色是吸引大量中介机构参展，他们集中在会展中心B馆2楼，为海内外客商提供直通车式服务。

总共有11家银行参展，他们一面宣传自己的业务，一面为参展企业提供金融服务。深圳工行增设外汇支票兑换业务，为海外朋友兑换21种外币。深圳建行一方面对海内外高科技风险投资基金或公司提供信息咨询和项目评估服务，给予信贷资金支持、人民币结算和国际结算服务、财务顾问服务及其他金融服务；另一方面，对被投资项目或公司服务，包括企业投资咨询服务，提供非常规性的融资安排、人民币结算和国际结算服务等。

有5家律师事务所参展。参展前，深圳市律师协会做了大量工作，从全市94家律师事务所、700多名律师中选出5家律师事务所，30名具有较高业务水准的执业律师，义务为高交会提供技术交易、商标、专利、版权等方面的法律咨询服务。毕斯特法律事务所是唯一参展的外国著名律师事务所，是全美创办最早、规模最大的移民律师楼，服务项目包括工作签证、绿卡、入籍等一切有关移民法和国籍法的业务。

深圳市无形资产评估事务所是我国第一家主营无形资产评估的专业评估机构，也是国家科技部指定的12家科技成果评估试点单位之一，他们的业务内容涉及专利、非专利技术，商标，商誉等无形资产以及设备、房地产和企业整体资产。同时受理有关知识产权的咨询（科技、经济、法律）业务，为企业经营、解决侵权问题出谋划策。另外还有技术评价服务内容，为国家计划外项目提供可行性论证、评估市场前景、进行风险预测等。高交会期间已为30家企业进行无形资产评估。

深圳海关、商检、工商、保险、人才市场、财务顾问公司、投资公司、专利事务所、会计师事务所等机构也积极参展，提供全方位优质服务。

政府提供保障体系

高交会坚持政府推动和市场驱动结合原则，建立健全"一条龙"中介服务体系。高交会组委会投入大量人力、物力、财力，由专家学者组成项目评审委员会，通过建立在互联网上的专家评审系统对项目提出评审意见。组织由评审专家、项目方、投资方共同参加的专题评审会，对项目技术可行性、交易前景、投资风险等方面进行分析，免费为有关企业编制商业计划书，及对需要项目进行技术和价值评估。

建立由技术方、投资方、银行与高交会四方组成的"四位一体"权益保障体系。由技术方提供技术，投资方提供资金存入银行，银行提供存贷款（含知识产权抵押贷款）与理财服务，在高交会咨询意见指导下，由银行按合同分期将技术方应得收益划归技术方，从而保证技术方权益。为了降低投资方风险，增强投资方信心，引入保险评估体系，由保险公司在项目交易过程中，对项目真实性、可行性进行保险。

为了使我国现有中介服务机构尽早与国际接轨，使中介服务国际化，鼓励引进国际性中介服务机构，允许独资或合资，从而带动我国中介服务机构发展，培养我国中介服务队伍。

建立网上交易系统

为了使高交会成果保留下来，深圳建立网上交易系统，虚拟办公环境。交易系统拥有投资商、项目商、人才信息库、营销电子商务系统、网络银行、网上交易程序等，客户可随时进入网络查询和实施交易。

通过交易系统可查询海外项目信息。网页汇集来自海外和港澳台地区各种与技术转移、风险投资相关的信息，通过网络与国内外单位进行信息交流。海外信息来源于留学生、港澳台地区有关机构、国外风险投资机构，内容包括用专有技术在国内转让或入股，在国内寻找适当项目投资创业，为国内企业提供商业信息。

网络还建立虚拟中介、评估机构，帮助人们了解寻找中介评估机构，为项目融资、汇集有关中介评估机构资料提供查询。

虚拟研究中心汇集国内著名科研机构信息。网上建终点实验仓库，含实验设备、研究开发人员、开发计划、发展方向、研究成果、在研计划和其他研究开发信息，按行业组成网上虚拟研究中心。

可在网络上查询与科研机构合作的机会，在相应虚拟研究中心提出需开发产品目标、计划、投资预算设想，寻找项目源。科研机构也可在虚拟计划中提出自己的产品研究开发计划、设想。企业根据市场，与开发方合作，为项目供需方提供产、学、研结合地。

筑巢引凤

改革开放20多年来，仅祖国大陆地区就有30多万莘莘学子怀着科技强国的赤子之心远渡重洋，展开艰辛的留学历程。如今，他们中的许多人在各个领域已学有所长，成果累累。他们希望将自己的才智、学识和科研成果报效祖国。高交会组委会趁此良机，通过驻外使馆向留学生发出邀请。最后，组成了来自11个国家的140人留学生展团，其中80%是博士，20%是硕士。

留学生带来的科技成果有125项之多，涉及生物工程、医药、电子信息技术、环保技术、新技术、机电一体化等，比较切合我国实际的项目，如早期癌症诊断新方法、超级吸水材料、防癌物质、番茄红的生产、语言热线通信技术、用垃圾生产高效有机肥料、指纹产品、江河水位自动检测系统、高效诱导型空调送风口、废油及汽油循环再利用技术等。

高交会提供全方位优质服务，对经过筛选、适合上网的项目给予网上交易，对需要展示或面谈的项目提供展区，还给留学生安排专场演讲及项目发布会。组委会积极地为一些投资商推介对口项目，促成一些大企业与留学生建立密切联系。

（原载于《华东科技》2000年1月刊）

建构科技人才共享及创新机制

改革开放以来，在福建省委、省政府的正确领导下，贯彻"科学技术必须面向经济建设，经济建设必须依靠科学技术"和"加强技术创新，发展高科技，实现产业化"的方针，实施科教兴省和人才强省战略，充分发挥广大科技人员的积极性、创造性，福建省科技事业取得了很大进步，初步具备了为建设海峡西岸经济区提供科技创新支持和服务的能力。据科技部最新统计，福建省科技进步综合评价现居全国第11位，区域创新能力居第9位，全省专利授权量居全国第8位。全省现有专业技术人员143万人，其中高中级专业技术人才46.4万人，高级专业技术人才8.3万人，高、中、初级人员结构比例为1∶5.6∶14。院士15人，国家有突出贡献专家80人，享受政府特殊津贴专家2161人。

但是从建设海峡西岸经济区、建设创新型省份的总体需求来衡量，目前福建省在科技人才队伍建设、机制创新等方面还存在以下可题，应引起重视。

一、存在问题

（一）人才仍显匮乏

（1）人才总量不足，每万人拥有大专及以上学历所占比重居华东六省一市后列，每万人口拥有专业技术人才低于全国平均水平。（2）人才结构不合理，高级专业技术人才占专业技术人才总量比重偏低，工科类人才偏少，人才区域分布结构不合理。（3）人才素质不适应发展要求，特别是高层次、高技能、创新型、复合型和"领军人才"短缺。（4）人才观念创新不够，人尽其才的用人机制不够完善。受单位条件及相关机制的限制，形成科技人才只能发挥部分效能，不能发挥其全部潜能的局面。相当数量的科技人才流向外省及国外，造成人才资源浪费和流失。

（二）企业人才待遇偏低

企业是创新的主体。但在福建省，高级科技人才在绝大多数企业所得到的待遇不如事业单位，企业人才退休后的收入更远低于事业单位，因此造成福建省高科技人才在事业单位的比重远大于企业，相当一部分高级科技人才不愿在企业待一辈子，即便身在企业，其积极性也难以完全发挥，造成急需人才的创新企业高级科技人才紧缺。多数企业自主创新能力不强，拥有自主知识产权的技术和产品不多，技术供给难以跟上产业结构调整和技术升级的需要。

（三）缺乏灵活利用和调剂人才的机制

科技创新、项目创新及产品创新需要一批专业科技人才共同参与，形成合力。高级科技人才具有参与重大项目建设、参与企业创新产品和项目开发的愿望，但不愿意轻易放弃所在单位的利益；而因重大项目和创新产品的开发建设、急需引进高级科技人才的单位、组织及机构，在目前没有一个切实可行的机制下，项目的需要和人才的愿望两者无法有机地结合起来。

（四）缺乏相关的项目申报服务平台

国家各部委每年都要实施大量的项目立项和资金扶持，如科学技术部的863计划、创新基金、国家发改委各类产业化专项等不同领域的项目立项经费，都为带动各省科技水平提升及产业经济的发展、吸引更多的国内外高级专业科技人才、为各省项目带动战略的实施和经济建设发挥了重要作用。但福建省尚未建立相关的项目申报服务平台，尚未有效地组织相关专业人才、汇集政府及申报单位资源，以资源联合的态势，为福建省争取更多的国家级项目立项及经费扶持。

二、科技人才共享及创新机制的若干建议

建立科技人才共享及创新机制，需要建立科技人才共享平台，以创新的机制将分布在不同单位的科技人才协调、组织及汇聚起来，形成团队合力。通

过人才共享平台，使福建省有限的科技人才资源优势互补并充分发挥其作用。此外，政府相关职能部门在引进人才、选拔领导干部和制定相关政策等方面，也可通过科技人才共享平台，广泛征集思路和办法，多渠道地充实政务效能。通过建立科技人才共享机制，调动科技人才的创新积极性，为建设海峡西岸经济区及重大项目战略的实施，发挥倍增作用，现提出若干建议如下：

（一）建立和充实高级专业人才库

由省人事厅牵头，建立和充实福建省高级专业人才库，按照不同的专业领域分类，通过互联网及时发布人才的专业类型、能力，已从事的项目及成果，可提供服务的时间区间等相关信息，供项目承担单位查询和选用，调动科技人才与项目的对接，有效盘活福建创新型人才存量及资源，形成项目需求和人才互动的共享界面。

（二）完善人才的选拔、培养教育机制

每年根据省人事厅等部门发布的紧缺急需人才指导目录，组织省内外资深专家评选出能够承担重大科技创新任务、具备组织实施重大项目能力的"领军人才"。"领军人才"必须是具有真才实学、经验丰富、年富力强、立志于创新事业的专业人才；建议加大对人才尤其是中青年高级科技人才的培训教育。每年有计划、有重点地选送10%—15%的关键岗位专业技术人才特别是电子信息、机械、石化三大重点发展产业的技术及项目带头人出国考察、短期培训或到国内外著名研究机构、高校、企业研修深造，开展科研活动等方式，逐步形成科技攻关与人才培养双管齐下，出成果与出人才相互促进，重大科技项目造就人才的人才选拔培养教育机制，不断提高福建省高级人才科技水平，促进和带动福建省前瞻性的科技及产业化项目。

（三）建立国家科技及产业化项目申报服务中心

从高级专业人才库中选拔和组建项目申报专家组，由省对口厅局会同项目申报服务中心，在全省范围挖掘符合国家级项目申报要求的项目，组织和调动专家组的资源，同申报主体单位密切合作，促使企业及相关科研机构积极参与国家级科技项目及产业化项目申报，努力争取更多的国家级项目在福建省立项和获得国家相关部委的立项经费支持。同时，省里按1∶1左右的比例酌情给

予立项项目经费支持，以国家级项目为龙头，带动福建省科技水平、创新型科技人才队伍建设和重大项目的产业化实施，充实和提升海峡西岸经济区项目带动战略。

（四）建立遴选和实施创新项目机制

每年在国内外遴选适合福建省科技和经济发展的创新项目，建立创新项目评选专家组、创新激励基金和基金管理委员会。专家组由从高级专业人才库遴选或面向海内外招聘选拔的人才组成。

1. 专家组的职能：按照公平、公开、公正的原则进行创新项目立项可行性评审和论证，承担跟踪项目实施过程，协助科技攻关的任务，对项目进行鉴定验收，保障项目实施。

2. 基金管理委员会职能：负责征集创新项目及经费管理，对已立项的创新项目跟踪、协调及监督管理，尤其要负责对下拨经费使用的审查，制定和实施创新激励和人才资源优化配置管理办法，激发人才的积极性、主动性和创造性。对创新成果所产生的增值，由基金管理委员会制定收益提成办法，按一定比例提取收益，该收益将成为下一个创新项目的扶持经费，形成创新激励的良性循环。

3. 以"领军人才+团队"的模式实施重大项目。实施重大科技及产业项目，由领军人才牵头，签订项目实施责任状，并授权领军人才建立具有项目实施经验和技能的专业科技人才队伍，组成"领军人才+团队"的模式。同时授权领军人才在项目申报、人员任用、经费支出、科学实验、分配奖惩等方面享有相对独立的决策权。领军人才委以其所在单位工资收入的3—5倍报酬，其他科技人才委以其所在单位工资收入的2—3倍报酬，实施报酬激励。通过以上有效的项目运作机制，挖掘和调动全社会的创新型科技人才资源，汇聚福建省科技人才的力量，提升福建省科技竞争力、自主创新的科技水平和科技人才的创新能力，吸引国内外高级科技人才投身于福建省经济建设。

（五）推动人才的"柔性流动"机制

人才工作要按照"不求所有，但求所用；不求所在，但求所得"的原则，该留的留，该流的流，使人才、智力与项目有机结合。要鼓励各部门各行业以各种灵活方式引进国内外智力，除调动外，可采取聘用、借用、兼职、考察讲学、学术休假、项目合作、有偿咨询、担任业务顾问、参与课题研究和技术诊断设计等方式，鼓励高等院校、科研院所和海外的各类高层次人才到企业兼职服务，进行智力成果转化；鼓励企事业单位在境内外人才密集区设立研发机构等方式，推进专业技术人才的"柔性流动"，实现借脑引智。坚持以项目引人才、以人才带项目，形成人才与项目的良性互动，为福建的经济发展服务。

（六）改革人才的业绩分配机制

大力倡导以业绩为取向的人才价值观，积极探索估计技术、资本、知识、信息、管理等要素参与分配的形式，激活分配制度，真正实现一流人才、一流业绩、一流报酬。建立技术、专利等知识产权入股制度和技术创新人员持股制度，加快智力资本人格化、市场化、产业化和国际化步伐，引导企业将年薪待遇、业绩承包、利润分享、年度奖励、风险收入、养老保险与技术入股、股份期权、红利扩股、风险投资等结合起来，努力实现分配形式的多元化。依照供求关系和市场机制，自主确定各类人才的待遇，确保一流人才、拔尖人才、领军人才引得进、留得住、用得好。

（七）完善专业技术人才保障机制，营造鼓励创业、激励创新的政策环境

1. 建立创新人才健康管理保障制度。在重视人才、委以人才"重任"的同时，要关注创新人才的健康，建立创新人才健康管理保障制度，使创新人才的健康有专门机构管理、服务。建立创新人才健康管理保障制，医疗模式要从以治疗为主转变为以保健为主，建议按全国、省部、地市、县分级确定重点健康保护人才范围，联合调研出台特殊人才健康保健文件，建立创新人才健康管理服务机构，开设"创新人才健康奖"。

2. 应进一步探索建立专业技术人员在公有制经济与非公有制经济组织之间、在事业与企业或机关之间、在地区之间流动时社会保障贯通一致、各种保障关系顺利接转的制度，保障专业技术人员合理流动。

（八）建立核心人才离职危机预警机制

随着竞争的日益激烈、市场环境的不断变化，核心人才主动离职的危机

随时都有可能发生，建立核心人才流失管理专门机构，设计科学预警指标，构建完善的核心人才主动离职危机预警系统，对于制定有效的离职管理对策，减低核心人才主动离职危机发生的概率，避免或减少用人单位因此而遭受的损失，都是非常必要的。

2001年

发挥离退休科技人员作用，开发二次人才资源

　　随着岁月的推移，我国"文革"以前的大学生，包括老的欧、美、苏留学生，高级专家，正陆续退下来。有关资料表明，到2000年福建省离退休的科技人员将达9万多人，这批专家是创业的一代、奉献的一代。新中国成立前福建省的工业极端落后，只有星星点点的轻工业，重工业几乎等于零，如今已建成了机械、电子、冶金、石油、化工、医学、水产、林业等产业部门，改革开放20年的建设就更加辉煌，这是与这批老专家的辛勤劳动分不开的。目前许多人虽然离开原任职单位，但都怀着"暮年逢盛世，老骥迈新程"的强烈心愿，想为经济建设再做贡献。根据最近一次的问卷调查，在639人中，已自谋工作和返聘者占45.5%，想做工作无门路者占16.5%，年高（75岁以上）体弱或家务羁身无力或不愿参加工作的占38%。以上数字表明，62%以上的离退休科技工作者愿意继续为祖国四化建设服务。一个高科技人才的成长，由6周岁进入小学算起，培养到大学毕业至少要16—18年，学校毕业后到工作单位一般要有4—5年的熟悉过程，真正发挥作用的时间只有30—35年，就到了法定退休年龄。许多专家认为，在身体健康的情况下，60—75岁的年龄段，是技术最成熟、经验最丰富的阶段，能力还没有衰退，退而不用是人才资源的最大浪费。

　　目前离退休老科技工作者二次人才资源开发尚处于少数、自发、无序、分散的状态。他们都渴望完善二次人才开发的管理机构，规范老科技人才市场，制定创办实体的优惠政策，放宽外部环境条件，使其尽心尽力，施展才干。

　　根据福建省人事厅《1995—2010年人才发展规划纲要》："2010年远景目标人才总量比1995年增长一倍，达到240万人，平均每年增长5%左右，人才占社会劳动者比重达到11%，人才与人口比例达到1∶16。"整体人才资源开发，

既包括对人才个体的开发，也包括对后备人才与离退休人才的开发。这项战略对策的实施将促进福建省数量足够、门类齐全、素质精良的科技队伍的形成。

"文革"之前的大学毕业生，在2000年绝大部分要退下来，12年所造成的人才断层，尤其是高级人才断层将更加突出，而这批退下来的专家身体健康状况尚好，如果为他们创造条件，提供继续发挥作用的机会，对缓解当前人才断层矛盾显然十分重要和必要。因而将当前二次人才资源开发从自发状态，转到有组织、有领导，又符合政策导向，并与市场机制相结合的轨道上来，是一项刻不容缓的工作。

一、存在的主要问题

党和政府对离退休科技人员的二次人才开发工作十分重视，并采取了相应的措施。《中华人民共和国老年人权益保障法》第40条规定："国家和社会应当重视、珍惜老年人的知识、技能和革命、建设经验，尊重他们的优良品德，发挥老年人的专长和作用。"1995年1月全国人事工作会议把离退休人才开发纳入整体人才开发计划之中。"老年法"的实施和中央有关部门的通知下达后，对二次人才开发起到了促进作用。但是这项人才开发计划在我国是一件新事物，而且涉及面广，政策性强，从整体来说还有不少亟待完善的问题：

1. 组织工作跟不上。离退休科技人员目前除原单位返聘外，大多数自我开发、自找门路，缺乏相应组织机构来管理，处于自发无序状态。

2. 政策不配套。开发二次人才资源的战略意义，未被各级领导部门普遍重视。江泽民总书记题词公布后，有关部门配套政策没有及时跟上，特别是对过去某些不适当的限制和规定未重新清理。1986年中共中央办公厅和国务院办公厅联合颁发的《关于发挥离退休科技人员作用的暂行办法规定》在当时曾起到应有的作用，但时隔10多年，有些条文已不相适应，亟待修订。

3. 再贡献的外部环境条件不适应。老科技人员兴办技术经济实体关卡多。如福建省"老科协"创办了一个设计室，因没有1/3年轻骨干，在年检时不合格，只好并入省科技咨询中心科联设计研究所，列为第二设计室。协会考虑到发挥众多离退休财务人才的作用，想创办一个审计事务所，因资金不足，只好挂靠在有关审计事务所内，成立一个联络部。

4. 再贡献缺乏经济实力。许多老专家遇到自身力量难以解决的实际困难，如无力出版专著，参加外地学术活动而报销无门。

5. 市场经济观念淡薄。部分老专家习惯于传统计划经济意识，不善于根据社会改革开放、市场经济规律调整自己的心态，跟不上形势发展需要。

6. 对二次人才开发的重要性认识不足。部分单位领导对正确处理离退休科技人员再贡献未取得共识，他们孤立地认为，当前富余人员还在压缩，无处安排，年轻人还有待业的，哪能考虑二次人才开发。

7. 评定技术职称反映强烈。调查中发现，原中级职称448人中，基本够条件而未评上高级职称者约占50%，究其原因：一是退休较早没有机会参加评定；二是在政府机关工作不参加评定；三是受指标限制；四是受人缘关系的影响没评上。这个问题使这些退下来的人员感到心态不平衡。

二、对策和建议

开发二次人才资源的对策，涉及社会的各个领域、各个部门，是全局性的系统工程，要从思想观念、体制机制、政策配套措施等方面通盘考虑。我们建议：

1. 加强舆论宣传，广泛宣传开发二次人才资源是改革开放和发展经济迎接世界科技挑战的需要。

2. 重视发挥"老科协"的中介组织作用。只有组织起来，方能把个体优势变为整体优势。要求各省市加强管理，同时把尚未成立"老科协"组织的省市和有条件的厅（局）以及高等院校、大中型企业、科研院所，按社团管理条例，建立"老科协"组织或分会，并纳入行业管理服务之中。

3. 建立老科技人才交流中心。老专家再贡献需要一个协调机构，为供需双方牵线搭桥。我们建议由省（市）"老科协"担负具体组织工作，把年龄在60—75岁，身体健康，愿意继续工作的中高级老专家（包括中高级科技管理干部）建立人才库，纳入省人才市场网络。

4. 重视再贡献老专家的知识更新。当前高新技术日新月异，老年人才也存在知识更新问题。凡列入人才库并继续工作的老专家，在受聘单位应享受与在职人员同等的待遇。如参加各种培训班，有突出贡献，专家可享受政府特殊津贴……

5. 妥善解决职称评定遗留问题。由于历史原因，不少老科技人员的职称评定未得到合理解决，祈盼能在其有生之年对他的专业技术水平有个公正评价。据了解，不少省、市、自治区，如辽宁、湖南、重庆、陕西、内蒙古等，坚持不与原单位待遇和福利挂钩，不另设职称系列，不降低标准，在"老科协"内本着积极稳妥、坚持条件，进行专业技术任职资格的认定工作，做到了本人满意、家属高兴、原单位赞同、政府有关部门认可。

6. 积极改善再贡献的外部环境条件。二次人才资源开发利用有利于缓和人才不足，尤其是高级人才断层的矛盾，有利于改革开放实施"科教兴国"和迎接21世纪科技挑战的需要，有利于"以为促养"，推动老龄事业的发展。

2001年

加快实施科技兴贸发展战略，占领国际市场

当前国际经济形势错综复杂，竞争日益加剧，技术附加值低的原料、资源型产品在国际市场的份额日益萎缩，而技术附加值高的产品市场空间广阔。只有加快实施科技兴贸发展战略，大力提高技术附加值高的产品的出口竞争力，才能冲破一些国家设置的技术贸易壁垒，占领国际市场。

福建省委、省政府高度重视科技兴贸发展战略，认真贯彻外经贸部、科技部倡议的国家"科技兴贸行动计划"精神，制定"福建科技兴贸行动计划"，同时出台一系列扶持政策，取得较大成效。

基本情况

福建省今年外贸出口势头良好。1—5月，全省外贸出口63.12亿美元，比去年同期增长17.9%，高于全国增幅4.7个百分点。

省机电产品出口从1985年出口1500万美元开始起步，经历了"七五""八五""九五"发展后，出口规模不断扩大。2001年，全省机电产品出口达48.1亿美元，比上年增长10.9%，占全省出口总额的34.5%。今年1—5月，全省机电产品出口24.2亿美元，同比增长39.1%，增幅比全省外贸出口增长幅度高出21个百分点，比全国机电产品出口增长高出16.2个百分点。

高新技术产品出口逐年扩大。2000年，全省高新技术出口16.52亿美元，比上年增长55.5%，大大高于全省出口平均增长水平。2001年，在国际经济形势比较严峻的情况下，福建省高新技术产品出口仍继续增长，出口额达17.51

亿美元，比上年增长5.98%，占全省出口总额的12.5%，居全国第6位。

高新技术出口产品已占机电产品出口的半壁江山。1—5月，福建省高新技术产品出口13.45亿美元，占全省机电产品出口值的55.5％。2001年，福建省高新技术产品出口的主要类别按出口值分依次是计算机与通信技术、航空航天技术、生命科学技术、光电技术、电子技术和材料技术等产品。其中计算机与通信技术出口12.75亿美元，占全省高新技术出口的72.8%，比上年增长4％。另外，计算机软件登记出口512万美元。

经验和体会

针对福建省工业基础比较薄弱的状况，应充分发挥对外开放、引进外资的优势，在招商引资过程中，加强外商投资导向，鼓励投资机电产品和高新技术生产领域，通过建立和完善与重点企业的挂钩联系制度、改善企业进出口通关环境、在政策上给予倾斜等措施，加强对重点企业出口的扶持。目前机电产品年出口5000万美元以上的外商投资企业有14家，其中冠捷、戴尔、灿坤三家企业今年1—5月出口合计8.84亿美元，占全省机电产品出口总额的36.5％。

另外，还从技改投入方面支持外贸出口产品更新换代，增加传统工农业出口产品的技术含量。通过引进技术优良种苗和先进的种养殖技术，解决农药残留问题，提高传统农业的科技含量和产品质量，提高农产品出口创汇水平。开展行业技术开发创新，推动陶瓷等一批传统轻工、工艺产品改进生产技术，提高生产水平。重点支持一批具有比较优势的电子信息、生物制药、环境保护以及新型材料等高新技术和新兴产业的发展。2001年，福建省制造业技改投资完成62.21亿元，增长3.87％。制造业中机械电子和轻纺工业投资增长较快，其中机械电子工业完成投资14.31亿元，增长25.23%；轻纺工业完成投资26.17亿元，增长9.68％。高新技术及新兴产业共有34个项目建成或部分投产，总投资33.8亿元，固定资产投资24.9亿元，投产和部分投产的34个项目，预计可新增销售收入161.6亿元，增加出口8.8亿美元。还积极争取将扩大机电产品出口的技改项目列入国家机电产品技术更新改造项目和省重点技改项目，力争获得中央支持。今年上半年福建省已组织机电产品出口企业申报2002年机电产品技改项目，共申报32个项目，总投资15.88亿元，其中银行贷款9.03亿元，预计新增创汇3.25亿美元。

充分利用改革开放的有利条件，抓好高新技术园区建设，形成以厦门火炬园、福州高新技术产业开发区为中心的两个高新技术产品出口基地，辐射全省，建设闽东南电子与信息产业基地、泉州清蒙科技园等一批各具特色的高新技术园区。其中福州科技园实行一区多园，现已兴办科技企业300多家，园内认定的高新技术企业100多家，形成电子信息企业占70%、光电一体化企业占8%、生物工程企业占12%、新材料生产企业占10%的高新技术产业群体。这些企业成为福建省高新技术产品出口的主力军。厦门火炬园被定为全国高新技术产品出口基地。厦门市被定为全国20个科技兴贸重点城市之一。至2001年底，全省认定的高新技术企业已达到488家，其中39家企业被科技部火炬中心认定为国家火炬计划重点高新技术企业，福建实达网络科技有限公司被认定为"国家863计划成果产业化基地"。销售总收入上亿元的高新技术企业有76家。

巩固日本、东南亚、北美和欧盟主要市场的同时，积极实施市场多元化战略，努力开拓周边国家，中东、非洲和拉美等发展中国家市场和东欧等新兴市场。通过组织企业参加内展、外展、考察，宣传推介福建省出口产品，引导企业占领国际市场。今年上半年，福建省先后组织多批出国办展、考察，其中机电办就组织了40家机电产品出口企业参加了德国汉诺威工业展、巴西机械工业展、北美机电考察、欧盟机电考察，以及台交会和青交会。改进贸易方式，积极推广电子商务，推动企业开展网上交易、网上招商。

鼓励企业通过产品国际安全认证、质量体系认证以及环保认证。利用中小企业开拓国际市场，资金上安排150个企业进行ISO9000质量管理体系认证，先后举办三期ISO9000质量认证学习班，并针对高新技术企业的特点，与科技部门联合举办"科技兴贸"培训班，努力促进企业提高国际市场竞争力。

加强部门协调配合，促进关贸、银贸、税贸合作，实施财政政策扶持，认真落实出口鼓励政策。2001年的机电出口贴息清算已基本兑现，对2001年外贸出口与上年相比的增量部分，福建省还对包括机电产品出口在内的企业实行每出口1美元奖励3分钱的贴息奖励。安排落实中小企业扶持资金上对机电产品出口企业也予以倾斜扶持。根据全国外经贸工作会议精神，原有的各项能行之有效地扩大出口的政策保持不变，今年福建省继续实行出口贴息政策。省财政、省外经贸、省外管等部门对2002年福建省的各项出口贴息工作作了具体部署（包括机电出口贴息）。省政府出台的《"十五"期间进一步促进我省机电产品出口的若干意见》还明确了每年继续从外贸发展资金中安排300万元，用于促进机电出口产品技术更新改造项目贷款的扶持帮助。

加大金融支持，帮助企业解决资金困难。一方面，针对出口退税的困难问题，外经贸与国税部门联合下发《税贸协作工作联系机制暂行办法》，将税贸协作制度化、规范化。优先确保46户重点出口企业的出口退税，发挥了重点企业的出口潜力，如一次性为中华映管审批办理退税3200万元，不但缓解了企业资金周转困难的燃眉之急，而且也为福建省积极招商引资营造了良好的配套环境。另一方面，大力推进出口退税账户托管贷款业务的同时，积极鼓励支持商业银行大力创新信贷品种，协助企业争取中国进出口银行的金融支持，并和进出口银行上海分行举办出口卖方信贷、买方信贷、优惠贷款、提保函等金融业务培训班，向企业宣传进出口银行的政策性贷款。

积极推动关贸协作，创造"大通关"的环境条件，为企业出口通关提供优质服务。福州海关对冠捷电子、中华映管两家企业采取提前报关、联网报关、快速通关、上门验收加急通关、提保验放等便捷通关措施，厦门海关为最大限度地给出口骨干企业提供报关便利，提高电子口岸应用效率，大力推广EDI电子报关，并配备运用高科技设备，改进查验方式和手段，有效地帮助企业加快了通关速度，提高了企业的经济效益。

思路与建议

继续贯彻全方位、多元化的市场战略，发挥福建省省情优势，利用港、澳市场的转口功能，增加对台出口，巩固日本、东南亚、北美和欧盟重点市场，积极开拓周边国家、中东、非洲和拉美等发展中国家市场和东欧等新兴市场。积极组织福建省机电出口企业出国办展和参展，用好中小企业国际市场开拓基金政策，推动更多的企业走进国际市场。进一步引导企业调整出口商品结构。加大对机电产品出口企业的技术改造支持力度，提高出口产品技术附加值，开发适销对路的产品。加强调研工作，探讨福建省机电产品出口发展的后劲问题。深入剖析福建省传统电机出口产品的发展前途，帮助民营企业发展壮大；研究福建省三资企业机电产品出口发展后劲，配合有关部门搞好招商引资以及软环境建设。完善对重点企业跟踪制度，及时掌握企业出口动态，鼓励企业扩大出口。

要进一步贯彻实施"科技兴贸行动计划"，抓好新产品、新技术开发，扩大出口。进一步培育和建立高新技术产品出口基地。加强高新技术产业开发区建设，发挥其高新技术产业集中、信息快、机制活、人才多等有关条件，充分利用国家赋予园区的优惠政策，积极引导园内的企业开拓国际市场，促进高新技术产品的出口，加快园区的国际化进程。坚持以质取胜的发展战略，提高传统出口产品的技术含量，创出口名牌。对福建省出口量大的传统轻纺产品的关键技术进行重点攻关，使这类出口商品中技术含量、附加值较高的产品所占比重提高。利用高新技术改造传统产业，增加花色品种。在传统轻纺出口产品中推出几个名牌商标，实施名牌战略。建立适应高新技术产品出口特点的市场信息服务体系，充分利用外经贸部和科技部现已建立的"中国技术商品交易市场"和"中国深圳高科技成果交易网""中国科技兴贸信息网"以及福建省有关网络，进一步引导福建省高新技术企业、科研院（所）、高校，将高新技术产品、成果上网交易。

为了进一步搞好科技兴贸工作，建议如下：

1. 建议国务院协调中央有关部门尽快出台《科技兴贸行动计划》实施细则及配套政策，明确各部门分工职责，做到有法可依、有章可循，对实施"科技兴贸"战略的重点城市、出口基地及重点企业，建议中央制定可操作的扶持政策。

2. 切实解决好企业经营面临的一些问题。一是出口退税指标严重不足。据调查，目前福建省出口企业2001年的平均退税进度大致在去年的六七月，也就是说，国家占压企业退税资金几乎达近一年之久。相当多的出口企业由于国家退税滞后，资金被占压严重，不得不减少出口，直接影响到今年全省出口增长水平。建议采取有效措施，加快出口退税。二是税率倒挂问题，成品税率低于零配件税率，福建省电子企业较多，影响大，反应强烈。如显示器整机税率为3.8%，而显示管税率为8.0%。此现象不利于吸引外资在我国设立加工制造业，建议予以调整。出口退税账户托管贷款方面，商业银行执行退税账户托管贷款业务手续复杂，一般需要三个月，同时由于退税信息滞后，可贷款的退税额少，而且只能是贷退税款的70%，一些银行还需要担保，企业感觉取得退税账户托管贷款的门槛太高。建议中央对此项贷款采取利率优惠政策，各商业银行也予以适当简化贷款审批手续，国税部门加快出口退税电子数据信息传递速度，缩短核算时间。

3. 国家科技部设立"国际科技合作专项资金"和"科技兴贸专项资金"，扶持高新科技企业研发技术附加值高的产品出口，建议福建省财政也设立"国际科技合作专项资金"1000万元和"科技兴贸专项资金"1000万元，与中央配套，支持福建省高科技出口型企业。

4. 建议广交会专门为中小科技出口企业设立参展区域。深圳高交会已举办三届，但客商仍然偏少，成交机会有限，深圳交易展现在更多地只起展示作用，所以企业没有积极性。北京科技周活动由国家科技部牵头，已强调科技成果交易；深圳高交会由外经贸部牵头，应有自己的特色，能否改为高新技术产品交易展，与现在科技兴贸促进高新技术产品出口的目的相一致。

5. 《中国高新技术产品出口目录》内容更新较慢。当今世界高新技术产品更新换代速度快，政府部门管理跟不上，使企业无法及时享受优惠政策，建议每年公布一次新版"出口目录"。

6. 国家对软件出口十分重视，国务院及其有关部门曾就此多次专门发文，提出了鼓励软件出口的措施。但由于软件等无形资产商品的属性不同于物化商品，管理物化商品的办法不适应于对无形资产的管理，所以类似出口退税等扶持政策形同虚设，无法运作。建议国家研究制定有别于物化商品的管理办法和鼓励措施。对软件企业在海外设立公司或分支机构，简化报批手续。

7. 强化行业协会、进出口商会等中介机构作用，为中小高科技型企业提供信息咨询、反倾销应诉，取得国外技术标准认证等方面服务。实行行业自律，扼制低价竞争行为，建立企业信用体系。

8. 企业在进出口时须遵循"报关先报检"的原则。由于质检总局已出台的《关于对高新技术产品出口实行便捷检验检疫措施的通知》（国质检通函〔2001〕498号）仅适用于出口500万美元的软件企业和出口5000万美元的集成电路企业，大多数高新技术企业无法落实"提前报关、担保验放"等优先通关措施。

9. 高科技企业出境参展手续烦琐，不利于企业开拓国际市场。按照现行规定，高科技企业出境参加国际博览会，哪怕是企业个别出境参展也要报国家贸促会审批，而且一年只集中审批四次，审批时间长，手续烦琐。建议有关部门简化手续，支持高科技企业出境参展，除组团出境参展仍可继续按现行规定报贸促会审批外，对企业个别自行出境参展的，取消审批，在当地外经贸部门备案后即可允许企业自行出境参展。

10. 加强贸易技术壁垒服务。建议以质检局为主，建立技术性贸易壁垒咨询机构，主要承担技术法规、标准和合格评定程序的通报以及向企业传递有关信息，实现贸易技术壁垒信息的快速反馈和破壁指导，为企业服务。开展培训工作，聘请国外高层次经贸和技术专家来华，就经贸规则、技术含量标准、企业产品认证、贸易技术壁垒、环保壁垒等问题举办专题培训和研讨会。认真总结国内外企业突破技术性贸易壁垒措施限制的经验与教训，根据市场和产品特点来寻求打破国外技术性贸易壁垒的对策，提供财政支持及指导；建立快速反应机制（预案），遇有重大技术壁垒，启动快速反应机制（预案），落实为企业指导、服务工作。

（原载于《福建科技工作情况》2002年第15期）

实施科技兴贸战略　推进外贸强省建设

在世界经济日趋全球化和我国加入世贸组织的形势下，如何提高福建省产品参与国际市场的竞争能力，使福建省由外贸大省快速向外贸强省转变，这是摆在我们面前迫切需要解决的问题。要想不断扩大福建省产品在国际市场的占有率，产品的技术创新、质优价廉以及销售过程中的良好服务是关键。为此，必须走科技兴贸之路，大力发展高新技术产业，促进高新技术产品出口，以及充分利用高新技术改造传统产业，提高传统出口产品的技术含量和附加值。下面我就怎样认真实施科技兴贸战略、积极推进外贸强省建设方面谈两点意见。

一、福建省科技兴贸的形势分析

自国家组织开展科技兴贸工作四年来，省委、省政府对此项工作十分重视，建立了由省科技厅和省外经贸厅组成的联席会议制度和省科技兴贸行动计划联合办公室，最近又成立了省科技兴贸领导小组。组织制定了《福建省科技兴贸行动计划》，开展了一系列卓有成效的工作，取得了良好的效果，主要有：

（一）进一步加大对高新技术及其产业的扶持力度，推动福建省高新技术及其产业的发展，促进高新技术产品出口

福建省根据"创新、产业化"科技方针，着力推进观念、技术、体制、环境和管理创新，使高新技术及其产业化发展跃上了新台阶。截至2001年底，全省经认定的高新技术企业已达到488家，其中39家企业被科技部火炬中心认定为国家火炬计划重点高新技术企业，福建实达网络科技有限公司被认定为"国家863计划成果产业化基地"。销售总收入上亿元的高新技术企业有100

家。2001年全省高新技术总产值超过1000亿元，占工业总产值的比重达18%以上。几年来，高新技术研究开发和产业发展取得新的进展。推行产学研结合，开发生产了一批新型计算机及外部设备、数字化电子音像产品、新型电子元器件、部分终端通信产品、环保产品、生物技术和新材料产品等，且拥有自主知识产权的产品越来越多，进一步增强了福建省产品在国内外市场的竞争力，高新技术已成为福建省经济增长和出口创汇的新亮点。厦门火炬园被定为全国高新技术产品出口基地，厦门市被定为全国科技兴贸20个重点城市之一。2001年高新技术产品出口在极其严峻的国际经济形势下有所增长，出口达17.51亿美元，比上年增长5.98%，高新技术产品出口占全省出口的比重为12.5%，全省高新技术产品出口总值排在全国第6位。福建省2001年出口高新技术产品的主要类别按出口值，依次是计算机与通信技术、航空航天技术、生命科学技术、光电技术、电子技术和材料技术。其中计算机与通信技术产品出口12.746亿美元，占全省高新技术产品出口的72.8%，比上年增长4%；另外计算机软件登记出口512万美元。今年1—5月福建省高新技术产品出口13.45亿美元，占全省机电产品出口总值的55.5%。

（二）努力用高新技术改造传统产业，促进机电等主要产品的出口

近几年，通过技改，福建省机电产品出口规模不断扩大。2001年，全省机电产品出口达48.1亿美元，比上年增长10.9%，占全省出口总额的34.5%。今年1—5月，全省机电产品出口24.2亿美元，同比增长39.1%，增幅比全省外贸出口增幅高出21个百分点，比全国机电产品出口增幅高出16.2个百分点。

（三）积极营造良好的科技兴贸环境，努力为企业开拓国际市场搞好有关服务

1. 加强福建省技术市场中介服务体系建设。截至2001年，全省各类技术贸易机构已达2528家，从业人员近10万人。省"技贸行动"网站和出口技术及产品项目库也已建成运行，并在促进产品出口中发挥了积极作用。

2. 省外经贸厅根据外经贸部的要求，组织了三期国际质量认证培训班，培训学员数百人。利用中小企业开拓国际市场资金，组织、支持150家企业完成了ISO9000产品质量体系认证。同时，由省科技厅与外经贸厅联合向科技部申请了"重要技术标准研究"专项地方试点项目。

3. 省科技厅联合外经贸厅组织举办了"福建省科技兴贸知识培训班"，省知识产权局联合省人事厅成功举办了"福建知识产权与WTO论坛"，大大增强了企业开拓国际市场中的知识产权保护意识。

4. 积极组织企业参加北京国际高新技术周、深圳高交会、"9·8"厦门投洽会，以及赴境外举办或参加一系列技术产品展览交易活动，促进了高新技术产品的出口贸易。如深圳第三届中国国际高新技术成果交易会，福建省参展面积达180平方米，签订合同、协议等39项，总金额达5994万美元，比上年增长95％。省科技厅仅2001年共组织了175家企业和246个项目参加国内外会展，共签订38项合同或协议，金额达30多亿美元。

5. 组织开展了福建省科技兴贸环境体系建设研究，并取得了阶段性的成果。

（四）积极争取科技部"科技兴贸行动计划"项目的资助

2001年，省科技厅从科技部争取到了"年产150吨7-ACA""波分复用器CWDM"和"网络信息智能自动代理系统"三个科技兴贸行动计划重点项目，支持额度为60万元。今年又将获得2—3个科技兴贸行动计划重点项目的资助和2个项目出口贷款的支持。

福建省科技兴贸工作虽然取得了一定的成绩，但还只是起步。目前，福建省科技兴贸工作存在的主要问题是：科技兴贸意识不浓，投入严重不足；科技兴贸行动计划实施乏力；科技兴贸环境建设滞后，出口退税等政策难以落实；高新技术产品出口比重不高，尤其是软件出口还十分薄弱。总之，科技兴贸有很多方面需要进一步加强，有众多的工作需要我们去开创。

二、加强科技兴贸工作的思路

（一）进一步加深对"科技兴贸"战略的理解，提高实施科技兴贸战略的自觉性

科技兴贸是科教兴国战略在外贸领域的具体体现，也是实施"走出去"

战略的前提。当前国际经济形势错综复杂,竞争日益加剧,技术附加值低的原料、资源型产品的国际市场份额日益萎缩,而技术附加值高的产品市场空间广阔,只有加快实施科技兴贸发展战略,大力提高产品的技术含量和附加值,才有出口竞争力,才能冲破一些国家设置的技术贸易壁垒,占领国际市场。因此,我们要从我国入世的大环境,从发展外向经济、兴省强省的战略高度来认识科技兴贸的重要性,从而积极自觉地来贯彻实施科技兴贸战略。各级各部门、各出口企业要加强对科技兴贸工作的组织领导,将科技兴贸工作作为一个大的系统工程来抓,以科技兴贸为己任,加强沟通和配合。要充分发挥省科技兴贸领导小组的组织协调作用,完善有关科技兴贸联席会议制度,抓紧制定省科技兴贸"十五"规划,全面实施省科技兴贸行动计划。

(二)加强国际科技合作,加大科技兴贸投入力度

建立省国际科技合作专项资金和海外华裔人才库,以加强国外优秀人才、先进技术、设备和管理经验引进,促进国际科技交流与合作,推动技术创新和产业化。要力争设立省科技兴贸专项资金,促进省科技兴贸工作的全面展开和快速发展。

(三)努力营造良好的科技兴贸环境

一是科技兴贸政策支撑体系建设,开展福建省科技兴贸发展战略、规划和政策研究,组织编印福建省技术出口政策文件汇编;二是科技兴贸信息服务体系建设,充实完善省技贸行动网站,建立省级对外贸易信息中心和高新技术企业商务网络交易平台,引导福建省高新技术企业、科研院所、高校将高新技术产品、成果上网交易;三是科技兴贸培训体系建设,充实完善省科技干校科技兴贸教学的师资和设施,将其建成为福建省科技兴贸培训基地,为建立一支高素质的科技兴贸干部队伍而努力;四是出口重点企业、重点城市和出口基地培育体系建设,培育一批重点出口企业和1—2个高新技术产品出口基地;五是国际市场开拓组织体系建设,包括标准制定、国际认证及开拓国际市场的各种服务。

(四)加快高新技术产业发展,创出口名牌

积极支持外商独资或与福建省科研、教学机构合资兴办科研机构,开展科研合作。进一步加强高新技术企业孵化基地、高新技术产业开发区、科技园

区和高新技术产品出口基地建设。抓好新产品、新技术开发，促进高新技术产品的出口。积极引导企业调整出口商品结构，加大对机电、轻纺等传统产品出口企业的技术改造支持力度，提高出口产品技术含量和附加值，创出口名牌。

（五）要积极做好开拓国际市场的工作

1. 企业要在练好内功上下功夫，也就是要加强技术创新，搞好具有自主知识产权的核心技术开发，大力发展高新技术产业，加大用高新技术改造传统产业的力度，严格执行标准，搞好有关认证，创造名牌产品，建立企业信用体系，提高产品的国际市场竞争力。

2. 要进一步学习熟悉世贸规则，促进人们观念和思维的转变，加快与国际接轨的步伐。逐步使企业在实践中做到既能遵守世贸规则，又能学会运用世贸规则和例外与免责等规定保护和发展自己。同时，要努力增强入世后的全民知识产权保护意识。要积极、努力了解熟悉国际市场及其运作，确立有限目标，分步实施。

3. 要认真学习借鉴兄弟省份开拓国际市场的经验，积极利用他们开拓国际市场渠道和条件，努力争取开拓国际市场方面的国家资金资助。要充分发挥福建软件出口联盟作用，促进福建省软件出口。要建立完善科技评估、科技咨询、技术性贸易壁垒咨询、行业协会、进出口商会等中介服务机构，并强化其作用，为中小高科技型企业提供信息咨询、反倾销应诉、贸易技术壁垒、取得国外技术标准认证等方面服务。

4. 要大力发展会展业。建议将"9·8"厦门中国投资贸易洽谈会更名为"9·8"厦门中国投资贸易洽谈会暨科技成果博览会，并努力将其办成具有品牌影响力的国际博览会。同时，建议广交会专门为中小科技出口企业设立参展区域。

5. 进一步简化高科技企业人员、科技人员出国审批手续，适当放宽对其出国天数、次数、国别和科技团组人数的限制，鼓励支持更多科技人员更好地走出国门，参与国际科技交流与合作。

6. 加强技术及其技术劳务出口的组织和指导。要积极采取多种有效措施，促进福建省具有自主知识产权的技术开发和出口。在巩固普通劳务合作的同时，应筹建福建省国际科技合作公司，积极发展技术劳务合作。

7. 国家和省有关部门要切实帮助解决好企业出口中面临的退税指标严重不足、税率倒挂等重大问题。建议国家每年更新一次《中国高新技术产品出口目录》，研究制定有别于物化商品的软件管理办法和鼓励措施。对软件企业在海外设立子公司或分支机构，简化报批手续。

总之，我们要努力贯彻全国重点省市科技兴贸和机电产品出口工作座谈会精神，认真实施专利、人才、标准三大战略和科技兴贸战略，为积极推进福建省由外贸大省向外贸强省转变而努力。

（原载于《福建科技情况》2002年第21期）

在山海协作领域加强国际合作

多年来，福建省科技厅充分发挥"联合国南南合作网示范基地"作用，把山海协作与国际合作交流紧密结合起来，通过实施联合国开发计划署、工业发展组织、联合国粮农组织及国家商务部、国家科技部下达的"南南合作"任务，促进和支持福建省山区经济建设。

一、通过国际培训，扩大国际影响

科技厅先后举办10期食用菌技术国际培训班和2期花卉园艺国际培训班，有60多个国家的250多名科技人员和政府官员参加了培训，其中15％的学员具有博士学位，20％的学员是相关专业学者。通过国际培训，圆满完成了我国多边援外任务，扩大国际影响，向广大发展中国家传播食用菌技术与花卉园艺技术，增强了中外同行之间交流和合作。

二、借助国际培训，开展产业合作

福建省是全国食用菌大省，多年来食用菌产量、产值和出口创汇位居全国之首。福建省也是全国花卉大省、强省之一，其中六大特色花卉品种：水仙花、沙漠植物、兰花、棕榈植物、榕树盆景、阴生植物等居全国之首。我们结合福建产业特点和优势，努力促进山海协作，走国际化道路，多次组织学员赴食用菌之乡古田县、屏南县以及闽清、罗源县参观考察，安排学员到花卉之乡漳州市参观考察，与同行交流。我们还通过国际培训，与前来参加培训的各国相关机构建立联系，为开展合作交流架起桥梁，如：

1. 与巴布亚新几内亚食用菌技术合作，派出专家帮助巴新建立食用菌生产基地，促进福建省食用菌专家与企业走国际化道路。

2. 开展中一越农业科技合作，与越南农业部遗传学院植物生物工艺中心合作开展食用菌技术研究开发。

3. 组织科技代表团赴前南斯拉夫贝尔格莱德农学院考察，建立食、药用菌合作研究开发关系。

4. 与巴西达成药用菌临床应用实验合作，我方提供药用菌工业成品，巴方提供临床实验条件，双方共享合作成果。

5. 与埃及农业部国际合作司、伊朗农业部农业技术推广司达成食药用菌、花卉园艺及相关领域合作。

通过国际合作交流，为发展中国家发展经济，解决农村就业、消除贫困、合理开发资源、保护生态环境、推动社会经济可持续发展提供新思路和可操作模式，通过国际合作交流发展产业合作。中国食用菌和花卉生产模式具有技术先进、投资少、效益好的优势，对广大发展中国家具有很大吸引力，应进一步鼓励和帮助福建省企业实施"走出去"战略，在发展中国家兴办独资企业或合资企业。

2002年

加入WTO，福建省科技发展面临的挑战

加入世界贸易组织（WTO），将把国际竞争机制引入科技领域，为科技发展注入强劲的动力，并为科学研究的商品化、产业化和国际化提供了良好的条件。但我国目前的科技实力与世界科技强国相比，还有很大差距，科技建设面临着严峻的挑战。

一、加入WTO对福建科技发展影响的分析

1. 面临的机遇

（1）有利于技术引进与出口。根据GATT的《技术壁垒协定》规定，各国制定有关技术法规、技术标准、认证制度时，需提前6—8个月通报各成员国征求意见，这是成员国获取各国高新技术发展动向和技术资料的一个绝好机会，不仅可以使我国能够较便捷地了解、引进新技术，而且西方针对我国的一些不符合关贸总协定规则的技术出口限制也有望被打破。

（2）可以促使我们变革过去那种工业大而全的技术发展战略。面对我国的技术水平在世界市场相对落后的现实，利用配额生产和委托加工方式，提高产品性能，开拓国外市场，同时把有限的资金用于关键技术的国产化，以取得突破。

（3）可以促进企业的技术创新，有利于知识产权的全面保护。对知识产权的全面保护和无条件的最惠国待遇原则，将能更好地鼓励发明创造，鼓励技术的引进和有偿转让，发挥知识产权保护制度在企业的技术创新和发展高新技术上的重要作用。

（4）可择优选购各国性能好、价格低的原材料、零部件、备件配件，激励福建省企业在技术和管理上追求创新，更快地提高整个经济的技术层次，加快技术进步。

（5）加入WTO带来的科技问题，必将促进福建省加快适应新形势下的科技及其管理人才的培养。

2. 面临的挑战

（1）对科技发展的挑战。从工业科技来看，面对生产设备技术水平低下，企业规模小，以及加入WTO，有可能引起的进口较大幅度增长和各种关税大幅度下降，福建省很多发展中的产业产品的质量、技术、价格将面临激烈竞争。从农业科技来看，福建省人口多，耕地少，是粮食、饲料和奶制品的进口大省。今后这一缺口将越来越依赖进口，用于支付农产品进口的外汇将大大增加，这将对粮食生产进一步造成压力，同时影响整个农业产业结构，农业科技面临严峻挑战。

（2）对科研院所的挑战。福建研究开发机构，一方面要面对外国企业高新技术的挑战，使一些科研院所的原有科研优势有可能丧失。另一方面，国内生产企业为了应付新的竞争也必将纷纷加强自己的技术开发能力，或积极发展与发达国家企业的合作。这无疑将使科研院所面临更加激烈的竞争。

（3）对实施"科教兴省"战略的挑战。为了使福建在世界科技市场，特别是高科技市场占有一席之地，省"科技兴省"战略的目标、任务、措施，都急需提速和升级，以适应世界市场的更多机遇和挑战。

二、福建省科技发展对策

1. 企业利用《技术性贸易壁垒协议》可以广泛了解世界科技发展动态，更多地引进国外先进技术和设备、材料，促进省企业技术进步。要大胆利用加入WTO后更多的合资合作机会，利用外资促进企业的技术进步。企业要确实成为技术创新的主体，开发有自主知识产权的主导产品和名牌产品，形成攻克各种关键技术的能力。大中型企业不仅要进行技术开发与生产，而且要进行有效的技术储备，建立企业技术中心。政府要利用关税及其他税收调节手段，大力支持、促进企业的技术进步。

2. 由于福建省各行业受加入WTO的影响不一样，要及时调整产业结构。省现有轻工业产品技术含量相对较低，依靠廉价劳动力生产劳动密集型产品，在发达国家有一定竞争力，但这类产品很容易被外国以反倾销为理由阻止进入。因此，必须依靠技术进步，提高产品质量，增加花色品种，才能在世界市场上站稳脚跟。汽车、计算机、通信设备、机床以及其他机电行业将是加入WTO后受冲击比较大的行业，这些行业产品尚未达到能与外国产品在质量、价格上竞争的水平，从"进口替代"到"出口导向"的战略转变还很难在短期内实现，不少企业将关、停、并、转。只有设法建立具有规模经济效益的企业集团，企业才能得以生存。医药工业面临的是知识产权问题，由于用于新产品研制的费用还相对较少，加入WTO后需要更多地依靠对外合资合作摆脱困境。精细化工技术一般难以引进，我们只有加大投资，建立新产品研制基金，加强自己的技术开发能力，才能减缓入世时的阵痛。

3. 加快发展高新技术产业，使其促进省实现产业结构优化升级，并成为抵御国际竞争风浪冲击的第一支柱产业和首选的经济增长点。省高新技术产业的发展要大力从体制改革和进入国际市场入手，激活现有科技资源，加强面向国际市场的研究开发，广泛开展国际合作与交流，运用各方面新措施，以高新技术产业的增量盘活传统产业的存量，实现产业向较高水平的技术跨越，形成一批由技术创新的突破带动的新兴产业和创新体系。力争"十五"期间全省高新技术产业产值占工业总产值的比重达到25%以上，高科技产品出口占出口总额的比重接近全国最高水平。为此，要继续推进闽东南高新技术产业带及其他高新技术产业开发区上新的水平，推行"大外经贸+大科技"发展战略，加大对高新技术产业发展的投入力度，进一步营造推进高新技术产业化发展的良好政策法规环境，用足用活中央和福建省已定的对高新技术产业的各项优惠政策，在充分发挥现有人才作用的同时，大力引进海内外高科技人才。

4. 推动农业科技进步，以取得地区比较优势。加入WTO后，世界农产品贸易将逐渐按照平等的国际法则进行，营造更多生产要素拥有量的农业比较优势，进而提高农业劳动生产率。福建省要大力抓好农业生物技术和农业信息技术两大支柱建设，建立农业科技创新体系、农村信息网络体系、农业良种繁育推广体系的农村社会化服务体系。

5. 发挥科研院所的优势，适时推进科技体制改革，加速科技与经济结合，加快科研成果的转化。科研院所当前的困境在于还没有完成面向市场的内部经营机制的转变，而不是科研院所这种形式已经不再有生命力。为了适应这种变化，要根据《国务院关于"九五"期间深化科技体制改革的决定》精神和《福建省人民政府关于深化科技体制改革，促进科技事业发展若干意见的通知》要求，进一步推进科技体制改革，并在2001年使改革基本到位，"十五"期间作为改革过渡期，"十五"期末实现新体制运行。技术开发型科研机构分期分批转为企业，全面进入经济建设主战场，2000年前全部实现转制；科研经营型科研机构一所多制，事业法人与企业法人并存，面向市场提供研究成果，成为福建省科技成果商品化、产业化的基地；社会服务型科研机构企业化管理，向社会提供有偿服务，有条件的也可形成事业法人和企业法人并存模式。科研院所要把握加入WTO前后的时机，尽快推销现有的科研成果。

6. 利用科技法规进行出口主动保护和进口防御保护，从而既能享受加入WTO后的优惠条款，又能最大限度地保护我们的经济权益。加入WTO后，要避开国外技术壁垒，实现扩大出口，就要积极采用国际标准，加紧完善我国技术标准。在出口方面，要运用科技法规对国内市场进行保护，保护我国经济权益，也就是在WTO允许的范围内形成合理适度的技术壁垒，保护民族工业。近期要结合优势产业，首先提高其技术标准水平，然后逐步扩展到其他产品，对于现有技术法规标准要严格技术监督。

7. 调整"科技兴省"战略，突出知识产权制度的建设与保护力度，发挥政府宏观调控职能，加速科技及其相关人才的培养。要继续完善知识产权制度，强化全民的知识产权意识，运用知识产权制度，促进高新技术的发明创造，加速高新技术的产业化，促进知识产权的国际化。为此要对科技发展规划、具体计划目标和任务、措施进行调整和提升，使之更具外向度，更符合WTO的各方面协定规则，并通过有效的宏观调控手段，加大对外科技合作与交流的力度，加快引进外资与技术的速度。同时福建省要坚持以人为本，大力推进人才建设。要加快实施适应新的国际市场需要的各种新型科技人才的培养建设，建立有利于提高整体创新素质的人才培养机制，创造有利于拔尖人才脱颖而出的环境和氛围，完善吸引人才和发挥人才作用的激励机制。

2002年

加快高新技术产业开发区建设

国务院于1991年至1997年批准了全国29个省、自治区、直辖市的53个国家级高新技术产业开发区。这些高新区作为国家高新技术产业发展战略的重要组成部分，面向国内外市场，依托中国的科技实力和工业基础，通过优惠政策和各项改革措施创造局部优化环境，吸收外资和国外先进技术，解放和发展科技第一生产力，发展我国的高新技术产业，带动传统产业的改造，促进高新技术成果商品化、高新技术商品产业化、高新技术产业的国际化。在各级政府和科技部门的重视和支持下，高新区得到了快速、健康的发展，已成为中国高新技术产业化发展的基地，并有力地带动了地区经济发展，对国民经济产生了重要的影响。

1996年，全国53个国家级高新技术产业开发区出口总额达43亿美元。1997年出口总额比1996年增长了51%，达65亿美元。1998年，在外经贸形势异常严峻的情况下，高新区的出口额达85亿美元，比1997年增长了31%。更为可喜的是，在出口规模不断扩大的同时，高新技术产业开发区的出口商品结构快速优化。开发区出口商品中，技术含量和附加值较高的高新技术产品所占比重普遍较高，对外销售渠道稳定、畅通。1998年福建省两个国家级高新技术产业开发区——福州市科技园区和厦门火炬高新技术产业开发区出口总额分别为1.9亿美元和2.599亿美元，出口主要产品为电子元器件、电器设备、无绳电话、节能灯等。

1999年，外经贸部与科技部联合推出了"科技兴贸行动计划"，这是为促进高新技术产品出口、充分利用我国科技优势、改善出口产业结构所采取的一项重要举措。同时两部还选择了北京等15个城市，作为扶持高新技术产品出口的试点城市，并相应召开了几次座谈会。福建省厦门市也作为试点城市之一，这将在福建省起到引导和示范作用。省外经贸委与省科委结合福建省实际，联合制定了"福建省科技兴贸行动计划"。该计划的实施，无疑对贯彻落实科教兴国战略，扩大福建省高新技术产品出口和对台贸易起到积极的推动作用。

下面就加快福建省高新区高新技术产品出口工作提出几点意见：

1. 把高新区建设成福建省高新技术产品出口的重要基地，并将其作为高新区发展的重要战略方向。建立高新区的初衷就是推动高新技术产业化，而产业化就是要瞄准国内、国际两个市场。要把高新技术产品出口作为社会、经济、科技发展的一项重要内容，列入高新区所在区域政府的"十五"规划中，使之成为高新区经济发展的一项重要指标，长期不懈抓下去。充分发挥产业集中、机动灵活、人才充足的条件，将福建省现有的福州、厦门两个国家级高新区和国家火炬计划项目闽东南电子与信息产业基地培育成福建省高新技术产品的出口基地。

2. 结合国家及福建省科技兴贸行动计划的实施，制定相应的优惠政策、措施，扶持企业开发、生产占领国际市场的高新技术产品，引导和鼓励企业开拓国际市场，推动高新区出口工作的开展。

3. 发挥各部门和地方的积极性，协力合办，加强管理和引导，为高新区出口创造条件。一是鼓励外贸企业、生产企业与科研机构积极联合，组建集团或联合体，充分发挥各自优势。二是积极参与可能的国际合作与交流，吸引国外高科技企业、研究开发机构投资高新区，提高高新技术产业发展水平。同时，积极吸引国内外金融机构、风险投资机构和各种基金，对高新技术产品的出口投融资，以增强企业竞争实力。三是在实施"科技兴贸"时，在政策与资金方面给重点企业予以支持，在出口信贷、外汇、税收等方面对高新技术产品出口给予适当倾斜和优惠。四是简化出口审批程序，对从事高新技术出口项目的人员出入境可采取一次审批，一年内多次有效的办法进行管理。

4. 突出重点，集中抓一批基地、重点产业和重点企业。一是把高新区建成出口基地，对各地市起到示范、引导作用；二是重点抓几个有知识产权优势的高新技术产业，如电子信息、生物医药、新材料等，开拓国际市场；三是重点扶持几个有增长潜力的产业，如软件、中医药等，发挥本地区的优势；四是重点联系一批出口创汇能力强的企业和院所，特别是取得自营进出口权的企业和院所，拓展企业开发、生产、销售高新技术产品的空间。

5. 加强创新，掌握知识产权，提高竞争力。发展出口型企业，要立足于壮大自己的研究开发能力和经济、技术实力，创造和掌握具有自主知识产权和竞争力的高新技术产品，鼓励企业从高起点起步，在吸收、消化、继承的基础上，勇于发明和创新开拓国际市场，树立品牌。

6. 吸引人才，造就人才。通过开放、竞争、流动的机制，吸纳人才，同时对年轻人赋予重任，对有成就、有突出贡献者，给予荣誉和奖励。同时，加强培养高新技术产业国际化专门人才，通过出口基地的实施，形成一支能够在国际市场拼搏的开发、经营和信息咨询人才队伍，为促进高新技术产品出口奠定基础。

7. 建立激励机制，调动科技人才积极性，鼓励研究开发高新技术产品，满足国内外市场需要。一是建立高新技术企业负责人年薪制度，建立工资、奖金收入与企业经济效益挂钩制度；二是建立知识产权保护制度，加盟高新技术企业的科技人员，其科技成果可以入股，也可以转让，保障其收入合法性；三是鼓励大专院校、科研院所的科技人员创办高科技企业，享受与国有高科技企业及外资、合资高科技企业同等待遇；四是鼓励支持科技人员加入科技经纪人队伍，从事科技成果中介服务，对他们的利益立法保护。

8. 建立、完善高新区和高新技术产品出口市场服务支撑体系。一是充分利用现有资源和机制，依托高新区的组织力量，建立一批为高新技术产品出口服务的中介机构，在信息、金融、投资、法律、信用担保、保险、出口等方面提供全方位服务；二是开发和利用国内外的信息资源，建立高新技术产品市场信息网络；三是鼓励有条件的企业和科研院所到国外建立高新技术产品生产加工基地，开展国内高新技术出口代理业务。

2002年

深化外贸企业改革，促进出口商品更新换代

根据江泽民总书记视察福建的讲话精神，结合福建省外贸企业具体实际情况，提出几点改革建议。

一、经营指导思想及经营战略

随着世界经济迅速发展，福建省外贸企业面临严峻的挑战，主要来自四个方面：一是国际市场上，竞争日益加剧。目前全球性跨国公司已多达3.7万家，控制着20多万家海外子公司，一年总营业额高达4.8万亿美元。不少跨国公司已将触须伸向中国，争夺市场。它们规模大，实力雄厚。二是国内市场竞争加剧，省、地级外贸企业之间竞争日益加剧。三是国内生产性企业组成企业集团后，具备进出口权，加入外贸行列，它们具有技术及产品的优势。四是三资企业凭借国家给予的优惠政策，具有的灵活经营机制及广阔的海外销售网络。面对越来越多的竞争对手，我们应有危机感和紧迫感。在这困难与希望同存、挑战与机遇同在的时代里，外经贸企业必须进一步解放思想，在转换机制中发展自己，通过深化改革，把企业建成具有自主经营、自负盈亏、自我发展、自我完善、自我约束机制的社会主义现代企业实体。

企业经营指导思想：以贸易为龙头，以实业为基础，以国际国内市场为目标，通过工贸、农贸、技贸有机结合，走实业化、集团化、国际化发展道路。

企业经营战略：综合性外贸企业应选择"一业为主，多元化经营"的战略方针。"一业为主"，以"贸"为主，实行进出口贸易相结合，内、外贸相结合。

贸易形式灵活多样，如现代贸易、易货贸易、边境贸易、技术贸易、贸易与投资相结合"三来一补"贸易。

"多元化经营"包括：

1. 商品多元化（指经营商品）。巩固原有主销商品，即拳头商品。努力开发新出口商品（含高新技术商品、技术附加值商品及深加工的传统商品）。

2. 市场多元化。除巩固欧美、日本、中国港澳地区、东南亚市场外，努力开拓非洲、南美、独联体市场。

3. 经营领域多元化。努力向贸易以外的领域拓展，如房地产、仓储、海陆空运输、餐饮娱乐、广告展览、旅游、劳务输出、承包工程、经济技术合作、科技开发、咨询、人才交流及培训、金融保险及其他第三产业。

把企业建设成为以外贸为龙头，流通、金融、生产、科研、服务相结合的综合性、多功能、实业化、国际化企业集团。

实行股份制的客观条件：一是国务院已批准福建可以试行股份制试点。二是随着外贸体制改革深入发展，国家外经贸部已放宽经营范围，为公平竞争创造条件。除少数商品外，全部放开，让企业自主经营，并对配额、许可证发放计划采取招标、拍卖办法。三是省内较为大型的几家企业在人、财、物方面已具备实行股份制条件。

建议大型外贸企业选择"上市公众公司"模式。该模式发行股票可向社会公众发行，并可在证券交易所上市交易，比"内部公司"优越（内部公司发行股票，只向内部发行，不可转让）。其优点是：筹资较灵活，筹资成本低，筹资范围广泛，能在短时间内筹集巨额资金，迅速形成投资规模。资本流动性大，有利于保证投资者的资金安全和股票兑现，便于产权转让与重组，有利于产业结构调整。

股权设置可分两步走：第一步，先搞国有股（国有资产折价的股份，占主导地位，国家所有）、法人股（国有资产折价，部分股份出售给企业法人股份）、个人股（发行企业内部职工个人股份和向社会发行股份）。第二步，待第一步试行成熟后，再考虑发行外资股（又称B股，向外国法人、个人及中国港澳台地区法人、个人以外币发行人民币股票计价的股份），筹集外资。

二、基地企业改革

根据国际市场需要，发展出口商品生产基地，逐步实现出口货源基地化。

1. 通过参股、联营、引进外资等形式发展生产基地，合作对象应从省内向全国及海外扩散，只要项目好，能出口创汇，不论是国营、集体还是私营所有制均可合作。形式多样化，分别采用紧密型、半紧密型及松散型合作。

2. 选择发展高新技术产业，为出口商品更新换代打下基础，注意调整出口商品产业结构，增强技术附加值高的出口商品基地建设。

三、海外企业改革

海外企业是现代企业经济活动在国际领域中扩展与延拓，也是外贸企业走向国际化经营形式，变身也跨国公司的必由之路，只有转换经营机制，才能适应形势发展需要。

1. 鼓励海外企业，根据所在国及地区实际情况，"一业为主，多元化经营"，促使海外企业从单纯贸易性企业向工贸、农贸、技贸型企业转化。

2. 海外企业"联网经营"，才能发挥综合经营优势，有利于资金、业务、人员统筹调度，协调发展，增强综合运筹能力。

3. 按国际惯例及所在国（地区）法律，管理好海外企业。

4. 海外企业干部派遣、转换制度，考核制度，奖惩制度，应与企业经营状况及经济效益好坏挂钩，可通过提高外派干部工资、奖金，延长驻外时间、家属子女探亲及退休后在外定居等办法激励外派干部积极性。

2002年

西部大开发中的国际科技合作

中国西部地区包括陕、甘、宁、青、新、云、贵、川、藏和重庆10个省区市，占全国国土面积的55%，人口占全国总人口的22%，GDP占全国CDP的14%，45种主要矿产探明储量的48%。在成都举行的西部论坛上新确定的西部地理范围是：由西南五省区市（川、云、贵、藏、渝）、西北五省区（陕、甘、青、新、宁）和内蒙古、广西以及湖南的湘西、湖北的恩施两个土家族苗族自治州组成。西部地区的这一新定义，被称为"10+2+2"。面积扩大到685万平方公里，约占全国总面积的71%。截至1999年底，总人口约3.65亿，约占全国总人口的29%。新确定的西部地区与14个国家接壤，陆地边境线长达1.8万公里，约占全国陆地边境线的91%；与东南亚许多国家隔海相望，有大陆海岸线1595公里，约占全国海岸线的1/10。西部辽阔的土地、较少的人口、丰富的地下资源，蕴藏着巨大的经济开发潜力。

实施"西部大开发"战略是党中央根据邓小平同志关于我国现代化建设"两个大局"的战略思想，统揽全局、面向21世纪作出的重大决策。西部地区有过两次较大规模的开发：50年代"一五"计划的156项重大骨干项目中的相当部分建在西部地区；六七十年代搞"三线建设"，国家先后投资2050亿元进一步加强了西部地区的工业基础。

实施西部大开发战略，将引进更多的资金、人才、技术和管理经验，将促进产业结构优化升级、传统产业高新化、高新技术产业化，将会开发新的经济增长点、改善生态环境、增加人民收入。西部大开发中的国际科技合作必须定位在严格遵守国家对外方针政策的前提下，要以经济建设为中心，以促进科技进步和实施可持续发展战略为目的，以合作项目为主线，以扩大开放和机制创新为动力，以发挥当地比较优势为条件，推动国际科技合作向着全方位、多元化、多层次、宽领域和多种形式、官民并举的方向发展。

西部大开发是一项长期的历史性任务，必须结合当地的实际情况，找准工作切入点，结合各类计划，做好规划，突出重点，分步实施。要根据各自的地域特点和独有的优势，顺应社会主义市场经济体制的要求和新的对外开放条件，坚持"有所为，有所不为"的方针，对合作项目很好地整合、集成、优化和排序，以便利用好国际开放的大环境，吸引国际合作资源，为西部大开发引进技术、人才、资金和实施"走出去"战略，借以拓展国际合作空间，实现跨越式发展。

西安、成都、兰州、昆明等中心城市，荟萃了西部省区的科技资源，基础设施也较完善，可在对外合作中起领头和示范作用，然后再将合作成果向纵深转移和辐射；而高新区和创业园凭借自身的优势和优惠政策、服务功能，发挥窗口作用，吸引境内外合作伙伴入驻园区创业发展。港、台地区和上海的财富集团云集西安、成都、重庆、乌鲁木齐，谋求合作。西部地区把握好时下的机遇，本着互惠互利，使合作方都是赢家，"你发财，我发展"。

国务院颁布了实施西部大开发的政策措施和支持西部大开发的优惠政策，其中包括：增加资金投入的政策，提高中央财政性建设基金用于西部地区的比例；改善投资环境的政策，搞好国有经济的战略性调整和国有企业的重组，积极引导非公有制经济的加快发展及实施税收、土地和矿产资源优惠政策；扩大对外对内开放的政策，扩大外商投资领域、拓宽利用外资渠道，大力发展对外经济贸易，推进地区协作与多口支援；吸引人才和科技教育的政策，吸引国内外专门人才投身于西部开发，加大各类科技计划经费向西部地区的倾斜支持力度，逐步提高科技资金用于西部地区的数额。建议如下：

1. 在同等条件下优先考虑西部地区申报的政府间合作项目，并加大经费支持力度。

2. 为西部拓宽对外科技合作（包括委托研究、联合调查、合作投资、联合开发与生产、合作设计、"走出去"、引进与输出）渠道。凡有经费支持的政府和民间的对外合作渠道，如同发展中国家（包括拉美、独联体和东欧国家）间合作，同日本国际协力机构（JICA）、韩国国际合作机构（KOICA）合作，参加欧盟合作研究框架项目、西方国家和国际组织无偿援助和赠款项目、中以和中澳双边互设的科技合作专项基金合作项目、科技计划中设立的专项合作资金项目等，在政策上优先考虑列入西部地区申报的项目。

3. 针对西部对外合作的农、林、牧、渔业，以及包括山区在内的农村地区的综合发展项目、环境和健康项目，加大经费支持力度：不能全额资助的，至少资助项目启动资金，或设立贴息贷款等。

4. 向西部优先推介国际扶贫的科技合作渠道和"身怀绝技"（指附加值高的实用技术）的退休专家，帮助西部振兴传统产业。

5. 帮助西部建立若干个生态型高科技特色精品农业和节水型农业的国际科技合作项目试验示范基地，推广国际合作成果，如雄性蚕、脱毒草莓、葡萄、苹果，鲁梅克斯饲草，水稻旱育与种植技术，高淀粉马铃薯，抗性强的耐旱耐寒作物，深加工奶品，秸秆发电，清洁（包括可再生）能源，生防技术等，使已有成果的国际合作项目通过示范基地专家迅速扩散，形成规模化效益和实现产业化。

6. 扶持西部省区与周边国家和地区间的双边和多边合作，如新疆同中亚五国、俄罗斯、巴基斯坦、蒙古及亚欧陆桥经济区域的合作，云南、广西同缅甸、越南、老挝、泰国等国的合作，西藏同尼泊尔的合作，内蒙古同蒙古国、俄罗斯的合作。

7. 支持、推介境外有实力的企业、跨国公司在我国西部合办研发机构，开发既有市场前景又能发挥当地特色资源的新产品，如中草药、绿色天然高级保健品。

8. 帮助西部与世界银行、联合国工发组织等国际组织的公益性项目合作，开拓国际无偿援款、低息贷款和融资资金等渠道。

9. 建立实施合作项目的跟踪、监督、评议和激励机制，通报奖励和树立先进典型。

10. 组织外国驻华使领馆和国际组织驻京的科技、经贸、文化官员到西部去参观访问，座谈合作，沟通信息，推介合作渠道、领域和伙伴等。

11. 支持西部举办具有地区特色、展现优势领域的国际合作专业论坛、研讨会及特色资源和产品展示与报告会，宣传西部大开发，让世界了解西部，吸引境外财团、跨国公司入驻西部创业投资，促进西部开发融入世界。

12. 安排来华出席双边、多边科技合作例会的外国代表或代表团访问西部，探讨合作可能。

13. 组织驻外科技干部出国前和回国休假期间访问西部企业、高新园区、研发机构和研究院所，了解西部对外合作需求，帮助西部同驻在国拓展合作层面。

14. 建议驻外科技外交官每年写一份针对西部大开发的调研资料，推介一个上档次的合作项目（包括渠道或人才），提供一条有价值的合作信息，可简称驻外科技干部为我国实施西部大开发战略服务的"三个一"工程。

15. 建立项目库和网络系统。在建立项目库时，必须选择好项目，要结合当地的优势，要求经济效益和生态效益相结合，还要选择若干个能同国家大工程相结合、起点高、有显示度和能形成一定气候的项目。可以利用网络，在网上申请对外合作项目。

面对全球化和一体化的世界，我们必须进一步解放思想，扩大开放。正如东部大发展离不开对外开放一样，西部大开发同样也离不开对外开放。当今世界已成为一个开放的世界，这不仅表现在经贸方面，而且已扩展到金融、科技、环境等各个领域。西部大开发首先必须力求西部大开放，才能获取国际生产要素的流入，才能在与国际科技合作交流的大潮中劈波斩浪，开足马力，用好用足国际资源，借以提高西部的经济、科技综合实力和整体素质。

（原载于《建设科技》2003年第5期）

促进福建省国际科技交流合作

一、福建省国际科技交流合作的基本概况

在中共福建省委、省政府领导下，福建省国际科技交流合作不断开拓新局面，实现几个转移：从单向交流向双向交流转移，从双边合作向多边合作转移，从技术合作向经济技术合作转移。

一年来，共组织13批科技团组60多人次赴澳大利亚、美国、加拿大、英国、德国、丹麦、菲律宾、印尼、新西兰、意大利、奥地利考察，并开展科技项目合作研讨，进一步拓宽了交流合作领域。接待法国、泰国、菲律宾、巴西、南斯拉夫、埃及等国家有关专家和政府官员来福建省访问，执行政府间科技合作项目。实施中一泰、中一匈、中一菲、中一法、中一瑞、中一白俄罗斯等多个政府间科技合作项目。进一步规范参加国际学术会议人员和申请主办国际学术会议的审核审批管理程序，鼓励科技人员积极参与国际科技交流与合作，迄今为止，共审批73批98人次参加国际学术会议。为了扩大福建省乌龙茶对日本的出口，在我国驻日大使馆支持下，与日本三得利公司合作，分别在日本大阪和东京举办两次乌龙茶学术研讨会。

充分利用国际上非政府组织开展国际科技合作交流。受外经贸部国际经济交流中心委托，举办"中国南南合作网年会"，20多个亚太中心主任聚集福州，探讨加入WTO后，联合国南南合作事业带来的机遇与挑战，发表"福州宣言"。

在宋德福书记等省委省政府领导的直接关怀与支持下，"联合国南南合作网示范基地"得到省编委正式批准。联合国开发计划署与工发组织正式

授牌，"基地"已成为我国及发展中国家唯一的综合性、国际性示范基地。"基地"发展规划先后通过北京国家级专家及福建省专家论证，"基地"将遵循联合国"和平与发展"的宗旨，确定以全球、健康、环境、绿色、合作为主题发展战略。

积极组织福建省高新技术企业参加美国、德国、中国香港国际博览会及招商会，参加北京高新技术产业国际周及国际科技博览会、"9·8"厦门中国贸易投资洽谈会、深圳高交会、重庆高交会、上海国际工业博览会和亚太APEC贸洽会等。本着"政府搭台、企业唱戏"原则，组织200多家企业、300多个项目参展，共签订38项合同或协议，涉及总资金7.3亿元人民币和30.65亿美元。招商会期间，召开3场科技新闻发布会，宣传福建改革开放以来经济、科技方面的成就。

组织实施国际科技及台港澳科技交流合作计划项目申报、审批、立项及验收、鉴定。全省申报项目57项，经专家评审，立项31项，并对已完成项目6项进行鉴定验收。紧密依靠专家学者，广泛开展调研及跟踪管理，体现"公正、公平、透明"原则。

为了贯彻实施"以质取胜""开拓多元化市场"发展战略，鼓励支持出口型高科技企业发展，积极开展科技部"科技兴贸"行动计划，向科技部争取到3个"科技兴贸"重点项目。

加强与科技部、外经贸部等中央有关部门及联合国驻京、沪机构联系，争取到中国—越南（2个项目）、中国—泰国、中国—巴西和中国—俄罗斯等政府间科技合作项目，争取到中国—日本7个JICA项目支持。

积极做好对台科技交流合作，完成3批赴台科技人员审批、审核工作，组织两个赴台科技考察团组，举办闽台科技论坛，做好福建闽台科技交流协会换届工作，与有关部门合作举办第五届海峡两岸光电子学术研讨会，接待台湾团组3批20多人次，就共建闽台高新技术园区等事宜交换意见，就"锂电池研发与生产"达成意向。

二、发展福建省国际科技交流合作的思路与建议

1. 为适应加入WTO要求，建议省政府外事管理部门进一步规范简化出国考察的审批审核管理程序，积极鼓励科技考察人员出国交流。向兄弟省市学习，放宽科技管理领导干部出访条件，鼓励支持有实质性合作内容的出访，不受次数与地区限制。

2. 积极向国家申请政府间科技合作项目，扩大合作交流渠道，加大国际科技交流与合作力度，进一步探讨在国外举办国际学术研讨会和科技招商博览会等。

3. 进一步做好科技招商工作。继续牵头组织项目和人员参加中国北京高新技术产业周和中国北京国际科技博览会。组织有关部门组建科技分团参加厦门"9·8"投洽会、深圳高新技术成果交易会、重庆高交会和赴国外招商等活动。

4. 进一步加强对国际科技合作项目的监管，规范项目申报程序和立项管理办法。加强调研和项目的跟踪管理，并积极向科技部申报国家重大国际科技合作项目。

5. 加大科技兴贸工作力度，拟组织两期科技兴贸知识培训班，开展福建省科技兴贸调研。并积极争取科技部对科技兴贸行动计划项目的支持，积极做好科技兴贸信息服务体系和科技兴贸环境服务体系项目的建设。

6. 加大对台科技交流与合作力度，抓好招商引资项目的落实，特别是锂电池研发基地项目。积极组织赴台科技考察团组。

7. 国家科技部设立国际合作专项资金和科技兴贸专项资金，各兄弟省份先后设立配套资金。建议省财政每年单列设立国际科技合作专项资金1000万元，科技兴贸资金每年1000万元，用于支持福建省国际科技合作交流。

8. 要进一步理顺科技外事工作体制。我们要求，设区市科技局（委）内部要有对口部门并有专人负责科技外事工作。今后承担政府间合作项目，不仅要安排高校、研究所的科研人员，而且要安排设区市科技管理部门从事科技外事工作的负责同志率团参加。从事科技外事工作的同志应该出去看看，了解世

界科技发展的前沿领域和先进的管理模式，这样才能进一步促进当地的科技外事工作。

9. 要充分加强科技兴贸领导机构，抓紧制订福建省科技兴贸"十一五"规划纲要，积极培育重点出口企业和高新技术产品出口基地，建立高新技术产品出口市场信息服务体系，尤其是技术贸易信息中心，编辑出版《福建省技术出口政策法规文件汇编》和《福建高新技术商品大全》。

10. 进一步加大科技外事宣传力度。促进科技外事工作在促进和推广全省科技进步的显示度。我们要尽量发挥福建科技网中的"科技交流与合作"窗口的作用，我们已经建立的网站将与科技网连接，充分整合科技外事的宣传资源，为召开全省科技外事工作会议做准备，编辑"福建省国际及对台港澳科技合作项目总结与回顾"，把近年来做得较好的国际及对台港澳科技合作计划项目情况介绍等全部收录在内，由项目承担单位提供材料，我们承担编辑和出版等费用。

11. 福建省每年上报科技项目，据专家评审，平均水平有逐年下降趋势。其原因为：近亲繁殖结果，科技队伍年龄老化，知识老化。为了改变这一状况，必须加大国际科技合作交流，结合科技体制改革，引进国外科技机构、大专院校、大企业集团在闽创办独资、合资科研机构，工程技术开发中心及咨询服务中介机构。鼓励国外大学与福建省有关大学联合办学，改善福建省科技人才专业结构，通过嫁接达到人才优化目的，加大国际科技合作力度，增加资金投入。为了促进国际科合作项目开发，在项目评估招标过程中，除了考虑企业参加、有利项目产业化外，应积极鼓励海外科研合作机构、大学以及海外专家学者参与。

12. 充分发挥科技协会（国际科技合作交流协会、闽台科技交流协会）和福建省科技交流中心作用。理顺省科技厅职能机构与协会、交流中心关系，放手放权让民间组织及中介组织发挥作用。

13. 加大扶持涉外机构，充分发挥"联合国南南合作网示范基地"和"亚太食用菌培训中心"作用，提供包括优惠政策及在项目、资金方面的扶持。建议省政府成立领导小组加强领导。

14. 充分发挥福建省与港、澳、台相邻近的地域优势，加大对港、澳、台的开放力度。国务院批准福建、广东为改革开放试验区，我们应该超前走一步，大力发展福建省与港、澳、台区域的经济合作交流，进一步解放思想，转变观念，突破和改革福建省赴港、澳、台审批办法，因工作需要出访港、澳、台地区，不应作为出国次数计算。

15. 开展科技外事竞赛活动，定期评选重点国际科技合作示范县（市）、科技兴贸企业及科技外事工作先进集体和先进个人。

2003年

发挥海外留学归国人员的作用

前不久，我参加全国政协港澳台侨委员会组织的调查组，赴杭州、宁波、上海、北京，就海外留学归国人员创业问题进行调研，参观留学生创业园，考察高科技企业，并与留学创业人员座谈，听取他们在创业和工作、生活上的意见和建议。

情况

1. 留学生企业的特点

留学生创办的企业大多拥有自主创新技术，有自己的研发队伍和较成熟的企业。他们不仅进行应用技术的研究，同时还进行基础技术的研究。涉及的行业涵盖了电子信息、光机电、新材料、生物与医药和化工等高新技术领域。

2. 对社会贡献日益突出

浙江、上海、北京经济迅猛发展，其中一个重要原因就是吸引了大量的海归人才，他们为提高科技水平，推动高科技产业和现代服务业的发展发挥了不可替代的作用。

3. 领导重视，政策优惠

浙江、上海、北京都制定了吸引海外人才的政策措施。如浙江省《关于鼓励出国人员来浙江工作的意见》和《关于引进海外高层次留学人才的意见》，上海2006年开始实施《关于鼓励海外留学人员来上海工作和创业的若干规定》。

4. **成立律师顾问团，为留学人员服务**

浙江省侨办联合省司法厅成立了为侨资企业服务的律师顾问团，为包括海外专业人士所创办高新技术企业在内的广大侨资企业提供咨询和法律援助。

5. **优惠财税扶持政策，推进科技成果产业化**

上海张江留学人员创业园内，高新技术企业、产学研联合体，自行开发生产的软件产品、集成电路产品等，自认定之日或实现销售之日起三年内，营业税、企业所得税和增值税地方收入部分可100%返还企业，之后五年返还50%。嘉定创业园将企业税收的地方所得税部分70%返还企业。

6. **加大资金扶持力度，鼓励创业和科技创新**

一是由园区牵头成立联合风险投资资金；二是政策资助资金。上海张江留学人员创业园建立以来，留学人员企业累计获得政府无偿资助超过5000万元。

问题与困难

1. **融资困难**

在创业初期和成长扩展期都遇到资金的问题。由于留学归国人员回国创业本身资金不够，在国内一般没有固定资产可作抵押；他们归国时间不长，未建立起信誉，而目前又缺乏科技企业信誉评估机构；风险投资公司数量少，发展慢，风险投资公司对留学人员的企业融资非常谨慎，留学人员企业在国内申请风险投资基金门槛高，手续繁杂，成功率低，资金的瓶颈使得进入成长期的企业仅能维持，难以发展。

有些海外留学人员回国创业初始时受到当地政府的重视，有相应的启动资金在高新区"孵化"自己的企业，到了企业规模扩展时期、需要大量资金支持时，如何拓宽融资渠道，实现科技成果与资本市场的对接，却成为众多留学人员创业最迫切需要解决的老大难问题。

2. **缺乏管理经验，对国内市场了解不够，经营理念亟待转变**

处于初创阶段的留学人员企业，工作模式是集研发、生产和销售于一身，这样做有利于对产品质量的严格把关。但是由于企业本身资金战线太长，研发、生产和销售都是自己做，这样一方面会造成研发和生产的矛盾，消耗大量的资源在生产线上，而作为保障留学生企业长久生命力的研发资源却得不到保障；另一方面又造成生产和销售的矛盾。由于公司规模小，往往是等到订单和付款后才进行生产，生产效率低，生产线没有得到充分利用，没有订单的时候人员和设备就闲置了。人才、资金等各种资源无法得到充分利用。

3. 知识产权保护不完善

留学生回国创业带来的高新技术中真正既新又尖端的原始创新比较少，主要是因为知识产权得不到很好的保护。目前很多企业选择申请专利作为自我保护，但是企业在申请专利后，如果没有资金对这些基础研究进行应用技术研究，时间长了反而会抑制创新的延续，专利变成垄断，更不利于他人的继续研究，对于科技创新反而形成了阻碍。

4. 有关部门对国家和地方扶持政策的理解不同造成相互协调不畅、支持不力

各级政府出台了很多支持留学人员企业发展的政策措施，但是由于这些政策的执行牵扯到众多部门，各个部门对这些政策的理解和解释不同，从而阻碍了企业发展。国家的政策在执行中随意性很大，也影响了国家政策的支持力度。

5. 创业成本日益增高

上海浦东改革开放11年以来，经济保持两位数的增长，人工成本、地价、房价和水电等资源价格都在上涨，大量的外资和异地的大企业涌入，加上2010年世博会申办成功，劳动力和土地两大生产要素成本迅速上升。日益增加的创业成本降低了中小企业的利润，使其没有多少资金用于产品研发或市场推广。

6. 在国家投资和政府采购中忽略了留学人员自主创新技术和自有品牌的支持

留学人员企业由于还处于发展阶段，比起国外同一领域一些成熟的企业来讲，竞争力和资质都不够。虽然政策规定，国家投资和政府采购中国内产品要达到一定的比例，但是政策的执行力度有待加强。一些招标单位有崇洋的思想，宁愿花高于国内同类产品的价格购买国外产品，也不愿意购买国内产品。

7. 留学人员企业所得税和子女教育问题

留学人员认为，他们企业所得税起征点与外资企业、国内企业使用同一标准是不合理的。留学人员企业是回国创业为国服务的，大部分家属都在外国，外资企业是来中国发展赚钱的，国内企业人员的家人都在国内，生活水平与国外相比要低得多，这三者的所得税在同一个起征点不公平。

意见与建议

海外留学人员企业在创建区域自主创新体系方面做出了重要贡献。广大留学人员国外信息渠道比较畅通，能及时接触到国外最新的技术和管理理念，这个资源是我们国家自主创新需要的重要资源。

为了充分发挥海外留学归国人员作用，建议如下：

1. 开展对构建海外留学人员自主创新团队优势的研究

各地留学人员自主创新的活动仍属于个人的、分散的行为，他们兴办的企业和项目有重复的或相近的情况，建议各地政策和高新区创业园整合本地留学人员的资源，主动引导鼓励他们在各个不同领域组成"联合舰队"，发挥他们在自主创新中的凝聚效应。

2. 建立留学人员创业基金，完善国家风险投资体制，及早解决海外留学人员创业中普遍存在的资金难问题

由于国内风险投资体制不完善，影响留学人员回国创业的主要问题是缺乏投资风险基金的支撑。建议中央和各地政府及有关部门，及早出台切实可行的政策措施。建议建立政府牵头的创业担保机制，由政府出引导资金，提供信誉保证，有效吸引风险投资基金和银行贷款，以解决留学生企业创业的资金瓶颈。

3. 在国家投资、政府采购中鼓励对留学人员自主创新技术和自有品牌的采购

这个问题在国务院的规划纲要若干配套政策中已有明确规定，希望中央和各地政府的有关部门加强监督检查，鼓励在国家采购招标中使用海外留学人员企业的同类产品，以提供机会，支持留学人员企业成长为国家品牌。

4. 加强对留学人员的培训

针对回国创业"三有三少"：有高科技知识和先进理念，少创业经费；有回国回乡服务和报国的热情，少创业经验；有创业的勇气和胆魄，少政策法规知识，在留学人员回国初期，建议由政府组织回国创业培训班，帮助留学人员尽快了解、熟悉创业中涉及的相关政策法规，用足用活各项资源。

5. 进一步加强知识产权的保护，尽快完善税收激励机制

要让海外留学人员把顶尖的技术带回来，应下决心进一步建立和完善知识产权申报和应用体系，大大增强对知识产权保护的力度。

（原载于《厦门科技》2007年第1期）

辑三

引进来，走出去

广交朋友，联络感情

由福建省民革牵头组织的省四个民主党派考察团，于1990年9月7日至18日在新加坡、中国香港地区进行考察活动，短短几天的考察收获不小，考察团广交朋友，联络感情，促进了党派领导同志与海外"三胞"的相互了解和友谊。

通过考察，大家了解到目前香港工业正处于升级、转型阶段，对科技人才要求十分迫切，各行业都在搞技术开发及新产品试制，并逐步由劳动密集型向技术密集型转化。由于对技术高精尖的追求，香港特别希望有较高水平的科技人才赴港工作，如香港电子学会拥有300多家电子企业，每年需要百名电子技术专家，很需要内地人才。迄今为止，每年内地到香港工作的科技人才有4000多人（而贸易来香港的有3万多人），其中科研院所的占60%。此外国家教委、广东省（广东省的赴港审批手续下放到广州市）、上海市的较多，而福建省人才来香港的很少。香港工商企业界人士十分欢迎福建派科技人员到香港工作、共同开发。

关于科技研究如何与工商企业界结合的问题，专家介绍了情况，谈了很好的意见：香港生产力促进局经常派科技人员到企业当顾问，允许大学教师到企业兼职，有的项目则由企业与大学共同研究开发。

考察中，我们还就一些合作问题谈了意向，如：（1）与香港某方合作，在福州建立一个软件开发公司，为港方输送软件人才；（2）通过新加坡中医师分会，加强与台湾中医师分会联系，双方交流信息，探讨医道；（3）新加坡中华总商会和香港经济发展促进会希望与福建省逸仙艺苑合作，在两地展开具有福建省特色的根雕艺术、微雕艺术合作等。

通过考察活动，我们提出许多想法和建议，兹把在新加坡、中国香港地区考察收集到的反馈意见综合如下，供有关部门作参考。

1. 为了保证1997年平稳过渡，保证香港地区繁荣，应及早培养有特色的新一代治港人才，甚至可以特批一些人到港定居，让他们在港从事科技、教育、经贸等方面的工作，通过他们去团结一大批港人。

2. 据反映，香港资金外流、人才外流相当严重，这些人才的言行对香港当地居民影响极大，再加上国际形势风云变幻，人心不稳，我们要花些钱，做些宣传工作，通过各种渠道，请进来，派出去，做好宣传工作，尤其是做好第二代、第三代人的工作。他们是香港的未来，对香港地区的繁荣起举足轻重的作用。

3. 根据香港急需内地科技人才的情况，福建应重视科技人才的输出，不能停留在低层次、一般性劳务工作输出的水平，这样一则可协助香港中小企业开发新产品，二则为福建省赚取劳务收入，三则进一步提高科技人员的专业水平。政府有关部门应制定优惠政策，采取措施鼓励科技人员到香港工作，鼓励省内高等院校、科研机构在香港办科技开发企业。

4. 新加坡属于发达国家，从它的经济发展水平及得天独厚的地理条件上看，福建省外贸部门有必要在那里设立商务代表处或公司，通过新加坡开展对印度尼西亚、菲律宾、马来西亚、文莱等东南亚国家的转口贸易，开拓东南亚市场。

（原载于《政协通讯》1991年6月刊）

勇当排头兵，开拓西非市场

为贯彻实施国际市场多元化的战略，我们赴多哥、加纳、贝宁、冈比亚，考察西非四国市场及开拓多元化市场的可能性，对我们在多哥设立分拨中心的可行性进行论证，同时提出设想和建议。

一、西非四国基本情况

东欧剧变，苏联解体，美、英、法等国插手非洲事务，支持反对派搞多党制、民主化运动，西非各国均受到不同程度的冲击，政局不稳，经济衰退，市场萧条。当前，加纳、贝宁、冈比亚大选刚结束，政局可相对稳定一段时期，政治、经济都采取一些改革措施，如实行多党制、自由港、自由贸易区，采取低关税政策、鼓励转口贸易等。加纳还公布《投资法》，成立加纳投资中心，鼓励外国及私人投资。目前，西非各国政治、经济现状对我们开拓西非市场十分有利。

多哥处于西非国家中心点，具有地理上的优势，如在多哥设立分拨中心，可辐射周边国家，如贝宁、加纳、尼日利亚、科特迪瓦、马里、尼日尔等国。

多哥洛美是自由港，关税低，港口设施较好，年吞吐量300多万吨，交通十分方便，有海陆空航线与周边国家相连。因此，洛美港可作周边国家货物主要集散地。目前，我国经西非四国商品有60%以上在洛美港转口。

西非各国均属发展中国家，经济水平不高，人民生活水平较低，我国商品较受欢迎，轻工商品十分好销，不少商品如机电、建材及保健品等还是由台湾、香港客商从祖国大陆出口转卖的，市场潜力很大，有待我们去开拓。

西非四国——多哥、加纳、贝宁、冈比亚与我国保持长期友好关系：加纳总统多次访华；贝宁总统访华时明确表示，欢迎中国投资、贸易，并主动提出双方互免签证。这一切，都为我们开拓西非市场、在多哥设立分拨中心创造良好的客观条件。

二、多哥建华实业有限公司基本情况

中国（福建）对外贸易中心集团1983年就在多哥建立建华实业有限公司，通过几年开拓，在西非拥有较稳定的客户和市场。建华公司在洛美租用免税仓库，开设两间批发、零售店，并向加纳、贝宁、科特迪瓦、利比里亚进行转口贸易。根据多哥及周边国家市场需要，从国内进口畅销商品，存放在免税仓库里，对周边国家开展分拨批发业务。由于采取适合当地贸易的付款方式，近几年贸易发展很快，销售批发业务已拓展到利比里亚、冈比亚、几内亚、加纳、贝宁等。

根据西非商人的贸易特点，大多数商人不愿意采用信用证付款方式，因为他们资金少，而开证占用资金的时间长，由于运输在途时间长，经常发生商品运到时已过销售季节的情况。因此，我们采用适合西非商人的习惯做法：一是现款交易，在我批发店或免税库看货、交款、开单、提货；二是对要货量较大、季节性不强的商品采取看样定货，签合同时预交定金，货到后，付款交单提货；三是对少数大客户采取通过第三国银行开信用证办法。几年实践证明，上述做法是符合西非实际情况的。

多哥现有7家中资公司，建华公司建立时间最早，历史最长，经营较好，在当地商界有一定影响。经过多年开拓，目前建华公司主销商品有茶叶、塑料拖鞋、纺织品、蚊香、电池等轻工产品。从1983年创建至1991年，建华公司总销售额达7000多万美元，利润额达100多万美元，今年上半年总销售额达300多万美元。

我中心集团已在多哥、加纳、贝宁、冈比亚、几内亚设立代表处，派驻洛美建华公司人员共7人，都具有大专以上文化水平，懂外语，有一定业务能力。此外，还雇佣5名当地黑人。

三、设想和建议

近几年多哥建华公司在多哥商务处支持和指导下，经营业务不断拓展，并取得较好的效益。去年西非十二国商务参赞会议上，根据建华公司实际情况，多哥商务处也建议以多哥建华公司为主组建西非分拨中心。最近多哥商务处再次提出要我集团组建西非分拨中心，我们认为商务处的建议是切实可行的。

第一步，多哥建华公司和我驻加纳、贝宁代表处组建洛美分拨中心，主要拓展多哥、加纳、贝宁、科特迪瓦、加蓬市场。

第二步，以现有分拨中心为基础，联合有关省、市在多哥的公司，以自愿为原则，参股联营，把这个分拨中心建成股份制公司，这样可以避免自相竞争，统一对外，加强实力，扩展市场。

西非四国家电、机电、农机市场有待进一步开拓。原来建华公司经销北方工业公司生产的摩托车，由于配件供应及售后维修服务跟不上，未能打开销路。考察发现，日本汽车商十分注意汽配供应及售后维修服务工作。西非四国到处可见日本汽车广告及汽配供应点和维修店。我们要打开家电、机电、农机市场，一定要建立自己的经销网络。

西非四国资源十分丰富，大多处于未开发状态。如贝宁腰果和椰子资源相当丰富，可在当地办厂，搞深加工，提高商品技术附加值。西非四国均属大西洋沿岸国家，水产资源相当丰富，可以考虑在当地发展远洋渔业和水产养殖。

（原载于《团结》1993年2月刊）

日本见闻

前不久，我率经贸小组一行三人赴日本作为期10天的考察，主要考察日本工艺品市场，开拓新业务，拜访老客户，发展新关系。先后考察东京、京都、奈良、大阪、埼玉等地，见闻颇多。

立体交通网络

日本发达的立体交通网络是世界有名的，除了有定期航班飞向世界各国大城市外，国内航班也覆盖日本整个国土。从东京到大阪等地，除了乘坐飞机之外，还可乘坐新干线高速列车，又称为"子弹头列车"。与国内火车相比，它高速、平稳、安全，列车行驶中听不到噪声，感受不到左右摇摆，而且比飞机安全可靠。另一特点是舒适卫生，车厢明亮整洁，每个乘客均保证能有一个座位，位子相当宽敞。列车启动不久，就有服务生送上茶点和饮料，有时还供应快餐。乘客十分自觉，食用完的餐盒、饮料空罐及废纸不随地乱扔，集中回收。

东京是日本人口最多的城市，每到上下班时刻，街道上人群密集，但很少出现交通拥挤现象，原因是有相当发达的地铁、电车、巴士和出租车。东京上班族及外地人喜欢乘坐地铁和电车，特点是车辆多、不必久等，每隔一两分钟即有一辆车。而且全部用电脑调度，井然有序，从未发生堵车现象。地铁、电车时刻表与线路图随处可见，十分方便，初来东京的外地客人也不易发生搭错车现象。如果反向搭错车，只要不出站，还可免费乘上相反方向的车辆到达目的地。管理十分科学，地铁、电车上看不到管理人员，开门、关门全部自动控制。车站入口外边上有许多台无人售票机，机器上方标明所到站台票价，只要投入足够硬币，即可购到车票。

东京地铁、电车经营者分为两类，有的线路属国家所有，有的线路属私营企业所有，运行调度时配合相当默契，有的车票在不同线路之间可以互相通用，从而大大方便了乘客。

与西方国家不同的还有，不少日本人喜欢用摩托车、自行车代步，而且交通规则规定，自行车只能在人行道上行驶。这是东京街道上一大奇观。

"上帝"的体会

东京给我的感受是一座特别繁华的大城市。商业网点密布全市，既有大型现代化百货商场，又有迷你型超市，还有各种酒楼、料理店。东京市中心的银座是著名商业区，我们刚好碰上银座建立120周年庆典活动。在银座一条不知名小街两旁，摆满小吃摊，穿着五颜六色民族服装的售货员高声吆喝，兜售各种食品，街道上熙熙攘攘，充满节日的欢快气氛。尽管摊位十分拥挤，各摊位边上还备有座位，供人们品尝风味小吃。从顾客购货到品尝完食品，也不知道售货员向顾客鞠了多少个躬来致谢，真称得上"礼貌待客"。

幸运的是，在银座傍晚时分我们观赏到盛大庆典游行活动。银座商业大街两旁的商店主动搬出靠背椅，供各地游客休息，等待游行队伍到来。游行队伍打头阵的是日本自卫队三军仪仗队，其次是位于银座地区的大、中、小学校军乐队表演。来自街道的群众民族歌舞更是绚丽多姿，从十几岁少男少女到五六十岁大人，均穿着和服，载歌载舞。最后游行的是银座各大百货商场的彩车表演，各大百货店董事长、总经理在漂亮的公关小姐陪同下，坐着敞篷车，频频向游客招手致意，不时鞠躬致谢。有的彩车请服装模特儿助兴，有的不惜重金聘请外国艺术家在彩车上表演，目的是为自己公司做广告宣传。

我们到日本，主要目的是推销木雕佛像，同时考察日本的佛教文化，参观京都国立博物馆、东京国立美术馆及十多所寺庙。我们特别注意各大寺庙的佛像造型，想留下有价值的照片回国研究，一般寺庙不允许照相。值得庆幸的是，每家寺庙都有照片图册，印有佛像明信片及文字资料供游客选购。营业员礼貌地告诉游客，如果需要大型图册及详尽资料，还可到书店购置，十分便利。

东京有些商业街按专业划分，比如，"秋叶原"是家用电器专卖一条街，据说那里的家电是全东京最便宜的，而且外国人凭护照购买可以免税。浅草汇集数十家专卖佛坛、佛具、菩萨、灵牌、神龛的商店。新宿则是东京人及外国游客夜生活的好去处，那里汇集各种赌场、酒吧、夜总会及舞剧院。

日本料理及其他

在大阪，日本朋友植村先生夫妇热情地邀请我们团组一起品尝日本料理，尽管菜肴很丰盛，但我们吃不惯，虽然说在国内也食过生鱼片、刺贝，但日本料理的生食品种太多，如龙虾、鲍鱼、章鱼、生鱼片、牛肉片、猪肉片、生菜等，而且切得又厚又大，实在难以下咽。还有一种寿司，是用生鱼片包着的冷饭团，用手抓着吃，整团饭吃下去，还是不知道是什么味道。

韩国烧烤又是另一番风味。烧烤原料大多是猪肉、牛肉、鱼、蔬菜等，这对于福州人来说也不习惯，一是火气大，二是怕不卫生，烧焦部位往往带有致癌物质，误食下去对健康不利。

最后只有选择中华料理。找中餐，填饱肚子，幸亏我们有一家驻外公司在东京，干脆早上自己动手煮稀饭。如果要加餐，可到超市购买一些原料，自己加工。这也比在外就餐来得经济、实惠。

中国的"打工族"

在日本，我们遇到不少中国的打工族，有大陆去日本的打工仔、打工妹，也有台湾、香港去的，大家在一起，语言畅通，感情交流相当融洽。

福建到日本的"打工族"，主要是到日本语言学校学习的年轻人，有的混得还不错。其中一个在大陆学牙医的年轻人到日本打工，刚开始在中餐馆洗碗、洗盘子，通过艰苦奋斗，闯过语言关后，开始重操旧业，跟一个日本牙医开牙科诊所，月收入达六七十万日元。在日本，牙医受人尊敬，不少病人预约牙医到家里就诊，他也从而认识不少的日本白领人士。虽然他平时工作累一些，但很充实，钱也赚了不少，谈话中不时流露出对家乡亲人的思念。他跟我说，最终还是要回到祖国去。

另一个女孩子也干得不错，刻苦闯过语言关，一天干两份工作，每月除日常开支外，还可积累一些钱。她想赚足钱后，回福州找一个好的项目干干。

一个台湾客商告诉我，他像一个空中飞人，经常在大陆、中国台湾、中国香港、日本飞来飞去，他在埼玉、珠海、中国台湾、中国香港都有公司，做贸易生意，与我们也有业务往来，一家妻小在台湾，大陆还有不少亲友。他希望海峡两岸早日实现"三通"，今后来去更加自由、方便。

（原载于《团结》1996年第2期）

澳洲见闻

中国城

悉尼市中心的"中国城"，居住着4万多华人，历史悠久。10米宽的德信街街道两旁，商店建筑造型富有民族风格，商店招牌用中英文对照，使人备感亲切。商店门类繁杂，但以餐馆居多，尤以粤菜见长。来餐馆就餐的人，大多数为华人，人们只要会说广东话，在哪儿都可从容不迫地对话及交流思想，仿佛置身于广州或香港。

近几年，由于亚洲移民不断涌到澳洲投资，中国城由德信街扩展到莎琴街、夏巴街、高宾街、乔治大街和喜市，同时还兴建娱乐中心、岭南式花园、大型停车场及大酒店等。据统计，"中国城"内90％的物业拥有者为华人，而悉尼市区内的商业大厦已有三分之一被华人收购，澳洲近百家大酒店、近23亿澳元价值中过半股份被新加坡华人收购，东南亚华商郭鹤年又投资2亿澳元，在"中国城"兴建一幢45层高的商业大厦。有人预言，到了下个世纪，也许整个悉尼城会被华人买下来。

"中国城"商店摆放的工艺品富于当地特色，吸引了不少游客购买。澳洲是"骑在羊背上的国家"，羊皮、羊毛、羊肉是他们主要的出口商品，特别是用羊皮制作的工艺品，更富特色。最惹人喜爱的是用羊皮制作的长毛玩具。其中哈巴狗的样子极可爱，白柔柔的长毛，圆眼睛，黑鼻子，头颈上还系着粉红色的蝴蝶结。其次还有用羊皮缝制的皮衣、皮背心及坐垫，以及用袋鼠皮制作的工艺品、玩具及箱包等。化妆品"羊脂油"，因美容效果好、价格便宜，更受女孩子欢迎。商店里还有当地特产——宝石出售，通常被人们称为"澳宝"，往往用于加工各种首饰，如戒指、耳环、项链等，这也是女孩子的选购重点。据商店老板介绍，"澳宝"一般有黑色、褐色及白色三种，以黑色宝石最为名贵。澳宝硬度仅为普通钻石硬度的65%，表面光泽好坏、亮度，有无裂痕直接影响到它的价值。

各国游客来此旅游，除了选购毛绒玩具、树熊、袋鼠外，有时还买木飞镖作为纪念品。飞镖外涂成古铜色，上面有土著人图案和花样，它象征着"吉祥如意"。飞镖大小不同，大的飞镖有二尺长，一寸宽，半寸厚，弯弯的，呈L形。当地土人把飞镖当作狩猎工具，可以猎获小型的飞禽走兽。狩猎者把飞镖扔向猎物时，如果没有射中目标，飞镖仍会飞回原地。小的飞镖小巧玲珑，有的可当作耳环，有的制成胸花，有的与匙扣、匙链相连，据说可像护身符一样给人们带来好运。

澳洲服饰、住房及赌风

澳洲人平时衣着随便，穿着自由、开放，谈不上流行，也没有流行色，只要穿得舒服，各得其所，无人干涉。运动衫、T恤衫、牛仔衣及便装都是人们爱穿的服装，在海边，也常见穿着比基尼的少女在街上大大方方走动。各国移民中，部分人仍保持传统，穿着具有民族特色的服装，显示出澳洲社会的多元化。来自东欧的女移民爱穿连衣裙，黎巴嫩、阿拉伯妇女却保持本国传统服饰，穿着上下一般肥、像水桶一样的长袍，头上还得包着头巾。印度少女有的穿着齐膝的绣花边绸衫，再配上长裤，外面还要披上一条纱丽。中国及越南妇女，有的也穿着旗袍，但不少年轻移民已开始随乡入俗，衣着比较随便。在正式社交场合，男的穿着西装、衬衫，打领带，女的一定要穿晚礼服，以示礼貌。上层人士穿着比较考究，追求名牌，一般人在悉尼则不必为穿着而苦恼。

澳洲人对住房比较讲究，对家居环境的追求无止境，租房住的人千方百计自己买房，住公寓房的人又为购买别墅奋斗，因此，澳洲房地产业经久不衰。

我们曾在一家华人家做客，参观别墅。别墅呈复式多厅结构，有客厅、餐厅、活动室、汽车库，均在底楼，厅堂都有落地玻璃和花园相隔，厅堂内种着各种观赏植物，与花园内的树木、花草相映成趣，花园内还有一个小小的喷水池，池中养着金鱼与锦鲤。主人爱好字画，客厅中央挂着一个大"福"字，客厅布置具有典型的华人家庭特色，并配有家庭影视整套设备。楼上卧房四间，由一间主人套房、三间独立睡房组成，每间睡房都配有贴墙衣柜，睡房布置十分简单，放一张床及一两把椅子；有三间浴室，主人浴室有造型美观的按摩浴缸。厨房在底楼，宽敞明净，布局合理，设备齐全，煤气灶、微波炉、电冰箱、电烤箱、食品柜应有尽有。

别墅让我难忘的另一个印象是花园外没有围墙，外边可以透过玻璃看到客厅内一切。由于当地社会治安较好，很少有入室盗窃，即使一家人都出国旅游，也不用担心。澳大利亚是高福利国家，既使失业，靠政府救济也可安安稳稳过日子，谁还会铤而走险呢？

澳洲人赌风颇盛，街头巷尾的大小店铺都代售一种"即刮即有奖"的小彩票，一张售1—2澳元，刮中彩票中的三个相同图案就有奖，最少奖2元，最多奖2.5万澳元。男女老少都参与购买小彩票。

在悉尼、柏斯、堪培拉、墨尔本、布里斯班等地都设有大型赌场。据说KENO奖金额已达1000万澳元，许多人都想用一元钱赌注，一夜之间成为千万富翁。据统计，澳洲人每年花在赌博上的钱多达600亿澳元，人均400澳元，超过中国香港地区和美国。特别是近几年，亚洲华人移民增多，这批人更成为澳洲当地赌场的"生力军"。不少有识人士已向嗜赌的华人提出警告："不要再沉迷赌场，更不能把自己性命和前途作赌注。"

澳洲土著人

我们在悉尼街头见到两位澳洲土著人，他们在悉尼达令港闹区卖艺。澳洲土著人肤色棕褐，脸阔鼻宽，眼睛深，眉骨突出，身材高大。一个土著人穿着白色T恤、长裤，坐在地上，背靠墙，用嘴巴对着一根1.5米长的木箫起劲地吹着土著音乐，那音色醇厚，充满着神秘、传奇与辛酸，仿佛在倾诉远古澳洲土著祖先的故事；另一个土著人上身赤裸，下身围着一条红色短裙，臂上插着野鸡毛，伴着音乐在跳着粗犷的土风舞。围观者不少，人们不时地扔下硬币，作为卖艺人的报酬。

澳洲土著人是澳洲真正的主人，目前，澳洲尚有土著居民200万左右，他们在澳洲大陆繁衍四万多年，至今为止，仍然保持着传统生活方式和文化艺术传统。澳洲大陆的白人是外来移民。据说，1770年英国航海家库克发现澳洲新大陆后，不久英国政府即把这块土地作为安置流放罪犯的殖民地。随后而至的移民来自爱尔兰、新西兰、意大利、希腊、南斯拉夫、法国、荷兰、美国、波兰、中国和日本等。最早来澳洲的华工不到100人，主要开采金矿。近十年掀起亚裔新移民高潮，主要来自大陆、台湾及香港。目前澳洲总人口有1700多万，分别来自120个国家，共有140多个民族，他们说90多种语言。可以说，澳洲社会是个多民族的国际大家庭。

在西澳柏斯，我有一个华人朋友，他有三个男孩，均已成家，三个媳妇分别是马来西亚人、日本人和奥地利人。华人夫妇开玩笑地和我说："我们家是个小联合国。"有时，由于语言不通，只能用手势来交流感情。

这是澳洲社会的一个缩影。

（原载于《团结》1996年第6期）

抓住机遇，开拓澳大利亚市场

澳大利亚幅员辽阔，面积770.4万平方公里，只有1800万人口，地广人稀，人口大都集中在东西部沿海区域。自第二次世界大战后，澳大利亚逐渐崛起，跻身发达国家之列，经济结构逐步由农牧业向工矿业居主导地位转化。

澳以农牧业为主，全国拥有1.9亿头羊，羊毛、羊油、羊皮、羊肉、羊乳为传统的出口商品。还拥有3000万头牛，牛皮、牛肉、牛乳也是传统出口商品。

海产资源相当丰富，天然大龙虾、鲍鱼等海产品个头大，价格便宜，味道鲜美，通过空运销往世界各地。此外，还有各种鱼类，海带、海菜等海产品。澳大利亚海岸线蔓延3万多公里，浅海区辽阔，海产品十分丰富。

澳工矿业大都集中在西部地区，那里蕴藏着丰富的矿产和能源资源，如铁矿石、铝矾土、煤、铀、黄金、铜、锌、金刚石、石油及天然气等，天然气储量14000亿立方米，液化气每年大量出口。铁矿石储量丰富，品位高、品种全，也是重要的出口商品，澳是世界五大矿产国和出口国之一。

澳大利亚对外贸易

对外贸易特点：

1. 发展初级产品出口的同时，鼓励深加工产品及制成品出口。出口商品中，初级产品占60%，如谷物、肉类、食油、糖等食品，煤、天然气等燃料及原油、成品油，铁矿石、铝矾土及金矿砂等。

2. 进口商品主要以制成品为主。如机械交通设备、汽车主要来自日本，约占进口量的80%，货车主要从日本、美国进口，飞机主要从美国进口。轻纺及服装主要从中国进口，约占50％。

3. 澳政府除鼓励大企业出口之外，还采取措施扶持中小企业出口，目前中小企业出口产品已占总出口产品的四分之一。

4. 过去澳经贸的重点放在欧洲与北美，欧洲统一市场及北美自由贸易区的建立，使澳失去大宗农牧产品、矿产品出口市场，而且经贸活动受到限制，不得不把战略重心转向亚洲，除了维持欧美市场外，大力开拓亚洲市场。据统计，澳出口商品60％在亚洲市场，澳的十大贸易伙伴，依贸易额大小次序排列为日本、美国、新西兰、英国、韩国、中国大陆、中国台湾、新加坡、德国与中国香港地区，其中有6个在亚洲。澳十大出口市场中，7个在亚洲，澳十五大进口市场，有8个在亚洲。

澳大利亚向我国出口的主要商品包括羊毛、铁矿石、先进的设备与技术。我国向澳出口的主要商品包括服装、轻纺、轻工、食品等，近年来，机电产品比重有所增加，我国生产的彩电、音响设备已成功进入澳市场，受到当地欢迎。总体来说，我国对澳出口商品多属中低档次，价廉物美，比较适合中低档消费群体，中、澳两国的贸易有很大互补性。

中、澳经贸关系

中、澳建交以来，两国关系稳定发展，经贸合作日益加强。近五年来，双边贸易均以年平均22％的速度递增，据海关统计，中、澳双边贸易从1992年起已连续三年创历史纪录，1995年达48亿美元，中国已成为澳大利亚六大贸易伙伴之一，专家预测到2000年，中、澳两国贸易额将达112亿美元。

随着双边贸易关系的巩固和发展，已开始多领域、多层次、多形式合作，逐渐从单一贸易形式转向贸易与投资、贸易与兴办实业结合。目前澳在华投资项目已有2000多项，协议资金20多亿美元，实际投入资金6.8亿美元，分布在化工、电子、机械、轻工、冶金、建材、纺织、农业、食品加工等领域。

在经济技术合作方面，澳政府认为本国在道路、桥梁建设、动力系统、采矿技术、港口建设、海港交通监控、造船技术、航空导航、电信、造纸及环保、农业技术等方面处于国际领先地位，具有竞争力，因此积极参与世界银行的贷款项目和其他招标项目。同时，澳政府还积极支持澳公司参与竞争，并为在华的投资项目提供政府贷款。澳政府计划在今后几年，在建筑工程、农业系统、港口机场管理、航空控制系统、环保工程、包装工艺、食品加工、交通汽车配件、房地产开发、零售业、银行业等方面与我国合作。

目前我国在澳的贸易机构和生产性企业已有150多家，其中经营较好的有中国信托投资公司与澳方公司合作经营的波特兰炼铝厂。在这基础上，中方又成功进入肉类加工领域。中国冶金进出口总公司与哈默斯利公司合资经营恰那铁矿场，经济效益也不错。中国对外贸易运输总公司经营的威尼达林业公司在澳林区购得采伐、管理、养护及产品销售权，产品销往我国及日本、韩国。

关于开拓澳大利亚市场的建议

根据澳政府加强对亚太地区经贸合作发展的战略，结合福建省具体情况，我们应抓住难得的机遇，与澳开展全面合作。

1. 中国（福建）对外贸易中心集团在悉尼设有代表处，并合资成立建澳公司，通过这几年发展已粗具规模，应充分发挥其桥梁作用，组织福建省工商界人士与澳开展全面的经贸合作。

2. 合作形式和领域是多方面的，贸易与投资相结合，贸易与兴办生产性实体相结合，贸易与开发性生产相结合。如澳地广人稀，农牧产品较丰富，可鼓励有关单位或个人到澳兴办农场，种、养结合，种植水果、蔬菜，养殖奶牛、绵羊，仿照日本那样，把"菜篮子工程"拓展到海外。新疆有一干部前往悉尼市郊兴办农场养羊，已积累良好的经验。也可在澳兴办加工生产性企业，泉州远东纺织机械厂在国内市场不景气的情况下，到澳寻找合作伙伴，以设备折价入股投资，办毛纺厂，把澳毛加工成毛条，再进口到我国或销往第三国。

3. 澳海产品资源丰富，可与当地人合作，从事海洋捕捞、水产养殖及海产品加工。

4. 澳矿产资源丰富，可考虑在矿区就近办炼铁厂，从事资源性开发，炼成生铁后，再运回福建省。其优点：一可避免铁矿砂长途运输浪费，二可防止炼铁造成环境废渣污染。

5. 澳林业资源十分丰富，可在那里收购林场、封山育林，形成采伐、加工、销售一条龙，国际市场行情上涨时，产品可进入国际市场，价格下降时，可供福建省使用。

6. 日本人在澳投资的兴趣日益增长，在旅游区大量购置土地，进行宾馆、住宅区、娱乐场所综合性开发。由于澳社会治安稳定，生活环境良好，近几年，我国台湾、香港及大陆居民陆续移民到澳大利亚，房地产行情看好，可在福建省集资，到澳搞土地的成片开发。

7. 打破区域与所有制界限，实行国有企业、集体企业、民营企业与三资企业横向联合。如国有企业有技术、有人才、有牌子，民营企业有资金，但又无法到海外投资，可以联合起来，进军澳大利亚，拓展海外市场，做到优势互补，相得益彰。

（原载于《技术开发与引进》1997年第1期）

加强两岸交流，共筑闽台高科技工业园

去年10月底至11月初，我以闽台经济文化交流促进会的名义赴台访问，先后考察台北、新竹、基隆、金门、高雄、台中、花莲、宜兰等地，行程纵横整个台湾岛，与台湾上层人士及经济、文化、社团、宗教、企业及党派人士广泛接触，共同探讨海峡两岸经贸、科技文化全方位交流事宜，取得较好成果。

考察台湾新竹高科技工业园

在台期间，重点考察台湾新竹高科技工业园。该园区占地8700多亩，拥有170多家工厂，拥有电脑、半导体芯片、通信、光电、精密仪器、生物工程等，产业结构分布比较合理，还有10多家研究所，开发中心及100多家第三产业企业为其配套服务，从业人员5.5万，年产值约1200多亿元人民币。区内虽然厂房林立，但听不到机器的轰鸣声，看不到冒烟的烟囱，而且绿草如茵，鲜花盛开。

台湾新竹高科技工业园成功原因：

1. 制定减免税优惠政策，五年免征所得税，以后四年优惠征税。

2. 吸收人才。集中海内外科技精英，制定吸引海外留学生（博士、硕士生）回台服务政策，带技术、带成果入股（技术股）。台湾当局"行政院"还有一项基金支持。回台到新竹高科技园区工作的海外精英有3000多人，另外还有台大毕业的一大批高才生加盟。

3. 实行股份制，公司每个职工都拥有股份。把企业经济效益与职工收入紧密结合起来，充分调动科技人员积极性。

4. 注重新产品研究开发。在引进国外新技术同时，加以研究开发，一直保持领先水平。

面临困境：新竹高科技工业园由于规划不够，没有预留长期发展空间，造成用地极度困难。因人才不足、劳动力昂贵，台湾方面已决定在40分钟飞机航程之外的台南开辟第二科技园区，以促进高科技产业发展。

闽台合作构筑高科技工业园的设想

学习借鉴台湾新竹高科技工业园成功经验，抓住台湾拟在台南开辟第二科技园区这个契机，在福建长乐相应建设一个高科技工业园，分流新竹的技术、人才与资金，带动大陆东南沿海地区半导体、电子、通信、光电技术和生物工程发展，同时进行全省产业结构调整，从而带动相关（中下游）产业发展。在今年九届一次全国政协大会上，我以全国政协委员身份提交《海峡两岸科技全面交流　共同构筑闽台高科技工业园》大会发言材料及提案，积极建议中央批准在福建长乐设立"闽台高科技工业园"。

福建已有141个省级开发区，真正像台湾新竹科技工业园区的一个都没有。福建对台有"地理、人缘、语言"优势。福建长乐背靠省会城市福州，辐射闽东南。拥有设施一流的长乐国际机场，台北至长乐，飞机航程只有40分钟，与台北飞台南的空中时间相等。长乐还拥有天然深水良港松下港。福厦高速公路起点站也在长乐，具有建设高科技园区的投资环境和自然条件。海峡两岸一旦实现"三通"，其便捷的交通优势、优越的自然条件和良好的投资环境将更加凸显。台湾从事航运的企业巨头已把目光投向长乐，陆续有不少团组来长乐考察。

大陆劳动力资源丰富，国企下岗职工、党政干部下岗分流，为高科技园区提供高素质和各方面的人才，还有大中专毕业生及科研机构、高等学校改革后下岗知识分子等供选择。如果"闽台高科技工业园"建成，将解决数万人就业问题，加之配套的第三产业服务人员，将解决数十万人就业。

前不久，福州市、长乐市政府已规划1万多亩海滩地用于招商。同时利用滩涂围垦造地3万亩，为"闽台高科技工业园"提供丰富的土地资源。

"闽台高科技工业园"建成后，将大幅度提高福建对台地位，有力促进海峡两岸"三通"，也必将带动另一支柱产业——旅游业的发展。

积极改善投资环境

福建对台合作交流有很多优势和有利条件，但也存在不尽如人意的地方。在台期间，在与台湾知名人士交流时，他们不同程度表现出对福建投资环境的忧虑。

福建对台有地理、人缘、语言优势，但是发展比上海、广东慢，特别是福建西部山区没有与内陆省份江西、湖南直通的高速公路与铁路，内地货运不出来。为了加快福建腹地建设，我在今年全国政协大会上，还提交《建议修建龙—赣—湘及福—温铁路》的大会发言材料和提案，建议充分发挥厦门经济特区作用，把厦门至龙岩铁路延伸到长汀、瑞金、赣州、湘潭，打通福建、江西与湖南通道，使对台进出口货物通过厦门港进出，为海峡两岸"三通"打下基础。

龙—赣—湘铁路通车还可带动闽西革命老区、瑞金苏维埃老区、井冈山革命根据地、韶山毛主席故乡经济起飞，也为台胞开辟一条红色旅游线，以旅游带动招商引资。

福州至温州铁路修建，将带动闽东地区脱贫致富。闽东是革命老区，也是少数民族畲族聚居地，铁路开通对搞好民族团结，发展少数民族地区经济将起重大促进作用。

台湾各界人士对《台湾同胞投资保护法》贯彻实施十分关注，纷纷提出应做到有法必依、违法必究。遇到两岸经济纠纷时，建议邀请台湾律师一起参加仲裁，以示公平原则。

福建与台湾一水相隔，两地语言相通，习俗相近，血缘相亲，关系源远流长。福建在大陆各省中对台占有天时、地利、人和等有利条件，更应加大改善软硬投资环境的力度，推动闽台交流合作向更高档次发展，达到优势互补、相得益彰的目的，开创闽台经济全面合作的新局面。

（原载于《发展研究》1998年第6期）

闽台农业合作交流现状及问题

开展闽台农业科技合作交流是福建省重要优势之一。福建省是台商来祖国大陆投资办厂的最早省份，是全国拥有经国家批准的台商投资区、海峡两岸农业合作实验区、海峡两岸直航试点口岸的省份。我们充分发挥与台湾地缘相近、血缘相亲、语言相通、习俗相近的独特优势，再加上独特的山海资源、地理气候及丰富的亚热带农业资源优势，积极吸收台商投资农业，使闽台农业科技交流合作取得显著成效。截至1998年，全省累计批准农业台资企业1100多家（不含加工企业），合同台资约13亿美元，共引进台湾农业优良品种1500多项，引进农产品加工设备2000多台，以及一大批栽培、养殖、加工技术，有力推动了农业产业化进程，促进传统农业向现代农业转化。

当前，福建省农业还处于传统农业向现代农业转变的关键时期。我们不足之处是人多地少，农业科技水平与机械化程度低。而台湾农业在初步实现农业产业化、现代化后，由于劳动力成本上升，耕地短缺现象比福建更为严重，因而福建已成为台湾农业外移的首选地区。

近年来，福建农业利用台资规模不断扩大，利用台资领域不断拓宽，利用台资层次不断提高。

在取得成绩的同时，也看到存在的问题，主要是投资环境问题：

1. 台商反映：税外费负担重。不合理税外收费达48项。名目繁多的税外收费，不但增加企业负担，使企业难以正常测试生产成本，而且严重影响了当地政府形象，滋长部门与个人腐败现象。

2. 办事效率低下。行政管理机构层次多，管理职责不明，办事拖沓，环节烦琐，使不少来闽投资的台商望而生畏，影响投资信心。

3. 政策兑现难。近年，福建省陆续出台一系列鼓励外商投资的优惠政策，但有的政策没有配套实施细则，可操作性差；有时地方财力有限，财政返还政策兑现难，有的在谈判、签约时盲目承诺，事后不兑现。

4. 法律保障问题。台商企业出现经济纠纷时，难以依法裁决，有"人情案""关系案"，使台商对法律的信任度降低。

5. 区域发展不平衡。台资农业企业大多集中在福建沿海地区，山区较少。

6. 台资农业企业规模较小。据统计：大多数台资农业企业投资规模在百万美元以下，小的甚至只有5万—6万美元。

7. 个别台资农业企业科技含量低，排放出来污水、废气污染周边环境。

关于闽台农业合作交流

1. 制订闽台农业科技合作交流总体计划，努力扩大合作交流领域。建议由各级政府牵头，制订闽台农业科技合作交流计划，尽量避免盲目、重复、低水平引进，逐步扩大合作交流领域和范围。从单一品种引进向多领域、多层次、全方位的农业科技开发发展。从发展种植业向水产养殖、畜牧、林业、农产品加工、保鲜等方面发展，引进资金与引进技术、消化吸收相结合。

多领域、多渠道、多形式加大闽台农业科技合作交流力度，有目的地组织大专院校、科研机构及科技型企业与台方对口交流，建立中长期合作关系。通过举办招商洽谈会、学术研讨会、恳亲会、对台小额贸易等加大合作交流力度。突破当前闽台农业科技合作交流以民间为主的模式，实现官方、半官方与民间合作相结合。

建立闽台农业科技合作交流项目库和人才库，向两岸科技人员提供合作交流信息，闽台合作创办、编辑、发行农业科技合作交流刊物。

2. 加快漳州、福州的"海峡两岸农业合作实验区"建设。1997年7月，国家外经贸部、农业部、国台办批准漳州、福州为"海峡两岸农业合作实验区"，我们应该抓住这个机遇，促进闽台农业科技合作上新水平。

（1）抓好两个实验区的规划及实施工作，建立健全管理机制。坚持高起点、高标准，把实验区建设成为引进台湾农业资金、技术、人才和管理经验的示范基地、农产品及加工品出口商品基地，起示范与辐射作用。

（2）加大资金投入，加大水、电、路、通信等基础设施建设，为更多台资企业在实验区落户创造良好环境。

（3）尽快出台并落实相关优惠政策，给实验区建设以必要的扶持和引导。

3. 努力改善投资软环境，做好招商引资工作。认真贯彻福建省政府《关于进一步改善投资环境的若干规定》，采取有效措施，制止乱收费、乱检查、乱罚款、乱评比的"四乱"现象出现。正确处理好部门利益和全局利益、眼前利益与长远利益的关系，保障台商投资者合法权益。认真贯彻《福建省实施〈台湾同胞投资保护法〉办法》，坚持"同等优先、适当放宽"原则，在政策上给台商投资农业以更多优惠。提高办事效率和行政管理水平，落实兑现好各项优惠政策。

4. 重视引进农产品加工业，推动农业产销一体化发展。台湾农产品加工业在技术和生产方面水平都比较高，如食品工业无菌包装技术、食品挤压技术、辐射处理技术、真空技术、生物技术等实际应用均已达国际先进水平。引进食品加工业将带动资金、技术、品种、生产设备、销售市场的一揽子引进。由于台湾劳动力成本上升、农产品原料价格上涨，农产品加工业正在寻找机遇，向祖国大陆扩散。

5. 大力发展闽台民间行业公会组织合作交流。台湾各级农会及各种专业性产业协会是台湾农业社会化服务体系的骨干力量，在农业产前、产中及产后服务方面发挥重大作用。

产前，农民组织在融通资金、组织生产资料供应、沟通政府与农民、企业与农民之间关系，安排农业生产等方面发挥重大作用。

产中，负责农业科技推广、组织农民扩大经营规模、指导农业生产等。

产后，负责加工营销、开拓市场等工作。如果闽台之间的农民组织全面合作，将促使大陆农村社会化服务体系建设，以适应市场需要。

6. 办好现有台资农业企业，发挥示范作用。着力办好已开业投产的台资农业企业，克服"重批轻管"倾向，全力解决好企业生产、经营中遇到的问题，让他们有利可图。农业、外经贸、海关、动植检、卫检等部门要通力合作，做好服务工作。

7. 充分利用WTO农产品协议的规定和对发展中国家的优惠条件，防范和减轻进口农产品对国内市场的冲击。通过闽台农业科技合作交流，生产名、优、特农产品占领国际市场。

8. 通过闽台农业科技合作交流，学习借鉴台湾经验，培育、建立、发展各种层次、各种形式的农业流通中介组织，建立专业市场和农产品拍卖市场。

（原载于《福建省社会主义学院学报》2000年第4期）

建设南南合作基地，推进产业发展

"联合国南南合作网示范基地"是经联合国有关机构同意由福建组织实施的南南合作大型综合性项目，基地总部设在福州。从1999年5月至今已实施一年半时间，主要工作职能是：（1）执行南南合作任务；（2）探索并实践从TCDC到ECDC的发展模式和运行机制；（3）为发展中国家社会经济的可持续发展、优势科技的产业化、脱贫致富、妇女参与发展等提供示范、可操作性模式与经验；（4）开展国际培训、研讨、交流活动，促进当地经济的发展，进而带动发展中国家相关技术领域和产业的发展，推动南南合作事业发展。

一、建设示范基地对福建的意义

1. 利用实施"联合国南南合作网示范基地"建设任务，扩大福建对外开放度

南南合作基地这块牌子目前在发展中国家还是唯一的，具有很高的无形资产潜在力，不少专家称之为"金牌子"或"天字第一号"。由于这块牌子具有国际性、中性、独特性三大特点，不受区域和行业性质限制，拥有广阔的发展空间。对扩大福建的对外开放度具有特殊重要的意义。其他省市对福建能拥有这块牌子十分羡慕。目前南南合作基地与50多个国家有联系，一些国际友人来华称这一现况是一个"小联合国"，其间的含义是极为深刻的，我们已经做的一些工作，有的起到了外交难以直接起到的作用，许多发展中国家从我们真心诚意地帮助它们发展适用技术中深深感到，伟大的中国是它们的好朋友、真朋友，具有重要的政治意义。福建省完全可以利用实施这一任务的机会，把对

外开放的触角伸向远方、伸向更大的空间，加强对外贸易和经济技术交流合作，把福建的改革开放推向一个新阶段。

2. 利用实施优先项目，促进福建经济产业结构调整

目前，南南合作基地以发展和示范生态农业、环保产业、信息产业和适用技术为主，与"数字福建""特色科学农业""创新福建""可持续发展福建"非常吻合。在优化配置和科学整合资源的基础上，这些对发展福建社会经济、促进福建经济产业结构调整、提高产业化国际化水平都有积极推动作用，对福建应对加入WTO和新经济浪潮的冲击也有积极作用。

3. 利用探索和实施南南合作发展模式和运行机制，深化体制改革

南南合作基地强调"政府推动，社会参与"，在投入机制、用人机制、管理机制、科技成果推广应用机制上都强调与国际接轨，需要一系列的制度创新和机制创新，这对福建深化体制改革，特别是科技成果转化为生产力以及开展国际经贸合作方面的体制改革，提供了一个国际级的试验场，具有非常重要的意义。

4. 通过南南合作渠道，吸引国内外优秀人才为福建发展服务

南南合作吸引人才的渠道具有专业广泛、人才级别高、主要费用由专项开支、形式多样等特点，是广泛吸纳优秀中外专家为福建经济腾飞服务的很好渠道，应积极加以利用。这对福建的发展也是带有全局性和战略性的。

二、存在的问题

第一，对南南基地建设意义的认识有待深化。

南南基地是一个新鲜事物，不少单位和个人对它了解比较少。以前我们在这方面的宣传力度不够，今后要加强这方面的工作。

第二，南南基地建设中的总部大楼和示范园区建设进展缓慢。

根据总体安排，南南基地第一阶段在福建省安排的项目有三个：一是建设南南基地总部大楼；二是开辟优先项目，发展示范园区；三是信息网络建设。但进展都比较缓慢，主要原因是启动资金严重不足。

第三，具体承担单位的基础条件薄弱，不利于南南基地建设。

一是无办公场所，现在靠租赁办法权宜应对。二是无事业费。实施南南合作项目主要体现社会效益，属公益型事业。承担单位（亚太地区食用菌培训中心）非全额拨款单位，南南合作项目审批部门因此而担心项目经费被挪去用于人头经费，这对项目承担单位实施已承担的项目和承接新项目极为不利。

这一方面，我们福建与兄弟省市存在较大差距。以上海为例，新近刚刚落户的联合国工发组织上海信息中心建设项目，是由上海市副市长在合同上签字的，上海一天之内为该中心注入6.5亿元人民币，体现出上海风格。又如浙江省，为竹子中心和小水电中心提供划拨地皮，使本来福建也具有非常好的发展基础条件的竹子产业和小水电产业的南南合作国际区域性中心落户杭州。目前，杭州的小水电中心已发展成真正的国际性机构，员工享受外交礼遇，国外专家云集，国际合同和合作任务接二连三，社会效益和经济效益都获丰收，包括一些发达国家都申请入网，成为用南南合作引发南北平等合作和对话的典型。同样是作为国际区域性机构的亚太中心，在福建从申请至今已经历10年，但其发展现状离规划要求差距甚远。现在竞争非常激烈，国内其他省份和南南合作网内其他中心对南南基地建设任务很上心，一直在同我们竞争，所以形势十分严峻。如果南南基地建设迟迟没有实质性进展，福建可能面临南南基地建设任务得而复失的危险。

三、意见和建议

南南合作基地的方向是正确的，符合我国的国情和发展方向，符合联合国"和平与发展"的原则。整个基地的发展态势较好。但由于南南合作基地涉及面广，建设还处在起步阶段，存在许多困难，有许多问题亟待研究解决。需要请福建省委、省政府帮助解决的几个问题是：

1. 由省委、省政府负责对外开放和科技工作部门牵头组织召开一次南南合作基地建设专题研讨会，邀请有关领导和专家学者共同研讨，旨在进一步统一认识，把"重视示范基地建设"落到实处。

2. 督促有关部门落实南南合作基地全额拨款事业法人机构的审批，以及该基地（由亚太中心上报）2001年向省财政厅报的专项预算2226万元人民币（226万元地方配套经费，2000万元发展启动资金）落到实处。

3. 将南南合作基地建设纳入全省重大社会经济发展规划，作为福建实施走出去战略的重要组成部分，在有关项目的立项、用地性质和审批、优惠政策等方面给予优先考虑。用于示范园区建设的500亩地最好能用划拨方式解决。土地还是福州的土地，别人到这里投资发展，福州也从中得益。

（原载于《引进与咨询》2000年第4期）

台湾职业技术教育一览

台湾职业技术教育为了适应经济全球化的需要，目前已形成一个完整的体系，从职业高中、职业中专、职业技术高等专科、职业技术学院到职业大学本科、硕士班、博士班等，应有尽有。据统计，目前全岛共有职业中学、职业高中等学校201所，高等职业技术专科学校53所，职业技术学院和职业科技大学26所，大学内可设硕士、博士班。随着经济的发展，社会上对人才的学历层次要求不断提高，今后台湾职业高中与职业高等专科将减少，不少学生选择普通高中，然后升入大专院校或去国外留学。为了适应这个需要，有的学校采取"升格"办法，逐步向职业技术学院过渡。有的学校为了参与市场竞争，采取"全并"扩大规模。

台湾职业技术教育特点：

1. 台湾职业技术教育起步早，发展比较成熟，与社会、经济发展结合比较紧密。台湾从20世纪60年代初期开始经济腾飞，为了适应社会、经济发展需要，逐步产生一套职业技术教育体系，各类职业技术学校所设系科涉及经济领域各个部门，及时为社会培养门类齐全的应用技术人才。

2. 体制灵活，公私并举，充分调动社会力量办学的积极性。据统计，台湾职业高中公立学校、私立学校各占一半；高等职业技术专科学校公立学校占20%，私立学校占80%。职业技术学院和职业科技大学公立校与私立校各占一半。由于具有教育主管部门的严格评估与考核，以及市场经济竞争、优胜劣汰选择，有的私立学校办学水平还超过公立学校，取得很好的社会信誉。

3. 台湾职业技术学校投入大，教学设施齐全。如：明道高级中学是一所职业中学，内设综合图书馆、国学讲坛、弘道馆、资讯中心、教学资源中心、教学媒体制作中心、自然科学馆、各科研究室、学术会议厅、明道艺廊、阅览室、期刊室、康乐、自然科技博物馆、技能鉴定中心等。

4. 台湾职业技术教育办学方向明确，尤其是重视学生实用技术、应用技能培养。台湾科技大学对学生明确提出，应具有外语能力、运用电脑能力及专业技术能力。三信职校培养目标有三个：一是学生掌握基本能力（指语文、数学、外语基础课）；二是掌握外语及电脑运用能力；三是掌握技术职业能力，并取得台湾地区颁发的就业职业证书。台湾地区颁发的就业职业证书有100多种，每种又分甲、乙、丙三等，甲为最高级。三信职校学生一般首先取得丙级证书。

5. 台湾职业技术教育与企业密切结合。台北科技大学是公立学校，提出五种教育与生产结合的模式：一是学校与企业签订合同，共同培养人才；二是委托企业开发产品；三是教师与企业签订个人合作项目；四是利用学校对企业员工进行培训；五是建立合作关系，学校课程设置与企业合作。明道高级中学为了培训企业员工，还专门设立夜间补习学校，设立学科与白日制相同，招收学生不受年龄限制，补习班学习毕业后依然可以报考各大专院校。为了解决贫困学生上学问题，明道高级中学还与企业合作，介绍贫困学生到企业工作，半工半读，直至毕业。

6. 台湾充分运用多媒体技术发展职业教育。台湾各类职业技术学校基本实现电脑化、网络化。明道高级中学设有教学媒体制作中心、资讯中心、教学资源中心、图书馆、学术会议厅、自然科学博物馆等。除了对学生进行电脑教学之外，图书馆建立图书、期刊资源自动化作业系统，为师生提供便捷的检索服务，同时与互联网联网，普遍运用电脑辅助教学。有的课程不用教师，通过教学媒体制作中心制作的资料做教学，图文并茂，声像结合，知识性、趣味性结合，提高了教学效果。

7. 台湾职业技术学校重视师资队伍建设。对教师任职资格有严格要求，明确提出学校教师应由研究生担任，有的校长和教师还是博士生。明道高级中学校长汪大庆先生就是留美博士。为了提高师资水平，台北科技大学规定凡在校连续工作三年的教师都必须外出进修，以取得更高学位。台湾掀起研究生、博士生热，台湾中正大学、嘉义大学均提出，使研究生与本科生的在校比例为1∶1，以满足社会发展的需要，不少人热衷于到美国攻读博士学位。

（原载于《华东科技》2001年第4期）

发挥国际民间组织作用，促进福建经济发展

民间组织又称非政府组织（NGO）或私人志愿机构（PVO），指由某些人群组织或发起，具有明确宗旨和目标，并经过正式登记注册的社会团体，它具有非政府性、非营利性、非政治性、非事业性、非宗教性及合法性等特征。

目前世界上有数十万个民间组织，如各种研究会、协会、学会、联谊会、促进会、商会、发展援助机构及私人基金会等。主要工作涉及范围有社会调查、科学研究和交流、民主监督、经济发展、信息服务、环保和政策研究等方面。民间组织中从业人员达数百万人，年度资金流动达80多亿美元。

我国民间组织指的是社会团体和民办非企业单位，这是两种特殊类型的合法组织。社会团体是由中国公民自愿组成，为实现会员的共同意愿，按照其章程开展活动的非营利性民间社会组织，如协会、学会、联合会、研究会、联谊会、促进会、商会、基金会等，起沟通政府与社会桥梁纽带作用。据统计，我国各类社团组织有16.5万家。比较著名的有支持失学儿童上学的"希望工程"和"春蕾计划"，促进环境保护教育的"自然之友""绿色地球志愿者协会"，从事扶贫和经济发展的"民促会""扶贫基金会"，联系民营企业发展的"个体劳动者协会"以及联系老年人的"老年人协会"等。

民办非企业单位是由企业事业单位、社会团体和其他社会力量及公民个人利用非国有资产举办的，从事非营利性社会服务活动的民间社会组织，包括民办学校、医院、福利院、敬老院、社区服务中心、培训中心、研究院所、文化场所、体育设施等，面向社会，满足社会需求，并开展社会服务。我国各种民办非企业单位估计有70万家左右。

国际民间组织合作事业是从国际经济技术合作或称为双边经济技术合作产生的，其中包括发达国家民间组织之间合作，发达国家与发展中国家民间组织之间合作，以及发展中国家民间组织之间合作。从合作对象而言，有三种合作形式：民间组织机构之间合作；民间组织执行国际多双边机构和双边政府合作项目以及民间组织与受援国政府组织之间合作。

从1978年开始，我国在国际多边经济技术合作方面采取"有给有取"方针。国际民间组织与我国民间组织开展广泛合作，涉及社会科学、自然科学、社会发展、经济改革、科教文卫等领域。

1. 扶贫开发项目：在中国国际民间组织合作促进会（简称民促会）推动下，与德国明爱组织合作20多个项目，1600万元人民币，合作领域涉及种养殖业、民间工艺产品开发、教师培训、妇幼保健等。

2. 环保项目合作：美国新一代基金会与西藏日喀则珠峰自然保护区合作。联合国开发计划署、芬兰政府出资支持珠峰地区可持续发展。

3. 妇女参与发展项目：中国民促会接受14个国际民间组织与国际组织资助，获得22633万元人民币，资助10个省的14个贫困县、市，实施28个妇女参与就业的发展项目。

4. 农村教育与特殊教育：接受德国易择益组织援助，资助陕西及河南失学儿童上学，以及妇女扫盲活动。

5. 宏观经济发展规律研究：我国改革开放论坛与20多个国家合作，如与美国兰德公司、和平研究所、日本国际交流中心、德国的吉尔世界所等合作，向中央政府提交10多份调研报告。

6. 广泛开展国际合作交流。中国仅民促会一家，就同120多家民间组织广泛接触，累计接受国外民间组织援助资金2.4亿元人民币，受援项目达251个，分布在20个省74个贫困县，涉及文教卫生。农牧渔业、农副产品加工、残疾人事业取得较好的社会效益和经济效益。

落户在福建省的两个机构——"联合国南南合作网示范基地"与"亚太

地区食用菌培训中心"是我国国际民间组织合作促进会团体会员单位，凡是需要与国际民间组织合作交流的机构或单位均可通过它们与中国民促会总部联系，以取得有关援助项目及资金，实现信息共享、人才共享、资源共享，充分发挥国际民间组织作用，促进福建省经济发展。

（原载于《引进与咨询》2001年第5期）

跨世纪闽台科技合作的总体思路

——在 2001 年闽台科技交流协会会员代表大会会议上的发言

21世纪将是高科技的世纪，高技术迅猛发展并广泛渗透于各个领域，极大地改变了人类的观念、思维以及工作和生活方式，把人类推向知识经济的新时代；随着海峡两岸加入WTO以及21世纪经济和科技活动的区域化、一体化以及全球贸易自由化，将极大地推动世界经济的重新整合，促进地区间经济技术的交流与合作。与此同时，随着全球经济水准的提高和消费质量的增长，国际市场竞争和联系也会进一步加强。这些对两岸，尤其是对相处于同一经济区域的闽台双方，都是有益的机遇，也是严峻的挑战，从而促使我们不得不站在国家、民族的立场上，认真审视我们之间的合作关系，从战略上调整这种关系。

一、指导思想

闽台科技合作的指导思想是高举邓小平理论的伟大旗帜，坚定不移地贯彻"和平统一、一国两制"的基本方针，坚定不移地坚持"一个中国"的基本原则，认真执行中央赋予福建省的"同等优先，适当放宽"的对台政策，把国家和民族的根本利益放在首位，扩大交流，增进合作，排除干扰，寻求突破，从建设台湾海峡经济区，实现两岸科技、经济现代化的长远目标出发，扩大闽台科技、经济和人员交往，推动祖国和平统一。

1. 优势互补、共同发展原则。在认真研究和分析闽台乃至两岸科技经济资源的优势和特点的基础上，进一步明确闽台科技合作的方向和重点，减少盲目性，真正发挥各自的优势，实现优势互补，互惠互利，建立信息、资源、成果、市场共享机制，促进合作的长期、稳定发展。

2. 科技先导、科技经济密切结合原则。把科技合作与整个经贸合作结合起来，紧紧围绕福建省新一轮创业的发展目标，瞄准经济社会建设中的热点、难点问题，通过科技合作，促进经济增长方式的转变，提高国民经济整体水平。

3. 以台为主，台、侨、外并举原则。充分发挥福建省对外开放和"侨乡"优势，在发展闽台科技交流的同时，推动台、侨、外结合，形成台侨外兼容并蓄的合作格局。

4. 坚持高起点、实现高效益原则。面向21世纪，紧跟科技进步的发展趋势，逐步提高科技合作的水平和层次，提高技术密集型产业合作比重，防止低水平重复引进和重复建设，逐步实现双方在生产要素的质量、数量和种类方面的全面互补，以科技升级带动产业升级和经济转型。

5. 合理布局、优化配置原则。坚持科技合作、区域开发、市场开发相结合，根据各自科技的特点和区位差异，合理布局生产力，引导科技合作向纵深发展，加强山区的资源合作开发，拓宽闽台科技合作的空间。

6. 突出重点、配套引进原则。以高新技术发展及其产业化、支柱产业科技进步为重点，开展全方位合作，实现资金、技术、人才的配套引进和科技产业的系列开发，提高闽台产业结构的平衡度与关联度。

7. 单向与双向结合原则。在有计划有目的地引进台湾技术、资金、人才、管理的基础上，注重扬我之长，开展技术人才输出，把福建科研成果、专利产品介绍到台湾或通过闽台共同研究、共同开发，逐步形成双向互动的合作态势。

8. 引进与自主开发结合原则。既要注意技术引进、合作开发，更要加强引进技术的消化、吸收和创新，促进外来技术本地化，建立自主技术创新体系，发展自主科技，保护知识产权。

二、目标定位

1. 高技术合作：围绕闽东南国际科技合作带建设，以厦门国际科技城和火炬高技术园区以及福州高科技园区为重点，加强闽台高科技合作；引进一批技术密集型的台湾高技术企业；鼓励闽台企业、学校、科研单位到园区合作开发新产品、新技术；引导和加强厦门火炬高技术园区和福州高科技园区与台湾新竹科技园区建立合作伙伴关系，逐步实现信息共享、资源共享、成果共享、市场共享。

2. 产业科技合作：以厦门集美、杏林台商投资区，福清融侨技术开发区，漳、泉、莆高新技术开发区为依托，引导台湾高新技术企业进区，形成闽台产业科技合作开发基地，促进闽台产业科技合作从垂直分工向水平分工发展。

3. 农业合作园区建设：在漳州、福州两个"海峡两岸农业合作实验区"的基础上，加快福州荆溪闽台农业高新技术园区建设，筹建漳州闽台农业高新技术园区。把两个"园区"建设成为"两岸农业合作实验区"的科技合作基地。

4. 闽台海洋科技养殖园区建设：福建有辽阔的海域，把水产业作为支柱产业。"发展蓝色产业，建设海洋大省"是省委、省政府制定的发展目标。台湾由于环境和水资源等问题，使得养殖业面临困境，只得向岛外寻求发展空间。闽台一水之隔，气候相似，渔业互补性很强，水产业优势互补，渔业养殖技术的交流合作，将共同推动闽台水产业的发展。

5. 建立科技合作项目库：围绕21世纪建立台湾海峡经济区区域产业科技合作体系总目标，建立闽台科技合作项目库，通过闽台科技水平比较分析，遴选科技前沿合作项目5—10项、关键技术合作项目30—50项、储备合作项目100—200项，编制全省性重大项目引进优先顺序表。

6. 学术交流与人才培训：组建闽台学术交流中心和人才培训中心，设立闽台科技合作基金会，有计划地组织闽台学术交流和人才培训。着重在电子信息技术、生物技术、地质、海洋、地震、气象、中医药等领域，组织学术研讨和合作研究，建立人才相互交流与培训制度，培养高层次人才。

7. 闽台科技产业标准化和科技名词对照统一：标准化是组织现代化生产的重要手段，是科学管理的重要组成部分。由于历史的原因，两岸在标准化及名词上存在差异，给科技交流造成不必要的障碍。为适应不断发展的两岸科技交流与合作，有必要建立科技产业标准化统一对照表和科技术语对照表，促进两岸科技交流合作。

8. 建设闽台自然灾害防御研究中心：闽台同区共海，天气系统互为上下游，大地构造的演化显示出有序性和协同性，在气象、地震、海洋、环境等自然灾害发生时，闽台有着最直接的影响。建立闽台自然灾害防御研究中心，双方进行学术交流及科学研究，形成联合防御自然灾害网络，提高预报自然灾害的准确性，减轻自然灾害造成的损失，增强抵御自然灾害的能力，保障经济建设稳定发展。

三、技术导向

技术导向是指在一定时期和一定规划目标下，闽台科技交流合作，包括技术引进、开发、合作研究和人才培训的技术方向和重点领域，它是制订合作方案、选择引进项目、培养相关人才的依据。作为特殊的两个省份之间的科技合作，既要立足于双方经济发展和科技进步的实际需要，也要着眼于全国总体科技水平的普遍提高，按照既定的目标，加大对台技术引进和合作的调控力度，更多地引进有利于本地技术升级的项目。因此，技术导向的制定必须建立在对双方科技、经济发展水平的比较研究基础上，以避免盲目性和随意性，提高合作效率。

重点合作领域：

1. 高技术：包括生物工程、电子信息、海洋技术、新材料、新能源等领域的合作研究及其相关产业技术的引进和合作开发。

2. 工业科技：重点是石油化工、机械电子、建筑、建材以及轻纺、食品等先进产业技术的自动化系统和管理经验。

3. 农业科技：主要是林产业、水产业先进技术、农牧渔林优良品种和集约种养技术、生物农药、生物肥料、饲料及其添加剂、农产品加工技术。

4. 交通能源科技：现代运输技术、交通电信、港口工程和核能、节能技术、新能源及再生能源技术等。

5. 环境科技：废弃物处理技术、废气处理系统、环境监测技术等。

6. 医学工程科学：医学电子系统、医用材料、生物力学、医疗保健、新药制造技术等。

7. 基础应用研究：地质、气象、地震、生命科学、分子生物学、海洋生物学、生物化学等。

四、闽台科技合作的对策研究

（一）改革闽台科技交流的管理体制

为了进一步推动闽台科技交流与合作，改革现有管理体制势在必行。一是建立全省统一协调的对台交流与合作管理机构，出台相关管理办法，以打破部门和地方分割，克服因"地方利益"而产生的重复引进现象。省科委拟定的《福建省科技台事工作暂行管理办法》，请省政府审批，以利于科技交流的统筹规划，提高对台交流的层次和效率。二是建议国家科委强化对台科技交流的研究和政策的制定，加强两岸科技研究，适时调整交流对策。三是加强全省对台科技交流民间社团组织工作。民间组织是在台湾当局坚持"三不"政策条件下，进一步拓宽闽台科技交流的主要形式。福建省闽台科技交流协会，对增进两岸科技人员的友谊和共识，促进两岸科技进步与经济繁荣做出了一些成绩，今后应在人力、财力方面进一步加强，以取得更大成效。

（二）加强技术引进管理，提高引进效益

技术引进是当前及今后一段时期内闽台科技交流与合作的重要内容。加强技术引进，对改善福建产业结构、提高科技含量、增强竞争力具有重要的现实意义。

1. 确立和完善以企业为主体的技术引进运行机制。企业在国家政策允许的条件下，拥有技术引进的决策权、投资权、收益权，并承担技术引进的全部风险，应激励企业增强引进技术的消化、吸收、创新的能力，提高技术引进的效益，并为企业创新行为提供内在、持久的扶持。政府在技术引进中要做好服务工作，加强宏观调控，以信息、咨询、政策诱导、法律保障等手段为企业的

技术引进提供保障。

2. 加强产业导向，坚持适用技术与高新技术并举的方针，对高新技术产业的技术引进采取一定的倾斜。要加大软件的引进，增加对软件引进的税收优惠，同时减少对进口硬件的优惠或者不提供优惠。

3. 树立并强化"以市场换技术"（主要是高技术）的意识。对于能够提供高新技术的企业来福建省投资，可给予较大的内销比例。但必须坚持在让市场的同时能够真正获得先进的技术，同时对关系国民经济命脉的产业和一些新兴幼稚产业，应适当限制其投资；要鼓励台商在福建省进行研究与开发活动，推动福建省技术密集型产品的多样化生产，以防止其对市场的垄断。

4. 把技术引进消化创新与国有企业技术改造密切结合，尤其在当前国有企业转轨的艰难时期，对台技术引进要以国有企业为基础，通过引进先进技术和设备，组织消化、吸收和创新，改变企业设备、技术、管理的落后状况，提高企业技术开发与技术改造的能力。

5. 加强知识产权保护，为技术引进创造良好的环境。目前我国已颁布实施了《商标法》《专利法》《著作权法》《反不正当竞争法》《计算机软件保护条例》等一系列保护知识产权的法律法规，福建省也相应出台了有关法规，为引进技术创造了较好的软环境，今后还应加强执法，消除有法不依、执法不严的现象。同时，在引进技术时还要做到，一方面，全面了解引进技术和产品的知识产权，避免侵权行为的发生；另一方面，则要加强对台商投资企业的管理，切实履行对知识产权进出境的保护职能。

（三）加强科技合作，促进双向交流

由于闽台在经济发展阶段与科技布局上的差异，两地在技术开发体系上各有长短，即福建的科技资源主要分布在基础研究上，其优势在于能够支持应用研究和开发研究，局限性则在于科技成果转化为生产力的能力较弱；而台湾科技资源的配置则主要在应用研究和开发研究上，围绕市场的需求，组织技术开发与产品试制，解决企业经济发展中的急难问题，以保证企业的最大经济效益，从而形成了开发型的技术体系。这一技术特征有利于科研成果的商品化，但也存在着科技后劲不足的弊端。因此，客观上闽台之间存在较强的互补性，

这也是进一步扩大闽台科技交流与合作的重要前提。但是目前闽台交流仍呈单向局面，为改变这一状况，应促进闽台科技的双向交流，推动两地科技资源的有效转移。

1. 加强科技人员交往，建立顺畅的合作研究渠道。闽台科技人员交往是推动两地科技交流合作的主要方式，尤其近两年来台湾当局对大陆科技人员赴台在数量和形式等方面呈放宽趋势，我们应抓紧机遇，加强科技人员交往，尤其是要加强中青年科技人员的交流互访，发挥中青年科技人员在高科技领域交流的积极性、主动性和创造性。

2. 推进闽台科技人才、产业人才交流与互补。近年来台湾在人才方面存在着结构性矛盾，即一方面是高学历低就业，另一方面在高科技产业，人才短缺日趋严重。福建科技人才济济，但在企业管理、行销策略等方面的人才欠缺也十分明显。同时闽台都将高新技术产业化建设作为未来经济发展的重点，因此，闽台科技交流除了以学术会议、科技展览、参观互访等形式进行外，还可以采用科技人才代培、选派科技人才参与当地研究创新等多种形式进行，以推动闽台科技产业的共同发展。

3. 以多种形式开展具有国际竞争力和共同需要的项目的合作研究。闽台由于自然条件的相似性、资源和经济上的互补性，在科技的基础研究与应有开发上有很大的共性，完全可以通过资源要素的流动和转移，对当前共同面临的科技问题和具有国际竞争潜力的项目进行联手攻关，如在气象、海洋、地质、地震等关系双方利益的领域。

（四）加强高技术及其产业合作，促进高技术产业带的发展

台湾资讯业有一定的发展基础，是仅次于美、日、英、新加坡的全球第五大信息产品生产地区，已成为世界排名前12位的通信生产基地。福建应充分发挥闽台独特的地理人文优势和对外开放的政策优势，一方面，通过对台贸易和利用台湾资金和技术，加快福建的技术结构调整；另一方面，借鉴台湾发展高科技产业的经验，在科技工业园区和出口加工区内招揽在国外的留学生和华裔科学家，采取免税优惠、财政贴息、银行贷款和技术参股等办法，为他们创造良好的环境，研究开发高新技术产品。通过信息业的传递作用，将台湾的信息产业优势移植到福建，促进闽台高新技术产业共同发展与升级。台湾生物技术也有明显优势。生物技术与电子信息同为"八大策略性科技产业"。

（五）建立协调统一的闽台合作基地

目前，福建对台引进大致有五种类型：一是台商投资区，如集美、杏林台商投资区。以工业技术引进开发为主。二是对台贸易口岸。全省有13个对台小额贸易口岸。三是对台贸易仓库和台货市场。四是农业合作试验区、农业引进开发区。现有福州、漳州两个农业合作试验区。全省还开放了39个国营农场、岛屿供台商以租赁、承包等多种方式进行农业成片开发。五是对台农业引种隔离区和闽台农业科技园区。以引种试验研究为主，如厦门闽台农业高新技术园区、漳州热作所园区、福州荆溪农业科技园区等。上述各种合作基地虽然有一定的区域特色，但由于多头领导，缺乏统一协调的计划，难免带来诸多问题，影响了引进工作的时效性和计划性。因此有必要建立全省协调统一的闽台经济技术合作区的管理机制，统筹全省对台引进工作的人、财、物，使多层次的闽台经济技术合作真正做到有的放矢、突出重点、发挥优势、提高水平。

（六）加强农业科技领域合作，提高福建农业现代化水平

未来农业的增长主要依靠科技进步，农产品总量的增长亦将主要依靠单位面积产量的提高，因而，加强闽台农业科技领域的合作具有深远的意义。

一是要加强农业优良品种的引进，努力提高农地单位面积产出量。目前，福建从台湾的品种引进仍以民间为主，有渔民海上交易、台商带入、亲朋好友带入等。这种多渠道、多形式引种扩大了福建对台良种引进的机会，但同时亦造成了多头引进、重复引进、盲目引进之弊端，人、财、物得不到有效利用，疫病防治上也易产生疏漏。因此，引种必须加强统筹规划，建立项目库，有效管理。尤其在预防疫病传入方面，要加强防范措施，在沿海地区增设动植物检疫站，增加检疫人员，加强民间引种和监控等。

二是开展农业机械研发合作，以提高福建农业机械化水平。福建与台湾在农地规模、地形、耕作技术等方面具有很大的相似性，但福建农业机械化水平远落后于台湾。台湾农业已基本实现机械化，对适宜山地爬坡、操作等小型农机具具有较强的研发能力。福建由于农地零星分散、丘陵山地分布较广，小

型农机具将是农业机械化的主要发展方向。但是目前在研究人员、经费等方面都面临较大困扰，可通过与台湾同行的合作，发展小型适用农机，加速福建农业机械化进程。

三是引进台湾农业先进管理经验，主要包括农业研究和技术推广管理体系，技、贸、工、农相结合的农业产业化管理体系，以信息网络为载体的农业市场、营销管理体系，以及农村社会化服务体系。

2001年

利用联合国工发组织，开展招商引资活动

联合国工业发展组织（以下简称联合国工发组织，英文UNIDO）是1966年经联合国大会批准成立的，1986年成为第16个联合国专门机构。根据《联合国宪章》，联合国工发组织是为联合国成员在经济、环境、技术等领域的可持续发展，提供国际投资与技术促进等综合性、专业性支持与服务的机构，促进发展中国家及经济转型国家的投资、技术转让和其他形式的合作。

经过35年的发展，联合国工发组织已成为全球项目投资和技术转让的重要推动者，以及国际投资融资体系的重要组成部分。服务范围已从工业领域扩展到环保、农业、农产品加工、开采业、基础设施、旅游休闲、新兴服务产业等各个投资部门及风险投资领域，取得了公认的业绩。与发达国家中3万个企业、投资机构、银行、基金组织建立了密切合作关系，每年平均举行10多个大型国际投资技术洽谈会，在160个发展中国家和地区开展技术合作和援助活动，已实施上万个技术援助项目，每年促成的投资项目高达千万。联合国工发组织已成为国际上享有盛誉的招商引资渠道。

联合国工发组织总部设在奥地利维也纳国际中心，在卡洛斯·阿尔弗雷德·马格里诺斯总干事领导下工作，设三位副总干事，总部有600多名员工，还有500多名员工在各国分支机构工作。

一、联合国工发组织中国投资促进办事处简介

联合国工发组织中国促进办事处以促进中国与其他发达国家、发展中国家项目投资、技术转让和其他形式的合作为目标，借助联合国工发组织全球投

资与技术促进系统，组织并整合各种经济资源及资本，为中外机构与企业提供全方位、多层次的投资与技术促进服务。

联合国工发组织中国投资促进办事处设有网络服务中心，它提供的服务项目有：

1. 中国投资电子商务。中心设有联合国工发组织中国投资促进网，运用技术手段，向我国各级政府及企业，并向国际投资人提供权威、快捷、便利和低成本的服务。中国投资电子商务服务包括全球投资信息查询、中国投资信息全球发布、重点投资项目全球推介、投资合作网上接触与前期谈判等，以促进中国与世界各国之间的投融资、跨国项目、全球贸易、高新技术与工业专有技术转让等方面有效合作。

2. 投资咨询与评估。为使中国企业了解国际投资的规范做法和复杂程序，中心凭借联合国工发组织全球专家咨询系统，为各类投资合作和投资项目提供咨询服务，如商业计划编制、投资环境分析、项目评估、跨国经营以及电子商务、投融资顾问等。为使中国企业的投资项目更符合国际规范，中心运用联合国工发组织制定的各种投资项目评估技术规范、专用软件，对各种投资项目、投资机会和投资环境进行分析评价。

3. 投资支持及代理。中心依托联合国工发组织全球系统以及多边国际组织的关系，为投融资活动提供专业化的支持与顾问服务，包括：地区性投资项目的招商引资，单个企业投资项目的招商引资，投资活动各具体环节的操作代理，以及投资项目的全过程服务等。

4. 投资促进。中心组织各种投资促进活动，如信息发布、国际商务、国内外投资项目洽谈会、国内外技术或产品展览等。

5. 专业技术培训。中心依托联合国工发组织编写的关于国际投资理论、原则、规范及惯例的书籍，设计专业培训课程，为政府各部门、企业以及社会举办各种专业培训。

二、充分利用网络中心开展招商引资活动

随着经济全球化、我国加入WTO，外国投资十分关注对中国的投资，应充分利用联合国工发组织中国投资促进网络服务中心的作用，为我国政府与企业提供全方位的投资与技术促进服务。

以往我国企业对外招商引资主要通过政府、海外华侨等渠道，通过参加洽谈会、举办展览会、邮寄项目资料等方式进行招商引资活动，其缺点是随意性大，费用高，企业掌握不了主动权。有的招商项目介绍过于简单，英文翻译也不规范，从而无法满足外国投资商的需要。

按国际惯例，我国企业参加招商前，必须准备一份商业计划书，该计划书应全面、真实，而且对未来市场、企业发展潜力、如何利用投资资金、何时偿还投资等要有一个明确的说明。同时译成英文，提交网络中心，制成适合上互联网主页并进行发布的形式，让全球投资商均能在自己的办公桌上看到该企业的投资需要。

2001年

加强海峡两岸农业合作实验区建设，
推动两岸合作跃上新台阶

　　1997年，外经贸部、国务院台办、农业部联合批准漳州为海峡两岸农业合作实验区后，漳州市政府根据漳、台两地农业合作基础、合作条件、合作前景和合作领域，编制了《海峡两岸（漳州）农业合作实验区总体规划》，该规划提出建设"两个中心、八个合作区和二十八个重点带动项目"为重点的"2828"工程。目前，"2828"工程已全面启动。

　　长桥农业园艺科技合作园区，是"2828"工程八个合作区之一。漳浦农业高科技园是该园区建设的重要组成部分。该园的规划建设以发展农业高新技术为指导，以利用高新技术改造为核心，通过引进、消化、创新、推广，促进农业园艺新技术成果的商品化和专业化，推动两岸合作进入高起点、跃上新台阶。

一、园区发展状况

　　园区的范围为国道324线漳浦县境内，长50公里，两侧各纵深1公里。规划建成一个集花果生产、良种引进、科研推广、市场贸易、精深加工以及休闲观光农业于一体的海峡两岸现代农业科技合作区。目前，园区高科技园已有1200多家企业，其中三资企业28家（台资20家），累计利用外资4500万美元；内联企业250家，利用资金2亿元人民币，年产值12亿元。已建设闽台农业合作与交流基地2万亩，辐射推广3.5万亩，设施农业3500亩，花果批发市场300亩，花果保鲜加工车间3万平方米。建设漳州林业组培中心100亩和漳州闽农花卉科技开发中心58亩，创办海峡两岸（漳州）农业合作实验区长桥农业科技中心1500

平方米和马口科技培训中心1200平方米。高科技园从业人员7200多名，其中科技人员210名（中级以上职称58人，大中专以上学历175人），组织培训从业人员10期，参训人员达380名。

二、园区发展内容、形式

1. 优良品种引进。（1）引进台湾新优特花卉品种。主要有金钱树、红千层、火鹤花、天堂鸟、蝴蝶兰、文心兰、百合花、玫瑰花、郁金香及棕榈科植物、仙人掌等1500多个品种，大部分引种成功，棕榈科植物、仙人掌、洋兰等已大面积推广种植。（2）引进台湾水果品种。主要有珍珠芭乐、红金煌杧果、洋香瓜、软枝杨桃、无纤维菠萝、黑珍珠莲雾、美国茂谷柑、火龙果等150个。

2. 引进技术设备。从台湾引进节水灌溉、微灌、滴灌、降温设备、无土栽培、花卉包装等技术，提高培养技术和档次。合作方式为，以土地、基础设施、台商引良种技术进行合作经营、培植、训化、试验和示范推广。

3. 新产品开发合作。在引进各优特品种上，加强花果品种的合作开发，如与台商开发榕树盆景、仙人球组合、微型榕树盆景栽培、蝴蝶兰培育和传统水果改良；在植物形态包装上做文章；开发小巧玲珑的盆景，以提高观赏价值。产品销往韩国、东南亚和欧洲市场，提高市场竞争力，迅速占领国际和国内市场。

4. 市场开发合作。与台湾合作，在提高花卉质量档次的基础上，优势互补。利用台商在境外营销网络，把花卉产品销往韩国、东南亚、欧洲市场；台商利用祖国大陆的销售网络，把进口产品销往广州、上海以及一些北方城市，提高市场占有量，带动高科技园开发生产。

5. 紧密型、松散型、贸易型等多方位的合作。与台湾镇宇生物科技合作培育蝴蝶兰；与台资清苑茶庄合作种植国兰；与韩国一花卉公司合作种植仙人掌和多肉植物；与澳洲合作开发引进种植澳洲种苗。

三、存在的问题

1. 经营规模、范围、档次有待进一步扩大提高。
2. 高科技配套设施有待完善。
3. 高新技术品种等推广力度还不够。
4. 建设与发展需要有一个相应的管理协调机构。

四、意见和建议

1. 加快园区的发展进程和规模化建设。在沿国道324线马口至盘陀段的50公里长两侧纵深1公里范围内，以花卉大世界为龙头，逐步向盘陀方向发展。形成"一线五区"的规模，即二百里花卉走廊、花博园区、花果批发贸易区、精深加工区、良种引种繁育区、农业休闲观光区。重点发展闽南花卉批发市场，开发第二期市场建设，争取国家农业综合开发项目资金，开发面积2000亩，吸引外资大户，特别是国际有名的花商到此落户，建设成为一个集花卉生产批发、观光旅游、休闲度假于一体的现代农业示范区。

2. 以提高科研成果科技含量为重点，提升对台农业合作上档次、上水平。如何提升花果产业的档次、管理水平关系到整个园区的发展前景。园区将着重于加大产业结构调整的力度，提升对台农业合作的档次和水平。以漳州林业组培中心、闽南花卉公司、三德公司、德全高优农业、加东花卉等为载体，加强与中国台湾、香港地区及新加坡等国内外先进企业合作与交流，引进新优特花果品种200个及先进管理技术、设备。加强与有关大学、科研所的合作，培养管理人才、技术力量和开发出自主知识产权特色产品。

3. 加大基础设施的投资力度，大力开发旅游资源，发展旅游观光业。园区要以花果市场为依托，以海峡两岸花博会为契机，吸收引进国内外资金投资开发旅游业，逐渐把马口花博园区、山边闽台高优农业区、南峰生态农业观赏区连成一体，集花果集散地、生态观光园、旅游度假区的精华，并力争成为省、国家级旅游定点单位。

4. 创办园区示范基地，推动园区开发建设进程。园区管委会将以漳浦农业园艺科技发展有限公司为业主单位，充分利用自己的有利条件，开发园区土地、旅游、人力等资源，承接国家、省、市、县开发项目及吸引吸收国内外资金进行投资。并争取省、市、县有关部门的资金支持，创办示范基地（中心）1500亩，同时开发信息市场和组建中介服务机构，联合林业组培中心、闽南花卉有限公司、德全、三德、加东等大中型中外企业，培育开发具有市场前景的种苗，以及技术、管理等多方面服务，从而带动整个花卉走廊繁荣发展。

5. 向国家有关部门申请举办国家级及国际级花博会，形成我国东南沿海大型花卉市场与昆明花博会（中西部地区）互相响应，互为补充。

6. 学习借鉴荷兰及中国台湾地区经验，在花博会基础上，组建全国性花卉拍卖市场，形成全国性亚热带、热带花卉中心市场，进一步形成科、工、农、贸一体化的跨国集团公司。

2002年

改善投资环境，吸引台商投资

美国经济衰退，尤其是高科技产业进入衰退期，纳斯达克指数巨幅崩跌，冲击台湾经济，使台湾资讯电子产品出口陡降，台湾股市低迷不振。据国际投资机构预测，世界资讯业衰退将持续到明年才会好转。

台湾岛内政局动荡不安，民众信心危机，影响金融市场稳定与民间投资消费意愿。股市剧挫，新台币贬值，民间投资大幅萎缩，企业外移，资金外流大势所趋，失业率上升，消费能力不振，加速台湾经济衰退，反过来又影响政局安定，形成恶性循环。

有关人士普遍认为，台湾投资环境存在下列几个问题：（1）科技人才缺乏；（2）土地资源紧缺；（3）劳动力成本高；（4）投资环境不好。台湾政局不稳，经济形势恶化，有随时爆发金融危机的风险。而大陆政局稳定，好戏连台。2001年7月，北京申办2008年奥运成功，大长中国人的信心。10月，APEC会议在上海成功举办；12月10日，我国正式加入WTO。

随着改革开放深入发展，投资环境更加完善，无论是在土地、劳动力、原料供应、办事效率还是市场广阔方面，大陆远比台湾具有吸引力。广大台商把大陆作为岛外投资首选目标。据统计，从大陆改革开放至今，已有台资五万余家，上百亿美元资金投向大陆。去年1—10月，台湾对大陆投资已达20.1亿美元，比前年同期增长98%，形成第四波大陆投资热。

台北电脑公会前不久对台湾411家高新科技企业调查表明，其中30%的企业已赴大陆投资，剩下的企业90%今年准备赴大陆投资。32.4%的企业想利用大陆研发机构为它们服务，有的整个产业链外移，几乎涵盖上、中、下游整个供应链，一起迁往大陆。

我国各地高科技园区投资软硬条件的差异，形成激烈竞争。如土地价格、人才资源密集度（大学、科研院所及高科技企业数量）、政府办事效率、政策法规配套、中介机构发育状况、金融信贷体制开放度等。福建省正面临南北夹击的局面，台商投资正转向长江、珠江三角洲。

建议与意见

吸引台商第四波大陆投资热，不能再单靠改革开放初期的联谊亲情、乡情办法，而是靠进一步改善投资环境，吸引台资。

1. 建立良好的法治环境，贯彻执行依法治国方针。《台湾同胞投资保护法》修改出台后，应制定相应配套措施，使之细化、可操作性强。

2. 建立知识产权保护制度。国家出台了《专利保护法》，福建省还没有配套政策，应学习上海经验，使专利、商标、版权三权合一，统一由知识产权局管理。

3. 建立全社会信用体系。社会信用体系含个人信用体系、单位信用体系与政府信用体系（政策保证兑现），严厉打击假冒、伪劣及欺诈行为。

4. 出台吸引人才政策。吸引留学生回国服务、吸引省外高级人才为福建省经济建设服务，吸引名牌大学在福建省办分校。

5. 进一步开放金融。疏通融资渠道，鼓励民间资金投向高新技术产业，福建民间资金有较大优势。

6. 大力培植中介服务机构（如会计师、审计师、律师事务所及咨询服务机构、知识产权评估机构等），大力发展行业公会组织，规范企业行为，如防止互相压价、低价倾销、反侵权等。

7. 大力发展配套齐全的教育、文化、体育产业，如专为台商子女服务的幼儿园、小学、中学及发展职业教育，解决投资者的后顾之忧。

8. 与国际惯例接轨，实行企业登记制，废除注册制，降低登记资金，个人拥有"知识产权"及"科技成果"，经评估后，可以技术入股。

9. 引进单个企业与引进一个产业群体相结合，由核心企业带动相关企业或上、中、下游产业链一起引进。比如福建台资企业东南汽车公司由50多家企业群体组成。类似的企业群体可以多引进一些。

10. 为台商创造更多广阔的投资空间,鼓励本地企业与台商一起开发中西部地区,鼓励本地企业与台商在台湾本岛或金门、马祖发展。

11. 学习借鉴上海在浦东建立80万人的台湾城的经验和广州从沿江城市变更为滨海城市的经验,建议重新考虑福州城市发展规划,把长乐、福清及连江变为福州三个区,使福州从沿江城市(沿闽江)延拓为滨海城市。拟在长乐或福清建设配套设施齐全的台湾城,包括引进台湾高新技术企业及金融、保险、咨询、教育文化等机构,为加入WTO、促进海峡两岸"大三通"做准备。

2002年

推进闽台科技合作

海峡两岸加入世贸组织以及21世纪经济和科技活动的区域化、一体化以及全球贸易自由化，将极大推动世界经济的重新整合，促进地区间经济技术的交流与合作。这就要求我们从国家民族利益的高度出发，认真审视闽台科技合作关系，并从战略上加以调整。

一、指导思想和基本原则

闽台科技合作的指导思想是，高举邓小平理论的伟大旗帜，全面贯彻"三个代表"重要思想。坚定不移地贯彻"和平统一、一国两制"的基本方针，坚定不移地坚持"一个中国"原则。认真执行中央赋予福建省的"同等优先，适当放宽"的对台政策，把国家和民族的根本利益放在首位。扩大交流，增进合作，排除干扰，寻求突破，从建设台湾海峡经济区，实现两岸科技、经济现代化的长远目标出发，扩大闽台科技、经济和人员交往，推动祖国和平统一。根据这个指导思想，应当坚持优势互补、共同发展，科技先导、科技经济密切结合，以台为主、台侨外并举，坚持高起点、实现高效益，合理布局、优化配置，突出重点、配套引进，单向与双向结合，引进与自主开发结合八项原则。

二、闽台科技合作的对策研究

（一）改革闽台科技交流的管理体制

一是建立全省统一协调的对台交流与合作管理机构，出台相关管理办法，打破部门和地方分割，克服因地方利益而产生的重复引进现象。福建省科技厅起草了《福建省科技台事工作暂行管理办法》，并报请福建省政府尽快审批，以利于科技交流的统筹规划，提高对台交流的层次和效率。二是建议国家科技部强化对台科技交流的研究和政策的制定，加强两岸科技研究，适时调整交流对策。三是加强全省对台科技交流民间社团的组织工作。对福建省闽台科技交流协会，应在人力、财力方面进一步加强，以取得更大成效。

（二）加强技术引进管理，提高引进效益

加强技术引进，对改善福建省产业结构、提高科技含量、增强竞争力具有重要的现实意义。

1. 确立和完善以企业为主体的技术引进运行机制，应激励企业增强引进技术的消化、吸收、创新的能力，提高技术引进的效益，并为企业创新行为提供内在、持久的扶持。政府在技术引进中要做好服务工作，加强宏观调控，以信息、咨询、政策诱导、法律保障等手段为企业的技术引进提供保障。

2. 加强产业导向，坚持适用技术与高新技术并举的方针，对高新技术产业的技术引进采取一定的倾斜。要加大软件的引进，增加对软件引进的税收优惠，同时减少对进口硬件的优惠或者不提供优惠。

3. 树立并强化"以市场换技术"（主要是高新技术）的意识。对于能够提供高新技术的企业来福建省投资，可给予较大的内销比例。但必须坚持在让市场的同时能够真正获得先进的技术，同时对关系国民经济命脉的产业和一些新兴幼稚产业，应适当限制其投资，鼓励台商在福建省进行研究与开发活动，推动福建省技术密集型产品的多样化生产，以防止其对市场的垄断。

4. 把技术引进、消化、创新与国有企业技术改造密切结合。尤其在当前国有企业转轨的艰难时期，对台技术引进要以国有企业为基础，通过引进先进技术和设备，组织消化、吸收和创新，改变企业设备、技术、管理的落后状况，提高企业技术开发与技术改造的能力。

5. 加强知识产权保护，为技术引进创造良好的环境。要加强相关执法，消除有法不依、执法不严的现象。在引进技术时，一方面，要全面了解引进技术和产品的知识产权，避免侵权行为的发生；另一方面，则要加强对台商投资

企业的管理，切实履行对知识产权进出境的保护职能。

（三）加强科技合作，促进双向交流

闽台科技合作存在较强的互补性，为促进闽台科技的双向交流，推动两地科技资源的有效转移，建议：

1. 加强科技人员交往，建立顺畅的合作研究渠道。闽台要加强科技人员交往，尤其要加强中青年科技人员的交流互访，发挥中青年科技人员在高科技领域交流的积极性、主动性和创造性。

2. 推进闽台科技人才、产业人才交流与互补。闽台科技交流除了以学术会议、科技展览、参观互访等形式外，还可以采用科技人才代培、选派科技人才参与当地研究创新活动等多种形式进行，以推动闽台科技产业的共同发展。

3. 以多种形式开展具有国际竞争力和共同需要的项目合作研究。闽台可通过资源要素的流动和转移，对当前共同面临的科技问题和具有国际竞争潜力的项目如气象、海洋、地质、地震等进行联手攻关。

（四）加强高技术及其产业合作，促进高技术产业带的发展

福建省应充分发挥闽台独特的地理人文优势和对外开放的政策优势，一方面，通过对台贸易和利用台湾资金与技术，加快福建省的技术结构调整；另一方面，借鉴台湾发展高科技产业的经验，在科技工业园区和出口加工区内招揽在国外的留学生和华裔科学家，采取免税优惠、财政贴息、银行贷款和技术参股等办法，为他们创造良好环境，研究开发高新技术产品。通过信息业的传导作用，将台湾的信息产业优势移植到福建，促进闽台高新技术产业共同发展与升级。

（五）建立协调统一的闽台合作基地

目前，福建对台引进工作大致有五种类型：台商投资区，对台贸易口岸，对台贸易仓库和台货市场，农业合作试验区、农业引进开发区，对台农业引种隔离区和闽台农业科技园区。上述各种合作基地虽然有一定的区域特色，但由于多头领导，缺乏统一协调的计划，难免带来诸多问题，影响了引进工作的时效性和计划性。因此，有必要建立全省协调统一的闽台经济技术合作区的管理机制，统筹全省对台引进工作的人、财、物，使多层次的闽台经济技术合

作真正做到有的放矢、突出重点、发挥优势、提高水平。

（六）加强农业科技领域合作，提高福建省农业现代化水平

一是要加强农业优良品种的引进，努力提高农地单位面积产出量。引种必须加强统筹规划，建立项目库，有效管理。尤其在预防疫病传入方面，要加强防范措施，在沿海地区增设动植物检疫站，增加检疫人员，加强民间引种和监控等。二是开展农业机械研发合作，提高农业机械化水平。福建、台湾两地在农地规模、地形、耕作技术等方面具有很大的相似性，可通过与台湾同行的合作，发展小型适用农机，加速福建农业机械化进程。三是引进台湾农业先进管理经验。主要包括农业研究和技术推广管理体系，技、贸、工、农相结合的农业产业化管理体系，以信息网络为载体的农业市场、营销管理体系，以及农村社会化服务体系。

（原载于《台湾农业探索》2003年第2期）

台湾IC产业发展与两岸合作

随着知识经济时代的到来，经济全球化、科技全球化、人才全球化越来越被人们关注。近年来，台湾在发展经济的同时，紧抓高科技产业，先后在台湾新竹和台南建立两大高科技工业园，积累了成功的经验。

20世纪60—80年代，台湾首先把应用科学发展作为科技发展的重点。到90年代，台湾的科技与经济有了很大的发展，并建立了一定的基础。

为了加强应用科学技术研究，台湾通过法律程序把具有实用性的应用学科确定为台湾科技发展的重点。把能源、材料、资讯和自动化四项应用技术列为重点发展学科，后来又增加生物技术、食品技术以及肝炎防治技术等三项，合计七项重点应用技术科学。为了适应经济发展需要，又增加环境保护、灾害防治、同步辐射及海洋科技。其中台湾信息资讯中的IC产业发展是最成功的范例。

台湾IC产业

台湾的IC产业已成为影响全球IC产业发展的一个重要因素。1999年台湾IC产业营业额达3608亿元，产值名列全球前4名。20年来台湾的IC产业发展迅速，造就了一批如台积电、联华电子、旺宏等世界著名的高科技企业。影响台湾IC产业发展的有诸多因素，其中正确的政策导向和发展思路起了决定性的作用。早期，台湾当局的积极推动起了决定性的作用；通过工研院电子所及电子工业发展计划，投入巨大的资金引进技术，培养人才；设立有利于高科技产业发展的科学园区，为IC产业发展奠定了基础。引进海外人才，采取代工的措施使台湾IC产业与世界IC产业的发展建立起良好的技术和人才联系，为台湾IC产业进入世界前列起了关键作用。

（一）70年代的积极推动

70年代中期，台湾把发展IC产业确定为其发展高科技产业的目标，投资4亿新台币，并采取了一系列行之有效的措施。成立"电子工业发展中心"，通过公立实验室承担引进新技术的风险，并验证岛内发展半导体技术的可行性。

同时，从1973年成立的台湾工业技术研究院电子所选派了一批包括杨丁元（现任华邦电子副董事长）、史钦泰（现任工研院院长）、章青驹（现任华邦电子总经理）、曹兴诚（现任联电集团董事长）、陈碧湾（台湾光罩总经理）、胡定华（旺宏董事长）、许金荣（汉民科技总经理）等电子领域44名优秀人才，于1976年赴美国RCA公司学习半导体制造技术，以及半导体企业的厂务、会计、生产作业等一系列技术管理经营、生产流程控制等。利用从美国RCA公司转移来的技术，在工研院开办了试验工厂，并支持试验工厂制造了电子表等产品所需的IC。这成为台湾制造的首批IC产品，同时也是台湾发展IC产业的开端。

（二）引进技术的有效消化吸收，对发展IC产业起了关键性的作用

台湾从国外引进半导体技术后，由工研院电子所承担了消化、吸收工作，以及发展初期的技术风险和人才培养。在技术引进的消化吸收中，工研院不但及时将消化了的成熟技术和人才转移到产业界，而且提供技术支持和跟踪服务，对台湾IC产业的发展起了孵化器的作用。具体的做法是，工研院电子所将美国RCA的技术引进岛内，建立实验工厂，对技术进行消化改良，把从RCA引进的半导体制造技术由3英寸提高到4英寸，同时电子所也开发出音乐IC、计算机IC以及电话IC等产品。在此基础上，工研院将成熟技术和熟练工程师、管理人员一并从工研院电子所分离出去，成立民间IC产业公司——联华电子。当年转移给联华电子的包括制造部经理、工程师团队、测试工程师、市场部经理、品管经理等有100多人。

按照上述模式，工研院电子所又衍生出台积电、台湾光罩公司、世界先进等，并且由电子所出来创业的私人IC设计及制造工作，也纷纷在新竹园区

发展。因此可以说，台湾工研院是台湾IC产业发展的摇篮。

（三）新竹高科技工业园为IC产业发展提供了良好的环境

在台湾建立科学园区的提案是当时任"国科会主委"的徐贤修先生提出的，被孙运璇看中，在蒋经国的支持下，于1979年定案，1980年12月正式设立。经过20多年的发展，新竹园区为台湾科技产业发展创造了研发、生产、工作、生活、休闲的环境，成为台湾吸引高技术人才、引进高科技、培育和发展高科技产业的基地。至2000年底，台湾当局投入244亿新台币，用于园区的开发、建设及管理。已开发土地605公顷，进驻企业289家，就业人数102840人。2000年的营业额为9293亿新台币。

由于新竹园区的容量有限，1995年确定在台南设立台南科学园区。目前该园区已有29家企业入驻，其中20家企业已经投产。

台湾IC产业的发展，在园区内提供厂房、土地、住宅及公共设施；对投资高技术的企业给予税收优惠。台湾"清华大学"、交通大学和工业技术研究院都设立在新竹，为台湾的IC产业发展提供了技术支持和人才需求。

（四）广招海外人才为台湾IC产业发展起到积极推动作用

80年代中期，台湾的PC工业日趋成熟，吸引了很多人才和资金到这个行业。在这一时期，大部分对准PC市场而设立的IC公司，几乎清一色地由美国硅谷回来的人才为技术来源。现任"科学工业园区管理局"局长黄文雄曾经说，当时3600多位从美国回来的留学人员，在科学园区创立了100多家公司。由于这些学子在国际上有广泛的联系，使得岛内IC厂商之间，以及与外国厂商之间，产生了密切的技术合作关系。工研院电子所也由于台湾IC产业的发展而失去其领导角色，转变为配角，在归国留学人员中，不但产生了被称为"台湾IC产业之父"的张忠谋先生，而且还诞生了如旺宏电子、德基半导体、矽成积体电路等一批著名企业。据新竹园区统计，截止1994年底，超过77家高科技公司是由海外人才回岛创立的。台工研院院长史钦泰认为："当海外技术与人才的潮流、与本地资金与工业基础的潮流汇集在一起时，就可以创造相乘效果。这两股力量形成互补，并彼此加强。"

（五）"代工"游戏规则是台湾IC产业迅速发展的有效措施

台积电的创始人张忠谋先生从海外回岛后，针对台湾的情况和世界IC产业发展趋势，提出了台湾IC产业的发展应该走代工道路，即纯粹为别的厂商制造IC，而不生产自己品牌的产品。在张忠谋先生的推动下，工研院电子所将VLSI试验工厂衍生为一个具有商业规模的制造公司——台湾积体电路制造有限公司。台积电自成立时就将市场目标放在美国半导体厂商及设计公司所需特殊应用IC的制造上，他将技术的执行加以模块化，可以随客户的需求加以迅速组合，使台积电能够多样化并弹性地满足客户的要求。这种方式允许IC设计和制造分开，设计公司不再需要去考虑IC制造厂所需的大笔成本，从而使得设立IC的设计专业公司在实际上成为可能。在这种发展IC产业思路的作用下，台湾生产公司的数目由1987年的30家增加到1999年的55家，营业额也从3200万新台币增加到2.3亿新台币。

IC产业发展对策研究

为了鼓励支持IC产业发展，台湾当局采取一系列措施。如1973年成立台湾工业技术研究院，解决产业发展中的技术问题；1979年制定《科技研究发展专案计划》，解决技术开发的经费问题；1980年12月设立新竹科学园区，建立了科技产业发展基地；1983年公布《培育及延揽高科技人才方案》，解决科技产业发展中的人才问题；1983年开始发展创业投资事业等。

（一）《科技研究发展专案计划》

1979年台湾"经济部"为促进科技产业发展，拨款1亿新台币制定了《科技研究发展专案计划》，该计划到1996年达131亿新台币，2000年达225亿新台币。《科技研究发展专案计划》的立项原则是研究成果能转化为产品的具有前瞻性、关键性或通用性的产业技术项目。

（二）台湾的创业投资事业

20世纪80年代初，台湾的经济发展迅速，劳动密集型产业逐渐丧失了竞争力。为推动台湾产业结构转型、发展高科技产业、辅导中小企业开拓市场，

1983年台湾当局决定以政策鼓励方式，开始发展创投业。目前已有创投公司191家，累计投入实收资本额达新台币1300亿，其中投资岛内科技产业925亿，带动科技产业的资本形成9000亿的规模。台湾的创投业资金来源主要是岛内的产业界、财团、上市公司、银行、保险业、证券业、富有的个人以及国外的法人等。目前台湾的创投业资金总额为45亿美元，其中60%为产业界投入，20%为个人投入，13%为金融保险业注资，7%为国外投资。台湾的创投号称仅次于美国，排名全球第二。台湾创投公会原秘书长苏拾中先生评价台湾创投业：台湾工业技术研究院为台湾的科技发展提供了技术和人才的来源；新竹园区提供了台湾科技产业发展的基地；创业投资为台湾科技产业的发展提供了经营的温床。他认为创投业与工研院及新竹园区是推动台湾科技产业发展的鼎力的三足。台湾创投业者认为支撑创投业发展，要具备四个要素：资金、技术、人才、资本市场。

台湾当局为发展创业投资事业，引导资金向高科技产业投入，采取了一些行之有效的措施：

1. 投入启动资金。1985年及1991年，台湾当局分别出资8亿和16亿新台币设立创投基金。

2. 在租税上鼓励投资创投公司。投资创投业的股东在其持股满两年后享有20%的投资递减优惠，按投资金额的20%递减其个人或法人的所得税（2000年起台湾当局取消了对创投业的优惠递减政策）。

3. 引导投资高科技产业。台湾当局规定只有创投公司投资高科技产业时，才可使用20%投资递减优惠；投资公司投资于非高科技产业，其投资额不能超过公司实收资本的30%；禁止创业投资上市的股票。

4. 明确投资公司的设立机制。在台湾创投公司实收资本额必须达新台币2亿以上，并需经台"财政部"专案审查后才可设立。审查内容主要是评定创投事业的基金管理队伍是否具备足以证明可以胜任科技投资的经验与能力。

5. 尽可能降低风险。台湾当局规定，创业投资事业投资于每家被投资事业的资金不超过创业投资公司实收资本的20%。台湾创投业界人士认为，要降低风险，创投资金应坚持投向不同产品、不同产业、不同发展阶段与不同地区。与美国的创投业相比，台湾创投业的利润为6倍，而美国为20倍。但美国创投项目70%失败，台湾则不足20%。

海峡两岸携手合作，共创高新科技辉煌

海峡两岸科技发展存在着互补性：祖国大陆经过50多年的努力，已经有了一个比较完整的科技体系，在若干基础研究和高技术领域已形成了世界水准的自主研究力量，拥有众多的科技人才和科技成果，对台湾有很大的吸引力。但存在着市场观念薄弱、营销策略不够灵活等问题。台湾基础研究较差，在高科技的基础和创新研究方面没有形成有效的能力，但为配合产品出口，重视应用技术向产业化转化，具有成熟的管理外向型产业的办法。总的来说，两岸科技发展各有优势，互补性很强。无论是基础研究还是应用研究，两岸开展科技合作的前景广阔。

长期以来，台湾经济发展的技术基础以引进为主要形式。台湾当局把产业的升级换代和高技术产业建设作为发展的主要方向，因此非常重视高技术特别是关键技术的取得和科技产业市场的开拓。采取扩大技术引进的同时，建立长久的技术支持体系；研究国际市场的发展，选择未来新兴科技产业及其产品，寻找合适的投资地区，增强产品的国际竞争力。经过十多年来的两岸科技交流，台湾对我科技实力有了较为深入的了解，因此把引进祖国大陆科技人才、获取祖国大陆科技成果作为"振兴经济方案"的策略之一，并制定了较为灵活的政策措施。

1989年两岸开启科技交流以来，祖国大陆已有2万余名科技人员赴台进行各种形式的科技交流，其中有500余位科技人员赴台进行合作研究，研究的领域涉及物理、化学、数学、气象、地震、医学等，绝大多数项目分布在基础研究领域，这对提升台湾的基础研究水平不无益处；在众多的基础研究项目中，涉及应用研究的项目极少，几乎找不出共同开发产品的典型事例。产生这个问题的主要原因是台湾当局"戒急用忍"的大陆政策。另外，出于其经济科技发展的需要，扩大延揽祖国大陆的科技人才，当前海峡两岸产业科技的合作就是

最好的例证。

海峡两岸产业科技合作的趋势不断增加。近年来，台湾科技界、企业界在科技交流与合作上表现出来的高涨热情，反映了两岸科技与产业的合作有着不以台湾当局意志为转移的客观动力。并表现出以下趋向：

（一）资讯产业界纷纷到祖国大陆投资设厂

资讯产业是台湾经济发展的支柱产业，也是台湾当局限制到祖国大陆投资的产业。但面临全球资讯产品竞争日趋激烈的形势，企业界不得不向外寻找更有利、更低廉成本的生产基地。许多台商看好祖国大陆资讯产业发展迅速，市场广阔的优势，纷纷到祖国大陆投资设厂。

据台湾"经济部"统计，2000年台湾海外投资（不包括大陆）达51亿美元，较上年增长55%，同期到祖国大陆的投资为26亿美元，增长108%。台商累计在祖国大陆投资22974个项目，171亿美元，占台湾对外投资总额的39%。据国家外经贸部统计，截至2000年底，台商在祖国大陆投资48837个项目，合同投资506亿美元，实际利用外资276亿美元，是利用外资的第三名（第一名为美国、第二名为中国香港）。台湾报纸报道，台塑集团的王文洋创建的宏仁集团，在上海浦东等地投资兴建半导体8寸和12寸晶片厂；台湾威盛电子计划在未来的两三年内将部分晶片代工订单转祖国大陆生产；前世大将集合东芝的晶片制造技术和美国中小型IC设计公司资金，同赴上海张江建晶片厂等。

台湾资讯厂商继键盘、鼠标、不间断电源、连接器等资讯硬件来祖国大陆设立生产基地后，现在将扫描器、主机板、监视器、VCD机、集成电路及计算机等都在祖国大陆设立了生产基地。其中，祖国大陆的扫描机市场几乎是台湾产品的天下，主机板也有七八成被台湾产品所占领。

（二）积极寻求与祖国大陆的科技机构合作，共同开发高新技术产品

祖国大陆的大学、研究所与大批的科技成果，吸引着台商的目光。台商把在祖国大陆寻找科技机构进行合作研究、开发高新技术产品、再利用这种合作关系切入祖国大陆内需市场作为发展目标，并成为新的发展趋向。

台湾永红集团红典公司与清华大学核能研究院精密陶瓷研究室合作，研发生物波纺织品，应用于服饰产品上，行销海峡两岸和东南亚地区；台湾工业技术研究院机械所与北京机床所亦早有合作等。

（三）共同探讨建立研发中心

祖国大陆的计算机软件产业发展迅速，且科技机构与产业相结合，运用群体力量激发创意，研发技术强，专业技术人才充足、优秀。北京、上海、西安等地大专院校，每年培养出大量的计算机软件人才。再加上人才费用低廉，就连美国、日本等发达国家都竞相征聘。

台湾经营计算机软件的业者看好祖国大陆的计算机软件人才、软件成果以及市场潜力巨大的优势，纷纷在北京、上海、厦门、福州等地建立研发中心。最近，台湾的廖福本先生与福建省科技厅签约，在福州长乐建立"锂电池研发中心"，预计总投资30亿美元。

21世纪，世界科学技术发生新的革命性突破，国际竞争更加激烈。海峡两岸都加入WTO，将面临着在更多领域、更大范围上与发达国家科技与经济的挑战。两岸科技与产业的合作有着不以台湾当局意志为转移的客观动力。同时，台湾岛内政局不稳，投资环境进一步恶化，使得大量高科技企业向外发展，寻求出路。在这种情况下，海峡两岸的高科技产业合作存在着向更深层次的方向发展的客观条件。

但是，我们应当清醒地认识到，在经济全球化的形势下，台湾高科技企业到祖国大陆投资发展并非他们唯一的选择，东南亚各国甚至德国、美国等一些发达国家都在提供非常优惠的条件吸引台湾高科技企业去投资。同时，我们还应看到，由于民进党上台，祖国统一大业面临更为复杂的形势。密切两岸的经济联系，加大台湾对祖国大陆的依赖程度，推动两岸关系的进一步发展，是祖国大陆"和平统一"的一贯政策。我们认为，当前是吸引台湾高科技企业来祖国大陆发展的关键时期，应当采取有利措施，扎扎实实地做好台湾高科技企业界的工作，创造良好条件，吸引他们在祖国大陆发展。为此建议如下：

1. 对台湾高科技企业和研究机构开放国家有关高科技研究计划，鼓励祖国大陆科研机构与台湾科技企业和研究机构合作，逐渐使祖国大陆成为台湾科技企业的技术来源，增加台湾科技企业对祖国大陆的依赖。

2. 允许台湾风险投资企业进入祖国大陆。风险投资是高科技产业发展的催化剂，台湾的风险投资为台湾科技产业的发展做出了重要贡献，其经验值得借鉴。我们应该进一步完善风险投资的运行机制，同时支持台湾风险投资企业进入祖国大陆，以达到吸引台资、发展我高科技产业的目的。

3. 支持台商在祖国大陆设立研发中心。对到我高新技术开发区投资的台商，在享受外商投资企业政策时应采取同等优先、适当放宽的政策，利用各种渠道加大对台科技招商的力度。

4. 进一步发展基础科学领域的合作研究。支持和鼓励我科技机构与台湾同行就共同感兴趣的基础研究课题进行合作研究。在合作研究项目立项前，注意明确知识产权的归属，以确保我方利益。

5. 针对台湾的科技强项，有计划、有组织、有目的地组织大学、科研院所科技人员赴台交流。鼓励高科技企业赴台交流合作。

6. 学习借鉴港、澳、深在珠江流域建立自由贸易区的经验，充分发挥福建对台优势，选择福州长乐、福清等地建立闽台自由贸易区与高科技园区，利用天时、地利、人和的有利条件，形成大约有60万人口规模的"台湾城"，迎接加入WTO的挑战，促进海峡两岸"大三通"早日到来。

（原载于《海峡科技与产业》2004年第2期）

加大改革力度，大力支持企业"走出去"

联合国贸发会议最近发布的世界投资报告称，中国截至2002年底，累计海外投资达到350亿美元，比1998年底的150亿美元增加了200亿美元，因而认为中国作为一个投资大国正在兴起。

进入21世纪以来，我国企业海外投资迅速扩大。据商务部统计，截至2003年11月底，经商务部批准的我国非金融类海外企业累计达到7438家，中方协议投资额达110.78亿美元。其中2003年头11个月达到17.38亿美元，同比增长92%。而且单项投资规模越来越大。截至2002年底，海外投资企业累计6960家，中方协议投资总额93.40亿美元，平均每家企业投资134.20万美元。2002年当年为350家，协议投资总额9.83亿美元，平均每家企业投资280.86万美元。2003年头11个月为448家，协议投资总额达17.38亿美元，平均每家投资387.95万美元。最大的投资目的地是亚洲，其次是北美，再次是非洲和南美，最后是欧洲，主要是中东欧。2002年和2003年两年开始，我国大企业连续出现海外并购活动。中海油两年内先后购买印尼和澳大利亚油气田部分股份，累计金额达到12.08亿美元。2003年京东方收购韩国现代液晶显示株式会社，金额达3.8亿美元。安玻彩管收购位列世界500强的美国道康宁彩管分部，海欣、上海制皂、TCL分别收购美国格利奴、美国幕泰克和德国施奈德电子，都是数百万和数千万美元的大手笔。这表明中国正在跻身全球化竞争。

与发达国家相比，我国海外投资存量还是很低的。截至2002年底，日本海外资产总存量达3.45万亿美元，美国达68912.51亿美元。我国只相当于日本的十分之一，美国的万分之五。全球跨国直接投资总额，2003年为6530亿美元。我国约占世界总额十分之一，大约相当于英法19世纪末开始大规模海外投资时的水平。

独资或合资型

投入资金设立独资和合资子公司。海尔在全球建立13家工厂，其中在美国和巴基斯坦建有工业园。TCL在越南建立年产50万台彩电的生产线、30万台数码相机和电工产品生产线，总投资逾亿美元。格力在巴西（空调）、中兴在巴基斯坦（通信设备）等，都是显例。珠三角、长三角等经济发达地区，民营企业开始成批向海外投资。无锡市在15个国家和地区设立了27家企业，其中2003年就有6家，项目数和中方投资额均为历史之最。

这类企业是母公司生产和销售的海外延伸。海尔海外设点固然是为了扩大集团生产和市场，但最主要的是形成全球品牌。如果限于国内，永远不是世界品牌。

还有，为了资源开发，最突出的是中石油在苏丹数亿美元的大规模油田投资。它有力地促进了我国与东道国的能源合作。中信在美国和新西兰投资的林场也属于这一类。

跨国并购型

1. 资源开发：中海油采取的是购入东道国现成油气田股份的方式。2002年斥资5.85亿美元从西班牙瑞普蒙公司手里购下其在印尼五块油田的部分权益，并成为印尼最大的海上石油生产商。同年，又以2.75亿美元购入印尼东固气田12.5％的权益。2003年5月15日还投资3.48亿美元，购入澳大利亚西北大陆架天然气项目。中石油也收购了印尼部分油气田。

2. 生产与营销全球延伸：上海通用集团购入通用大宇10％的股份，走上国际化经营第一步。2002年9月19日，TCL用820万欧元收购破产拍卖的德国施奈德电子公司，连同施奈德和DUAL两个世界知名品牌，成为欧洲高端彩电主要生产商，并连同通信、信息产品分销渠道和市场。上海海欣集团2002年4月购入美国格利奴（GLENOIT）公司在纽约的纺织分部，及其下属在南卡州和多伦多的两个面料厂，产能占北美三分之一。收购内容还包括格利奴原有全部销售渠道和46个知名品牌。

3. 逆向OEM：万向以280万美元的价格购入纳斯达克濒临摘牌的美国汽车零部件厂商UAI，后者则每年从万向购入价值2500万美元的制动器，使万向降低成本30%—40%。

4. 获取技术：我国TET-LCD技术距国际先进水平有一定差距。京东方科技购入韩国显示技术株式分社，是获得它的产品和技术的很好途径。

研究开发型

深圳华为海外研发机构遍及8个地区总部和32个分支。在硅谷、达拉斯、班加罗尔、斯德哥尔摩和莫斯科设立了研究所，同摩托罗拉、英特尔、微软、日电等成立联合实验室，申请国际和国外专利198项，是发展中国家最多的。华为作为中国驰名商标，在86个国家和地区注册600多件次，受到《巴黎公约》和世贸组织保护。2003年，其交换机接入网全球销售2500多万线，连续三年全球出货量居第一。这是通过海外研发达到国际先进自主知识产权和产品的成功案例。

战略联盟型

比跨国并购又复杂一层，通过同跨国公司的某方面联合，达到优势组合和跨国发展的目的。TCL同法国汤姆逊公司合并双方彩电和DVD业务，使彩电年销量达到1800万台，为全球第一，并占到世界市场的10%。TCL可以利用汤姆逊和RCA品牌及销售网络，并在亚、欧、美每个主要市场拥有一个高效率的制造中心。青啤宣布和世界最大的啤酒厂商AB公司（安海斯—布希）结成战略联盟。青啤向后者强制性发行可转让债券，在香港筹资14.16亿港元，同时利用后者的全球战略布局、技术、预算、管理，明显提升了青啤的品牌和核心竞争。

建议与意见

我国企业海外投资迅速扩大的原因,除了与我国人均GDP达到1000美元有关以外,还与经济全球化和产业全球化的总趋势有关,以跨国公司为主要载体的社会扩大再生产过程以及相伴随的资源、商品、资金、人才流动,日益以世界市场为舞台,我国只有同样以世界市场为舞台,鼓励成千上万的企业实施"走出去"战略,才能在全球竞争中立足和发展。

建议如下:

1. 除资源开发外,鼓励制造业向发达国家投资。制造业应设在劳动力成本相对低廉的国家,正如发达国家制造业大量转入发展中国家特别是中国一样,我国境外加工主要也在发展中国家。但发达国家转出去的主要是低端制造,高端制造和核心产品仍在本国。发达国家是商品主要销售市场,是技术的主要来源地,垄断了世界名牌,因此我们必须到发达国家中去。发达国家劳动力成本却高得多,但其劳动生产率也高得多。欧洲投资主要流向美国,而不是劳动力成本更低的拉美;尽管非洲劳动力成本更廉,而美国海外投资仍然主要流向欧洲。尽管西部劳动力成本更低,但外商对我国制造业的投资仍主要集中在长三角和珠三角。

发达国家有完善的法制和全球销售网络,海尔由于在美国投资生产,不断开发美国市场最高端的产品,迅速提升了自己的品牌。连美国高科技公司集中的康州政府都在拉海尔去设研发中心,如果仅在发展中国家设厂,不会有这么快的成果。实际上,美国,特别是州地政府,非常鼓励外来投资,并提供一系列免费服务和优惠政策,有的比我国开发区有过之而无不及,这些完全可以为我国充分利用。

2. 鼓励跨国并购或股份投资。跨国股份投资或公司有价证券投资是当前发达国家投资的主要形式。2002年美国累计吸引外资的总量中,直接投资为25525.80亿美元,公司债券为13916.16亿美元,公司股票为14640.89亿美元,后两者合计28557.05亿美元,超过直接投资。今后世界跨国投资的主要形式将是股权置换、参股、控股、出售方式，或整个企业拍卖形式。这样，同时获得了被购企业的产品、品牌、销售渠道和人才。我国企业已做出了成功努力并取得显著效果。在这方面，可以充分利用跨国投资银行和四大会计师行。世界跨国并购的咨询和运作，85%通过高盛、摩根斯坦利、美林、花旗、瑞士、第一波士顿等十大跨国投资银行，他们对同我国企业合作具有很大兴趣。

3. 鼓励战略联盟。主要指世界领先的跨国公司、实验室和大学合作。战略联盟比跨国并购复杂，其形式要看企业发展的需要和目标，其目的是优势互补。对于我国企业来说，是获得其他形式难以获得的市场准入、销售渠道、研发资源等。这方面也有很多机会。纽约州府奥本尼州立大学纳米技术中心有IBM、东京电器、西门子等窗口公司，该中心一再提出同我国企业搞伙伴关系。

4. 建议国务院协调中央有关部门尽快出台配套政策，如金融、知识产权、税收、出入境等方面，鼓励、支持企业实施"走出去"发展战略。

（原载于《中国科技产业》2004年3月刊）

访台见闻

　　去年10月22日，受台湾中华安亲会和华冈文教基金会邀请，我以福建省闽台经济文化促进会的名义赴台考察，途经台北、基隆、金门、高雄、台中、花莲、宜兰等地，沿途见闻颇多。在台期间，接待方高规格接待，处理低调（不上电视，不上报纸），双方多沟通、多交流，在老朋友基础上又结交政界、企业界、文化界、教育界新朋友。我们宣传中共十五大精神，宣传中央对台政策，宣传大陆经济发展的大好形势，同时欢迎台湾各界人士到大陆考察，进行经贸、文化交流及投资，等等。

　　我们分别考察了台湾新竹科学工业园区（宏碁电脑、全懋精密科技、昇阳国际半导体、力晶半导体公司均布局在该园），参观了中钢、长荣、味丹等大企业集团，考察了高雄港及台中的维多利亚航运公司，参观了慈济功德会所创办的医院、医学院及私立明道中学，参观了台北"故宫""省立美术馆"等文化设施。

海峡两岸"三通"问题

　　在台期间接触到的朋友，谈得最多的是海峡两岸"三通"问题，据海基会副董事长、秘书长焦仁和说："台北松山机场与福州长乐机场直航，一个航程大约40分钟。"在金门接待我们的金门县议会副议长欧阳彦木说："金门已做好与厦门直航准备，小客轮已购置，金门至厦门航程20分钟，船票300元台币。"

　　我们参观了长荣航空台北飞机维修中心，长荣现有35架大型客机，已与厦航合作，开辟厦门—澳门—台北航线，双方在澳门交接旅客。长荣董事长张荣发积极主张两岸"三通"，准备邀请福州市委赵学敏书记赴台探讨与长乐机场合作通航问题。除了通航之外，长荣对在长乐、厦门机场开展综合性业务也颇感兴趣（如开发酒店、休闲中心、娱乐度假、广告业等）。

海峡两岸经贸合作交流问题

在台考察期间，我们还参加了台湾企业家座谈会，考察台湾新竹高科技工业园以及台湾大型企业集团，共同探讨如何进一步加强海峡两岸经贸合作交流问题。

台湾新竹高科技工业园占地8700多亩，有170多家工厂（汇集电脑、半导体集成电路、通信、光电、精密机械、生物技术等企业），还有10多家研究所、开发中心及100多家第三产业企业为其配套服务，从业人员5.5万多名，年产值1200多亿元人民币，类似于美国的硅谷。

其成功原因在于：

1. 减免税优惠政策：五年免征所得税，以后四年优惠征税。

2. 吸引人才：集中海内外科技精英，制定政策吸引海外留学生回台服务，带技术、带成果入股，台湾当局再支持一部分资金。回台人员有3000多名，另外还有一批台大毕业高才生加盟。

3. 实行股份制，每个职工拥有股份，调动积极性。

4. 注重研究开发。引进国外新技术的同时，加以研究改进，有一定技术先进性。

目前面临的困境是土地紧缺、人才不足、劳动力昂贵，台湾已在台南开辟第二科学园区（台北至台南飞机40分钟航程）。台北到福州长乐也是40分钟航程，长乐具有海空优势，发展高科技产业有优势。建议长乐及早做好科技园区规划。台湾科学工业园科学工业区同业公会总干事曹典章先生又是长乐人，这次会见后，他将组团来福建考察。台湾宏碁电脑、全懋精密科技均形成来榕投资意向。

台湾的一些大型企业集团给我们留下了深刻印象。中钢（中国钢铁公司）是台湾上市大型民营企业，成立于1971年，年产钢850万吨，产品有五大类，400多个品种，15％产品外销，出口日本。现有职工9066人，平均年龄41.7岁，每月平均工资2300美元，职工持有股票。铁矿砂、煤等原料依赖进口，有4艘10万吨级船进口原料。他们重视研究开发，有45个博士、200多位硕士，除了产钢外，还生产化工原料及铝制品。目前还没有往大陆投资的意向。

味丹集团生产味精、饮料、快速面和绿藻（保健食品），擅长企业管理，重视研究开发，副会长相清钦有慈悲心肠，被人誉为"活菩萨"，在大陆已捐赠一亿多元人民币用于公益事业。

民营企业长荣航空拥有35架大型客机，航线遍及欧、美、亚、澳四大洲30多个城市，董事长张荣发竭力主张"三通"，对长乐机场、厦门机场特别感兴趣，意欲进行全方位合作。

高雄港年吞吐量8000多万吨，占全台湾进出口量的2/3，货柜装卸量506.3万多TEU（标准箱），名列世界货柜港第三位。台湾成为亚太营运中心，高雄港则为海运转运中心（以不通关、不入境方式，从事大陆地区输往第三地或第三地输往大陆地区的货物转运）。

关于闽台全方位合作的建议

1. 海峡两岸应多交流、多沟通，促进相互了解。无论是国民党还是民进党在选举中取胜，都非常注意"民意"的作用，这直接决定选票多少，也决定各党派的"立委"选举，县、市长选举中的席位问题。失去老百姓的拥护，就会失去执政党的地位。所以"以民促官"是完全可能的。建议我们加大宣传"三通"，宣传"一国两制"，宣传港澳回归模式。台湾老百姓最怕"由于海峡两岸经济发展水平差异，统一后生活水平会下降"，为了解除这个顾虑，应比较客观地宣传——海峡两岸各有优势，两岸统一后，优势互补，相得益彰，统一之后，是整个中华民族的腾飞与振兴，不是谁吃掉谁的问题，更不是生活水平下降的问题。

2. 台湾对海峡两岸"三通"呼声较高，建议我们及早研究对策。如大陆哪些航空港与海港对外开放，开放港口各项设施应尽快配套齐全。吸引台湾大批观光客过来，必将促进我省旅游业发展。我方去台人员开放度怎样，该哪一级审批，等等，都应尽早研究。

3. 考察中发现，大陆有着广阔的市场，土地、劳力、原料便宜，对台商有极大的诱惑力，无论是传统产业还是高科技产业，他们都想转移到大陆，尤其是福建，占有天时、地利、人和等有利条件，与台湾语言相通、习俗相同，应充分利用亲情、乡情、友情，广泛开展海外联谊工作，招商引资包括赴台招商引资。

4. 加快福建腹地建设，特别是西部地区建设与开发，加快铁路、高速公路建设，使之直接与京九线贯通，加快温州福州铁路与高速公路建设。建议中央对福建基础设施建设给予倾斜政策。

5. 福建已有135个开发区，但真正像台湾新竹科学工业园区那样的建设没有一个，建议利用新竹科学工业园区已饱和想寻求向外发展这个契机，向中央报批在福建长乐搞个大型高新科技园区，带动福建半导体、电子、通信、光电技术、生物工程发展。同时进行全省产业结构调整，从而带动相关产业发展。

6. 福建气候、地理、土壤条件与台湾相近，利用这个特点引进台湾优良品种（花卉、水果、蔬菜等），促使创汇农业、观光农业、休闲农业发展。

7. 台湾企业界人士十分关注《台湾同胞投资保护法》的执行情况，应做到有法可依、有法必依，遇到两岸经济纠纷时，也可邀请台湾律师共同仲裁，显示公平原则。

（原载于《政协通讯》2004年）

加强闽台农业合作交流

福建与台湾农业合作、交流是海峡两岸经贸关系的重要组成部分。目前台湾农业已形成一套比较完善的，以市场为导向的农、工、贸、技有机结合的农业经营管理体系和运行机制。借鉴台湾农业发展的技术、人才和管理经验，有利于两岸农产品贸易的相互衔接，促进两岸农业合作，加快福建农业现代化的实现。

一、台湾农业的基本情况介绍

1. 农业管理和科技教育机构比较齐全

分管农业的行政管理机构有"科委会""农委会""农林厅""林务局""渔业局""水土保持局""水利局和农村航空测量所"等相关部门。台湾研究院动植物研究所为台湾重点学术、基础研究场所。与农业相关的大专院校有台大农学院、中兴大学农理学院、海洋大学、中山大学海洋研究院、东海大学农学院、文化大学农学院、嘉义农专、宜兰农工专科学校等。专门的农业研究院所有农业、林业、水产、畜牧、农药、毒物等试验所、生物研究保育中心、农业改良场、农林厅种苗改良繁殖场等18大类农业机构。公营事业单位及财团法人研究有农业工程研究中心、生物技术开发中心、农机化研究中心等11个。国际科研机构有亚洲蔬菜发展研究中心和粮食肥料技术研究中心。

2. 开展农业技术推广工作有章可循

1965年出台《农业推广实施办法》规定，由"农委会""农林厅"和各级行政管理机构等督导农业技术推广工作，进行农业技术成果推广和指导。由民间组织、各级农会及村农事小组直接对农户农民开展农业技术推广。其农业科技发展有三个特点：一是教育、科研、推广三结合；二是科研、生产、消费三结合，农业科技立项主要来自市场需求，并以应用技术研究为主，其成果转化率高达72%；三是经费来源政府、农会、企业三结合。一般说来，政府拨款占大头，各级农会及企业给予适当扶持。早期农业科技发展主要是从海外引进，推广新品种，普及先进技术，促进稳产、高产。70年代初至80年代中期为农业转轨期，引导农民以市场为导向，拓展生产经营领域和建立完整的运销体系。80年代中期以后，受经济全球化影响，农业面临国际化、自由化的激烈竞争，高新技术进入农业科技。1987年，出台"农业科技资讯推广应用系统"计划，在农业推广资讯自动化实施上分为个人电脑推广及电脑资讯网络上推广，并开发五大资料库：一是农产品市场资讯，含每日交易状况、数量、价格；二是农产品农情资讯，收集五大类80种农产品以往五年的生产概况、平均价格、生产成本及粗收益等；三是农业经济，含国际农情资讯、产销动态、进出口数量、价格波动等；四是科技新知，含各地农业科技研究成果；五是植保资讯，含害虫防治、农药基本资讯、法规、病虫害预警系统等。并建立全岛性的推广资讯网络。

3. 以农会为主体的农业社会化服务体系比较完善

各级都设有农会，农会设理事会、监事会、农事小组，成员均由会员选举产生。聘任一名总干事，下设总务股、会计股、研稽股、推广股、信用部、供销部和保险部。推广股负责指导农业生产、推广农业技术、指导农民和文化福利事业等。信用部主要运行金融存货业务。供销部主要营销农产品、畜产品、生产资料或饲料等。保障部负责农民健康保险及全民健康、老年农民福利。各级农会通过民主选举产生，总干事由理事会聘任，可以解聘。

由于是多功能，优势互补，农业推广与保险赔钱，供销与信用则赚钱。农会为农民提供完善的资讯系统，为家庭农场提供信息服务。其农业社会化服务体系以农会为主体。其服务范围包括技术指导、推广及转化、生资供应、产品储运销售、信贷保险等。农会实行自下而上、跨行政区域建制组建自己的联合组织，以自愿结合、自主经营、自我管理、坚持为农户服务为宗旨，不以营利为目的。

4. 依照有关规定建立现代化农产品批发市场

为了规范农产品运销行为、调节供需、促进公平交易，出台《农产品市场交易法》，对农产品、批发市场、农民、农民团体、供应人、承销人、贩运商、零售商、批发商、农产品生产企业等定义做了明确规定，对农民团体办理共同运销方式、主管机关、必需费用、土地使用（视农业用地）以及税收（免征印花税和营业税）也有明确规定。按照规定精神，对新鲜、易腐烂农产品，如花卉、果蔬、肉品和鱼货等建立运行规范的现代化农产品批发市场。

以花卉批发市场为例：在台北、台中、彰化和台南分别建有大型花卉批发市场，担负全台湾花卉产品集中、均衡和分散的运销任务。供应人和承销商是批发市场营运的主力。供应人是向批发市场供应花卉者，一般由农民、农民团体、花卉生产企业、贩运商等组成。承销商是向批发市场购买花卉者，大多由花卉零售商、批发商、贩运商、出口商及花卉大消费户组成。花卉批发市场作业流程为进货作业、理货作业、验货作业、拍卖作业、分货作业、提货作业、行情报道和汇款作业。批发市场依其场地大小和作业方式，制定作业流程规定。进货花卉按质量好坏验货分级。符合定量包装规定，并填妥进货明细表，始能进场参加拍卖。拍卖次序按花卉种类的不同轮流拍卖。同种花卉按质量特、优、良次序拍卖，不良花卉延后拍卖。按货车到货先后次序拍卖。成交后由承销商提货运出。交易结束后将当日行情传真到主要产地供花农参考，并设语音行情专线查询，以方便花农得知行情信息。

台南农产品综合市场创立于1994年，占地面积11.98万平方米，建筑面积为1.36万平方米，由台南农会经营，专门经营鲜切花。该批发市场拍卖会交易采用先进的荷兰式电脑钟进行，有助于提高运销决价效率，并使花卉拍卖价格更能反映市场价。

5. 农作物农药残留监测、管理规范化

为达到农产品的高品质和信用安全卫生，加强对农药管理和对农民进行防治病虫害技术培训，积极开发生物防治技术，发展综合防治技术，并引进低毒、残留期短的农药供果蔬使用。对易发生残留农药的果蔬制定一套安全标准，从田间到市场分级监测和管制；产品进入农药残留总量速测，进入批发市

场前进行抽样快速检测；确定安全后方能销售。岛内63个果蔬批发市场均设有农药残留量快速检验室。如果检出农药残留超标，送当地卫生部门进一步检测，确认具体超标数，同时追究业者法律责任，重者判刑。岛内建立果蔬安全用药规章制度，辅导农户安全使用农药，经评审合格者发给"吉园围"标章，确保食用安全。

二、参考台湾农业经验，进一步促进福建省农业发展的建议

（1）有关部门尽快出台推动闽台合作发展农业的政策与法规，使农业发展有章可循、有法可依，逐步与国际惯例接轨。

（2）建立农业科技人才激励机制，为他们提供发挥聪明才智的舞台，鼓励农业科技人员与农民结合，创办服从制企业，发展种养殖业、农副产品加工业、生态农业及观光农业，发展为农业服务的各种中介咨询服务机构，鼓励农业科技人员及农民成为现代农场主和企业家。

（3）鼓励城市下岗职工、居民与大中专毕业生到农村创业，到城市郊区发展卫星城镇，发展农业与第三产业。

（4）大力支持农村成立以农会或同业公会为主体的农业社会化服务体系，把农民组织起来，开展技术培训、技术推广、农副产品加工、营销、运输、信贷、保险和医疗服务。

（5）鼓励闽台企业家利用民间资金投向发展农业，以"公司+农户"的模式把农民组织起来，发展生产，逐步做到科工农贸一体化。

（6）选择条件好的地区，组建农副产品批发市场或拍卖市场，逐步形成产、供、销一条龙，解决农民卖粮难、卖菜难、卖果难的问题。

（7）鼓励发展绿色食品，推广使用农家肥和生物治虫，减少农副产品污染。农副产品市场应设立农药残留量快速检测室，凡是进入批发市场的农副产品均应检测，确定安全后，方能发给销售许可证。

（8）办好台湾农民创业园。台湾现有农民72万户，367万人，他们掌握先进的栽培技术、优良品种和丰富管理经验，是台湾农业的中坚力量，福建省福清、

漳浦两地创办的"台湾农民创业园"应成为台湾农民的创业平台、两岸农业科技的交流平台，为台湾农民提供宽松的发展环境与空间，成为台农创业家园。

（9）创建闽台农业科技创业园。闽台农业科技、教育各有所长。台湾在园艺作物育种栽培、水产养殖、动物营养研究、农产品加工保鲜、坡地农业机械化、农业科技推广等方面具有优势。福建在水稻杂交育种、高产栽培、生物防治、生物工程开发、贝藻类养殖、野生牧草筛选等方面具有优势。闽台两地优势互补，相得益彰。

（10）建立闽台农业科技交流合作基金，组建闽台农业科技合作交流培训中心，聘请台湾农业专家培训技术农民。加快对台湾农业良种与栽培技术的研究消化、中试及推广，加快示范基地发展。闽台合作组建农业技术服务队，负责生产经营指导及技术咨询、培训，提高农业科技成果转化率。

（11）充分发挥福建农业社团的组织作用，与台湾农业社团组织全面合作交流。通过举办社团联谊会、农产品展销会、博览会或农业科技高峰论坛，扩大交流，借鉴台湾农业社团的成功经验，组织福建农业专业协会、行业学会及各种产销组织、产销使用社与台湾对口联系。

（12）闽台合作建立大型农产品物流中心、批发市场、拍卖市场、仓储中心和配送中心，建立海峡两岸共同市场，实施双赢战略。

（13）构建闽台农业合作交流平台。逐步将海峡两岸（漳州）花卉博览会、中国（福州）海峡经贸交易会、漳台经贸恳谈会、海峡两岸（三明）林业合作洽谈会升格为两岸共同举办展示会、博览会、论坛等活动。

（原载于《调研内参》2006年第2期）

韩国"新村运动"的经验与启示

韩国政府为了解决国家工业化和城市化迅速发展所导致的城乡发展严重失衡和城乡居民收入差距不断扩大等问题，1970年韩国总统朴正熙倡导和推动了建设新乡村运动，并经过改善环境、增加收入、综合开发三个发展阶段，取得了有目共睹的成果。韩国在20世纪70年代开始的"新村运动"，直到1993年，农民的收入水平已达到城市居民的95.5%。韩国的新村运动奠定了韩国国民的时代精神、国家伦理、和谐社会的基础和文明秩序，其成绩有目共睹。

韩国的经验

韩国新村运动的成功得益于政府的大力扶持和精心指导。

1. 农业农村立法。韩国以《农业基本法》作为农业宪法，同时制定了水产、畜产、山林、土地改良、耕地保护、农耕营农、农产品价格、批发市场、治山治水、农业机械化、农业组织、农业银行等100多部法律。为促进新村建设，加快农村现代化发展的进程，韩国先后制定了《农村振兴法》《农村近代化促进法》《农渔村发展特别法》《农渔村电气化促进法》《农渔村振兴公社及农地管理基金设立法》《环境保护法》《工业开发法》等法律，形成了完善的农业法律体系，确保了农业生产各方面、各环节和新村建设各项事业有法可依，走向了依法治农治村的道路。完善的农业法律体系的形成，为开展新村运动和农村现代化的实现提供了法律保障。

2. 推进现代化农业建设。为强化新村建设的产业支撑，韩国对农业进行化肥、农药、农业机械等生产资料的集中支持；采取了整理耕地、开发水利、改善排灌设施、开垦海涂等农业综合开发措施；加强了农作物和家禽的良种繁育、推广和普及（"绿色革命"），加快了温室栽培在全国各地的推广普及（"银色革命"）；坚持粮食自给方针，实行耕地保护制度，稳定粮食种植面积，调整农产品价格，推进农业生产资料价格调控；按照高产、优质、高效、生态、安全的要求，积极推进农业结构调整，大力发展多种经营、绿色农业、商品农业、生态农业；组织集体农业，建立农业技术推广体系，普及和推广科学的种田技术，推进了农业经营科学化和畜产企业化；发展农业产业化经营和农村工业化，不断开发非农收入来源；在大中城市兴建和完善农产品批发市场并加强其机能，加速农产品在全国的流通，兴建和扩建农产品综合联合商店，并鼓励这些商店同产地的销售组织直接交易，促进消费地零售机构的现代化；改善库存管理，对部分农产品实行价格预示和合同收购制；以先进单位组合为对象，成立标准化协会，制定46个标准化交易单位，确保公平交易秩序。农水产部设立"综合流通状况室"或"流通对策本部""流通对策状况室"，在26个主要批发市场和60个联合销售商店设立经销洽谈会，并实现了农产品流通信息的计算机化。

3. 政府投资和融资。韩国建设新村运动的各项政策措施都是以财政投资和融资支援为后盾。为加快农村基础设施建设，政府采取了中央财政和地方财政直接投资的方式。据统计，从建设新村运动开始到1980年4月为止的10年间，政府对农村基础设施的财政投资达27521亿韩元。为使农村金融事业适应经济增长的需要，更好地支持和促进农村现代化的发展，政府通过对农村金融体制的改革，使农协成为农村唯一的金融机构，并使其获得了较大的发展。20世纪70年代中期，农协向农业经营提供的资金中75％来自农民存款。为解决农业贷款难、农村融资难的问题，政府还设置了水利资金、新农村综合开发事业资金、扶持贫困农民自立事业资金、农村住宅资金、营农资金、农业开发资金等农村经济建设的专项资金和稳定农产品价格基金、促进农业机械化基金、营农后继者育成基金、农渔村地域开发基金。民间团体也设置了畜产振兴基金、蚕业振兴基金、农地基金、农药管理基金、振兴农水产品基金等专项基金。政府在农协中央会设置农林水产业者信用担保基金，专门为一些有困难的农林水产业者提供使用担保。

4. 完善农业协同组合。韩国农协成立于1957年，是由国家自上而下组织起来的。1961年，韩国政府将农业银行和旧农协合并，组建综合性的新农协。1986年，经过调整后的单位农协达1463个，特殊农协41个，组合员达200万名，形成了一个完整的农民组织体系。在政府的支持下，韩国农协在保证政府对分散农户新村建设的客观调控与指导，组织农民按照自助、自立原则进行互助生产和联合销售，通过购买、销售、农产品加工、金融、信用、共济等经营和管理活动改善农民的生产和生活条件等方面起到了重要作用。

5. 开发农民精神。韩国政府坚信，农民一旦精神焕发，也可以成为满怀信心和自豪的新型农民，就可以做到勤勉、勤俭、节约、自助与合作。政府采取各种措施向农民反复宣传建设新村运动的性质和目的，提出"只要干，我们也能成功""创造更美好的生活！"等口号，使广大农民在参加运动的过程中感受到建设新村运动是让农民富裕、农村富裕起来的运动。政府虽大力支持建设新村运动，但不包办，让农民自己办事、自己管事，注重激发农民在建设新乡村运动中的积极性、主动性和创造性。为了建设新村运动，政府成立新村研修院，举办骨干农民培训班、新乡村指导员班等24种培训班，培养和训练了新乡村运动指导骨干和中坚农民16.5万名。政府依靠奖勤罚懒的政策，对自己努力、合作的村庄给予支持，对不努力、不合作的村庄不给予援助方针，从根本上打掉了延续数千年的依赖思想，唤醒其自助、自立精神，发挥其主体作用。政府将全国的35000多个村庄分为基础村、自助村和自立村三种类型。这种划分使农民们产生一种如果掉以轻心、全村就会落后的紧迫感和危机感，培养了农民积极向上、奋发进取的主人翁意识、竞争意识和合作精神，刺激了他们的主动性和积极性。1981年的增收目标提前在1977年实现，全国35000多个村庄有98％成为自立村，而基础村几乎一扫而光。

新村建设的教训

韩国学者在一片赞扬声中，还是比较冷静地反思了新村运动的失误和教训。

1. 政府过于干预，农民过于依赖政府。学习和借鉴韩国新村运动的经验时，尤其在初期政府启动和领导时注意防止行政化倾向。政府干预在运动初期可以起到强有力的推进作用，但从决定、施行到评价往往比较匆忙，难免助长长官意志和决策失误，缺乏科学、周密的论证、听政和反馈程序，矫正起来成本与代价很高，有些社会效应是不可逆的，因而无法挽救和补救，损失也比较大。单一、单向的政府计划、政府行为导致和加剧了政府"实绩主导"和"办公室预案"的倾向和后果，外观上显眼的政绩多，对农民没有多大帮助的工程项目也不少，浪费了国家的人力、财力、物力。也有学者批评过于强制动员农民劳力，这种事情在资本主义国家发生也是比较罕见的，显然抑制了农民自主性、创造性的发挥。

2. 过于注重物化建设，环境、文化受到不同程度的损毁。"实绩主导"的政府行为，有时缺乏远景规划和长远设想，过于注重硬件建设，在现代化的名义下破坏环境，低估甚至破坏民族固有的传统文化与自然景观，有些损失是不可逆的。

3. 产生农业污染。在提高农产品产量、改善产业结构和增加农民收入的同时，施入大量农药、化肥，产生农业水土与环境污染，在土壤与环境中留下大量农药、重金属残留物，短时间内很难消除，影响了国民的身心健康。虽然发展环境友好型有机农业，在当时解决农民温饱问题时，显得有些过早和奢侈，但是国际上已经形成的发展生态农业和可持续农业的理念，并没有引起政府官员和学者的足够注意，是值得吸取的教训之一。

4. 过于注重农村住房的改善，引发农民负债累累。把住房改造当作新村运动的主要工作，超越了当时农民的承受能力，导致农民开始负债经营和生活，把好不容易消除的城乡收入差距又拉大了。到目前，韩国农民的负债率还很高，虽然还有其他原因，但成为限制农民收入增长和消除城乡居民收入差距的障碍之一。

5. 未能克服小农经济和农业继续衰弱的困局。东北亚地区，日本、中国、韩国的国情相近，农村人多地少，资源匮乏，农业生产规模小，农业生产率和效益偏低，这是很难逾越的自然客观因素。虽然实现工业化和现代化，也不可能克服这种天然屏障，即使是韩国的新村运动也未能挽救这种局面。1970

年，韩国农民收入为城市居民的61%，而1993年提高到95.5％。2004年韩国人均GDP为1.46万美元，农村居民的户均收入为2900万韩元，是城市居民的户均收入3736万韩元的77.6%，相当于2000年的城市居民收入水平，虽然有改善的趋向，但比20世纪90年代拉大了差距。通过新村运动，一时缩小了城乡居民的收入差距，但受其他因素的影响，差距还会拉大。加入WTO和经济全球化更加剧了这种小农经济的困局。因此，韩国学者们在反思新村运动局限性的同时，把振兴区域经济如城市支援农村，促进"都农相生"活动作为21世纪初新村运动的发展方向。

6. 理论研究滞后于社会实践。虽然在我们看来，韩国的理论研究并不滞后于社会实践，仅在1974年到1995年内完成的有关新村运动的论文就达1860篇，190多所大学参加新村建设，但韩国学者看问题的关注点在于重视韩国的新村运动是农民自主、自助运动，这是对运动中期政府过于干预的反思。如果学者们早点看到这个问题，经科学分析，提出解决对策和措施，运动可能进展得更理想一些，失误会更少一些，农民的生活可能比现在更好一些。

韩国市场经济体制和人文思想占主导地位，尽管儒家、传统文化的影响还在，但在制度革新上还是民主、自由、和谐、竞争的理念得以尊重。韩国新村运动最重要的理念是："我们能做！""干！就能成功！"新村运动是农民靠自己的勤劳致富，始终以农民为主角的创造与建设运动，给农民带来实惠的实践运动，激发和带动了全体国民的主动性和创造性。辛勤的劳动改造了他们自己，也改变了国家与国民的面貌。

借鉴与启示

建设社会主义新农村，是党中央、国务院运用科学发展观对我国"三农"问题更加科学、准确、全面的认识和系统运作，是一次思想认识上的飞跃和制度性革新，会获得巨大的社会、经济效益，我国广大农村将发生巨大的变化，城乡、区域之间将逐步形成均衡、和谐发展的文明社会。但是，我们从一些专家、学者和政府官员们热情洋溢的分析和论述中不难发现，我们可能疏忽了一些关键性的问题，那就是制度性的革新和创造。

1. 农民是新农村建设的主人翁。我们始终不能忘记"以人为本"的时代主题，如果广大的人民群众并没有在新农村建设浪潮中受益，反而受到折腾，就会在不知不觉中形成"政府热闹、农民折腾、部门受益"的尴尬场面。韩国至今还有许多学者批评国家政府"倒入"大把资金，一些政府部门兴奋异常，却并没有使广大农民受益，这样的局面就是政府的"单相思"和"办公室预案"脱离实际所致。很多行业部门和专家学者以极快的速度测算和制订本部门的工作方案和投入预算，难免陷入简单、机械、套路动作模式，这种"一头热"和脱离实际的做法，或者是以高超的逻辑思维和恩赐般的胸怀，急切为农民做主、设计和推进，这种运动式的攀比，都将成为农民的新负担。人们不怀疑，会出现世界上最好的村庄、最富裕的农民、最好的样板，但是广大农村和农民怎样了，是不是变好了，这才是关键。再好的设计和运作，如果没有感动农民这个"上帝"，忘记了农民是新旧农村建设的主人翁这一常理，不能激发和调动农民的主动性和创造性，反而破坏了农村的生态环境、自然景观和民俗文化，热闹的场面慢慢会走向低谷和形式化，最后会不得不低调收场。

2. 防止新瓶装旧酒。在农业与农村政策、管理体制、运行机制、技术层面没有新的革新与突破，缺乏清晰而有力的组织路线和技术路线，只是停留在一般性号召，再把各部委正在做的行政业务或工程计划捆绑汇总，各职能部门再把自己的蛋糕做大，缺乏科学的分析与评价，专家、学者不能真正参与到新农村建设中去发挥他们的智慧，只是被动地解读政府意图，新农村运动还是难免被各级庞杂的"行政战线"拖垮，实效甚微。当年的改革开放是以农村土地承包和乡镇企业为主线开展的，如果没有这项划时代的制度变革，还是通过"一大二公"的体制改革、修补，就不可能有今天翻天覆地的变化。调查研究滞后，缺乏科学的理论指导和规划，再则是旧的管理体制的惯性和利益集团的干扰，都会使新农村建设受损。只有调查研究，发挥专家、学者的智慧，立足于科学研究的成果，才能有理论、制度、政策上的革新、创造和新的突破。

3. 新农村建设要与制度性革新紧密结合。在韩国新村运动初期，没有实质上的农民合作组织，农民也没有自己的银行。民间高利贷加上粮食短缺，成为每年春季一些农民"迈不过的大麦岭"（当时韩国实行稻麦轮作栽培，有些农民等不到大麦收获就饿死）。随着新村运动的深入发展，农民合作组织迅速发展，改组后的农协银行真正成为农民自己的银行，城乡居民以比其他银行高的利息存入，农民以低于其他银行的利息贷款，可以用于农业生产，也可以用于其他生活。农协自成体系，以比其他商业银行更低的利息贷给农民用于生产、生活、保险、福利，解决了农村金融难题。现在，韩国农协承担全国农产品物流量的50%左右，有上百万亿资产的农协银行，有农协自己的大学和农民研修院，免费开展农民教育培训。还有韩国农史博物馆，为中小学和青少年开展传统教育和农史教育，而不开展其他商业性展销活动。物美价廉的农产品超市坐落全国各地，方便了市民。农民合作组织是世界农业的制度文明，我们必须借鉴和学习。

4. 韩国新村运动孕育出的成功典范之一，就是不同于其他国家农业科学院体制的农村振兴厅，这是韩国在借鉴美国、西欧和日本的先进经验和教训后，建立和完善符合韩国国情和农情的农业科研、教育、推广体制，需要我们认真研究和借鉴。集韩国农林部科技教育局、农业科学院、农民教育中心、技术推广组织等政府与科技、教育、推广和生活指导（设有农村生活指导所）职能（准部级）的这一组织体系非常科学、合理、有效，解决了农业、科技、教育、推广分离脱节的制度性障碍，实现了真正意义上的"农科教结合"。通过新村运动带来了精神积淀和文明因子，如今建设市民社会和志愿者服务成为新时期的主要内涵，而政府投入、农民合作组织、全国农协、农协银行和农村振兴厅成为制度革新的保障，全国农协与农协银行延伸到全国范围，成为国民的精神家园，而农村振兴厅对农村和农民的变化起到至关重要的作用。韩国今后的农村、农业、农民问题，主要依靠这两者的制度保障和运作机制继续深入研究和妥善解决。

2001年

台湾农民创业园探幽

一、台湾农民创业园基本情况

台湾农民创业园（以下简称创业园）是中央出台惠及台湾同胞的重要举措之一，是祖国大陆为深入开展对台农业工作而主动搭建的交流合作平台，是大陆与台湾在两岸农业交流与合作方面的新探索，是对台湾农民、农业组织和农业企业到大陆创业园发展的制度性保障。2006年以来，国台办、农业部先后批准在山东、福建、四川、重庆等14个省（区、市）设立了29个台湾农民创业园。经过近几年发展，创业园逐步形成了区域布局广泛有序、开发资源效益明显、政府企业社会共同推动的创业园体系，为台湾农渔民、农业企业、农业组织到大陆投资兴业提供一片热土，并使其成为两岸人民往来交流的重要平台。2010年、2011年连续两年春节前夕，胡锦涛总书记专程视察福建台湾农民创业园，并亲自回信给在园区创业的台湾农民，表达了对创业园工作的高度重视，给大陆台商台农带来极大鼓舞，并在岛内引起热烈反响。此前，中国国民党荣誉主席吴伯雄、副主席江丙坤等岛内有关人士也曾赴创业园考察并为创业园题词题字，对园区给予了充分肯定。

在中央及地方政府的大力推动下，园区建设成效显著。一是各地创业园以滚动开发的模式，加快基础设施建设。据不完全统计，截至2010年底，创业园基础设施投入已近25亿元人民币，构筑起了吸引投资、兴办项目必备的基础条件。二是入园的台资农业企业、农民不断增加。目前，落户的台资农业企业已有600多家，占在大陆投资发展的台资农业企业总数的10%。台资农业企业总体发展良好，90%以上获得了大陆绿色食品、有机食品和无公害食品的认证，有60％以上成为省部级或当地农业产业化的龙头企业。三是园区布局和产业结构配置越趋合理。园区布局逐步向祖国大陆东部、中部、西部区域拓展，合作层级不断丰富延伸，产业集聚效应不断凸显，基本形成了以水果和花卉种苗繁育、水产和畜牧养殖等产业为基础的农产品生产加工、农业技术交流推广、人才培训基地，构成各具特色、各有侧重、相互衔接的创业园体系。四是两岸农业界往来频繁，初步形成了互补、互利、合作、双赢的局面。特别是祖国大陆出台的一系列惠及台湾农民的政策措施，照顾和维护了台湾农民的利益，让他们看到了台湾农业新的希望，为两岸农业合作迎来了新的发展契机，对增进台湾农民对祖国大陆的了解和认同起到积极作用。创业园发展至今，已成为两岸农业界的广泛共识，成为两岸农业合作中最坚实的平台、最成功的范例，成为保障台湾农业转移提升、持续发展的重要支撑，也是大陆借鉴台湾农业发展经验和经营理念，探索建设大陆现代农业的先行区和试验田。

二、促进台湾农民创业园和两岸农业合作发展的政策措施

为积极稳妥推进创业园健康有序发展，深化两岸农业领域合作，祖国大陆有关方面相继出台了包括税收、财政、用地和配套服务等方面的惠台农业政策和措施40余条，地方各级政府出台支持创业园发展的地方性法规和优惠政策措施150多项，最大限度地帮助和解决了园区内台资农业企业和台湾农民发展问题。主要包括以下几个方面的内容：

在促进创业园建设方面：主要对创业园的用地规模和布局予以重点倾斜，对园区内符合条件的台资农业发展项目，优先协调用地。对创业园内的基础设施建设给予财政支持，对重点农业高新技术项目予以重点扶持。简化园区台资农业企业在项目核准、企业立项、税务征收、检验检疫通关等方面的审批办理手续。鼓励和支持台湾农民合作经济组织、台资农业企业和农民参与园区的建设和发展。来园区从事农业合作项目的台湾农民，可直接申请设立个体工商户。创设了台湾农民创业园专家咨询委员会、海峡两岸农业

技术合作中心、台湾农业技术交流推广中心等，为台资农业企业提供技术支持、咨询服务。

在扩大两岸农业合作领域方面：主要是利用农业技术推广资金支持两岸农业合作与技术推广。支持台湾各类各级农民合作经济组织、农业企业和台湾农民来大陆展示、推销农产品。可对台湾产兽药产品在大陆审批、注册予以优先安排，并可通过自设或代理机构销售。允许台湾渔船自捕水产品通过福建、广东汕头进口。发挥大陆现有出口加工区及保税仓库、出口监管仓库的作用，鼓励支持两岸农产品加工贸易。加强台资农业企业在大陆投资经营的咨询服务工作。

在农产品贸易方面：准予22种台湾产主要水果检验检疫准入，并对其中15种水果实施进口零关税；准予11种台湾产主要蔬菜检验检疫准入，并实行零关税；对台湾籍渔船捕捞的远洋、近海水产品和在台湾地区养殖的水产品，共计8个品种实行零关税等。在《海峡两岸经济合作框架协议》早收清单中，主动、单方面地对产自台湾的水果、茶叶、蔬菜、花卉、鲜活和冷冻水产品等18个税号的农渔产品，给予逐步减免关税的安排，并根据台湾农渔民生产实际制定原产地规则标准。

在优化服务，便利两岸农产品贸易和大陆台资农业企业产品销售方面：主要有对台湾水果、蔬菜在大陆销售涉及的通关、检验检疫实施便利措施。建立上海台湾农产品交易中心等多个台湾水果销售集散中心；台湾鲜活农产品在大陆运输可以享受"绿色通道"通行费优惠政策；组织采购团，赴台采购；缩短台商自岛内引进种子种苗及其栽培介质检疫许可的审批周期；台资农业企业自岛内进口种源品种，可以零关税进口，并可享受免进口环节增值税的优惠政策。

在保护台湾农产品知识产权，维护台湾农民正当权益方面：主要有加强大陆市场监督管理，严格区分"台湾产地水果"和"台湾品种水果"。支持台湾农产品生产商和经销商在大陆注册普通商标、证明商标或集体商标等。对相互承认植物品种优先权做出安排，建立了两岸植物品种保护的沟通合作机制。

三、台湾农民创业园建设中存在的主要问题

（一）认识不充分，发展方向存在偏差。部分地方政府将创业园当作普通的开发区，偏重经济建设，注重招商引资，忽视创业园在开展对台工作、宣传交流等方面可发挥的作用。一些园区盲目加快建设进度、扩大规模，开展征地拆迁和基础设施建设，造成土地、资金等要素供给不足，特别是个别园区对被占地农民的补偿和安置不到位，引起当地农民的严重不满，甚至激化矛盾。

（二）资金投入不足，台资农业企业融资难。一方面，目前国家没有专门的扶持资金，地方财政支持极其有限，创业园建设普遍存在公共基础设施和研发设备投资不足，影响园区功能和作用的发挥。另一方面，企业普遍面临"融资难"问题。尽管国家开发银行、华夏银行为扶持台商企业发展给予贷款优惠，但由于台资农业企业在大陆很难达到金融机构在贷款抵押、质押、担保等方面的要求，很难获得贷款。

（三）政策措施还需进一步完善和细化。地方落实中央出台的支持创业园建设和发展的政策措施不够完善到位。中央出台的促进创业园发展的政策措施，有一些比较原则化，需进一步具体化，增强可操作性。如对创业园"基础设施和农业高新技术项目给予财政扶持税收优惠"，为台资农业企业"积极做好用地服务"等政策，都需要地方制定具体办法才能落实和实施。

四、进一步推进台湾农民创业园发展的工作设想

（一）强化台湾农民创业园的发展定位和目标任务。准确把握园区发展方向和功能定位，以科学发展观为指导，不断提高认识，适时调整和转变观念及工作思路。要从宣传角度上转变固有的功能观念。从根本上转变把创业园等同于开发区的认识，创业园是经济平台，但更重要的是增进两岸人民了解和感情的交流平台。同时，从发展目标上转变评判观念。创业园不同于开发区，判断园区成功与否，不能简单地从入园的项目金额、企业数量多少等

来衡量,应该综合考虑它在两岸农民交流交往中发挥的作用,更加注重技术合作和人才引进。

（二）强化台湾农民创业园发展的重点领域。重点从以下方面开展工作:整合两岸优势农业资源,搭建两岸农业产业合作平台。促进两岸农业文化融合,传承光大中华农耕文明。交流两岸农村建设发展经验,探索农村可持续发展路径。加深情感交融,构筑两岸农民交流交往固定平台。争取多方支持,鼓励发展复合型园区。建立横向交流平台,会集各界有识之士共同出谋划策。扩大宣传,提升影响力。

（三）强化台湾农民创业园发展的保障措施。设立专项资金,增加投入。加大金融扶持力度,鼓励中国进出口银行、国家开发银行等金融机构对创业园放宽贷款限制,对符合园区建设规划的入园台资合资、合作、独资经营企业,给予贷款优惠。加大税收优惠力度。加强基础设施建设。园区土地利用予以重点倾斜。完善创业园管理体制。

2012年

附 录

探索实践新模式　推动可持续发展

——访福建省科技厅林嘉騋副厅长

陈　晖

改革开放以来，福建省得东南沿海地缘优势，抢改革开放政策机遇，秉持创新创业之精神，努力实施科教兴省战略，构筑高新技术产业发展的宏伟基业，取得了引人注目的发展佳绩。

1999年5月，由国家外经贸部中国国际经济技术交流中心经联合国有关机构同意，"联合国南南合作网示范基地"由福建省组织实施，总部设在福州。这是一个什么样的示范基地呢？如今，两年过去了，示范基地的发展情况又如何呢？它对福建省的科技发展和经济建设又能起到怎样的推动作用？对此，笔者走访了福建省科技厅林嘉騋副厅长。

陈　晖：近几年来，福建省的科技发展取得了哪些成果，您能否介绍一下？

林嘉騋：目前，福建已建立两个国家级、五个省级高新技术产业开发区，国家火炬计划"闽东南电子与信息产业基地"和软件产业基地粗具规模。至2000年底，全省已认定高新技术企业425家，总产值约881.6亿元，占工业总产值的比重达16.7％。在电子信息、光机电一体化、生物工程、新材料等行业已经显示出领先发展的优势。

面对21世纪的机遇与挑战，省科技厅将坚持改革创新，完善优惠政策，加强合作与交流，创造辉煌新业绩。

陈　晖：据了解，"联合国南南合作网示范基地"总部设在福建福州，而且已经运作两年有余，取得不俗成果。对此，能否介绍一下"联合国南南合作网示范基地"的情况?

林嘉騋: 为更好地参与南南合作,中国政府与联合国开发计划署合作在华建立了23个亚太蔬菜、亚太小水电、亚太竹子等国际区域性技术中心,并组建了"中国南南合作网"。福建省以食用菌技术在可持续发展中的综合优势进入南南合作领域,成立了"亚太地区食用菌培训中心"(以下简称"亚太中心")。1995年成立以来,亚太中心作为国际区域性技术培训中心,通过举办国际培训班、召开国际学术研讨会、开展双边和多边国际经贸技术合作等方式,出色完成了所承担的南南合作任务。

当前,南南合作正从技术交流合作(TCDC)走向经济技术全面交流合作(ECDC),为适应这种形势,探索发挥我国23个中心优先发展技术的整体优势,更好地促进南南合作事业发展,外经贸部中国国际经济技术交流中心经联合国开发计划署、工业发展组织等有关多边机构同意,决定集中力量搞一个综合示范基地——"联合国南南合作网示范基地",由我省的亚太中心承担。

南南合作基地的主要工作职能是:执行南南合作任务;探索并实践从TCDC到ECDC的发展模式和运行机制;为发展中国家社会经济的可持续发展、优势科技的产业化、脱贫致富、妇女参与发展等提供示范、可操作模式与经验;开展国际培训、研讨、交流活动,促进当地经济的发展,进而带动发展中国家相关技术领域和产业的发展,推动南南合作事业发展。

陈　晖: 联合国将此一机构设在中国,设在福建省,对福建的科技发展以及经济发展能够起到哪些推动作用?

林嘉騋: 对我省科技发展和经济建设的推动作用,我认为可以体现在三个方面:

一是通过这个合作项目,可以利用这艘承载国际交流培训的"航空母舰",将福建的食用菌专家和其他农产品方面的专家推介出去,在发挥和交流福建农产品人才方面优势的同时,也将福建有国际市场开发潜力的农产品企业推向海外。

二是借助这个合作项目,通过扩大覆盖面的做法,可以将福建更多的实用技术推向世界。如我们正在计划将"亚太地区食用菌培训中心"改为"亚太实用技术培训中心",增加花卉、盆景等其他培训技术,这样不仅能够为这个基地的可持续发展创造条件,也是向世界推介福建更多的实用技术。

三是通过这个合作项目,也将改变我们从单向的引进外资、技术,到双向的既引进外资、技术,也对外输出技术的双向交流层面的转变。

陈　晖: 目前,示范基地已取得哪些初步成就,拥有多少成员?我省的阳光集团也加入示范基地,这是一家什么样的企业?

林嘉骒: 示范基地自1999年5月在我省运作两年以来,初步成绩可以体现在两方面。一是基地成员得到扩大,现有成员达到10多家,包括我省的阳光集团、厦门灌口万宝山农业观光园等企业,而且基地在资金、人才、信息、技术等资源方面实现共享,如企业需要何种外籍专家,即基地统一对外聘请;二是在基地建设中避免了重复建设投入,即由基地对下属成员企业中发展较好、有突出特色的企业进行资金、人员方面的追加投入,以迅速帮助企业形成效益,将资源用得其所,防止了重新建设及资源浪费。目前,基地的未来发展目标是要积极进行企业化运作,逐渐发展成为集农业、信息、产业、生物、医药等于一体的跨国企业。

中国世纪阳光集团是示范基地的一个成员企业。世纪阳光集团是集产、学、研于一体的高科技大型企业集团,通过与中国农科院、农业部生物研究中心、中国水稻研究所、农业部土壤肥料研究所、农业部茶叶研究所等多家科研机构合作,为广大农民提供最先进、最实用、最实惠的技术产品。该集团生产的"绿地"系列肥料是适应现代"绿色农业"和"生态农业",发展和推广无公害的有机农业,替代化学农业,而采用高科技生物工程技术研究开发出的一种新型肥料;"世纪阳光"牌生物有机肥混炼机是能够利用城市垃圾、农业生产垃圾及牲畜粪便生产系列生物肥料、有机肥料的混炼生产设备。

（原载于《中国青年报》2001年4月27日）

闽企自主创新当如何着力

——福建省海峡科技交流协会会长林嘉䮾访谈录

巫望群

在前不久召开的中国共产党第十六届中央委员会第五次全体会议上，"提高自主创新能力"被屡屡提及。11月3日召开的中共福建省委第七届委员会第十次全体会议审议通过的《中共福建省委关于制定福建省国民经济和社会发展第十一个五年规划的建议》中，"自主创新"的字眼也不断地出现。可以说，政府对自主创新的倡导，正反复刺激着企业家的神经。

然而，"创新"二字说来容易做时难，福建企业的创新之路面临着种种困难和障碍，企业以及社会各界如何化解这些困难和障碍，以提升自主创新能力？近日，记者专访了全国政协委员、联合国开发计划署中国政府南南合作专家委员会委员、福建省海峡科技交流协会会长林嘉䮾先生。

福建企业自主创新能力缘何不足

企业没有足够的资金实力来成立自己的研发中心，多数企业的自主创新必须依托高校和科研院所的专家、学者。

传统评价体系的引导，也在一定程度上削弱了福建企业的自主创新能力。

记　者： "建立以企业为主体、市场为导向、产学研相结合的技术创新体系，形成自主创新的基本体制架构。"这是中共中央关于制定"十一五"规划的建议中有关自主创新的重要论述，体现了企业在自主创新中的重要作用。

你认为企业在自主创新中的重要性体现在哪里？

林嘉骐：只有企业的自主创新能力得到提升，才能使国家整体创新能力得到增强。企业在自主创新中扮演重要的角色，它既是技术创新决策的主体，也是投资主体，更是研究开发和科技成果转化的主体，在市场经济中，企业具有其他各类创新机构无法替代的地位和作用。

实际上，中央"十一五"规划建议还提出，"把增强自主创新能力作为科学技术发展的战略基点和调整产业结构、转变增长方式的中心环节"，这表明，推进自主创新能力建设已作为一项国家战略，被摆在更加突出的位置。

记　者：从全国范围来讲，当前闽企的自主创新能力排在什么位置？

林嘉骐：从我本人所掌握的资料来看，目前福建省企业的自主创新能力排在广东、浙江、江苏三个省份之后。福建省这两年专利的发明申报数在全国名列第八位，但是企业自主创新的专利却很少，这不仅体现出了福建企业知识产权保护意识的薄弱，也从另一个角度体现了福建企业自主创新能力的不足。

记　者：是什么原因导致福建企业的自主创新能力比较弱？

林嘉骐：首先是由于福建的企业以中小企业居多：一方面，企业没有足够的资金实力来成立自己的研发中心；另一方面，企业本身又缺乏人才，所以福建省多数企业的自主创新必须依托高校和科研院所的专家、学者。但我们要承认，福建的高校以及专家、技术人才的数量不及广东、浙江等省。

其次，跟传统观念的影响也有很大的关系。过去在对一些专家学者评职称或评价其科研成果时，比较重视论文，而专利技术的发明则被认为是雕虫小技。传统评价体系的引导，也在一定程度上削弱了福建企业的自主创新能力。

最后，过去福建省高校、科研院所的专家学者科技项目的立项，往往只从自己研究的领域去考虑，没有从企业的技术开发层面上着眼，所以产学研结合得不紧，这也制约了企业的技术创新。

自主创新也可以借助外力

企业与科研机构应该是技术创新的双主体。

我们也鼓励一些企业自己成立研发中心，包括与海外的企业或国内的重点大学合作。

记　者：你认为在促进产学研结合方面，福建省内的高校、科研机构和企业可以怎样互动？

林嘉騋：企业与科研机构应该是技术创新的双主体。科研机构仅作为知识与技术的生产者还远远不够，必须深入参与企业的技术创新，不仅向企业推介技术，还要帮助企业去实施，为企业提供从技术立项、研发、咨询到技术管理等方面的服务，成为技术创新的主体之一，与企业共同进行技术经营，才能加快技术创新步伐。

我们也鼓励一些企业自己成立研发中心，包括与海外的企业或国内的重点大学合作，这是最好的办法。但如果还不具备这种条件，那就借大学或科研院所的专家学者之力来提高自主创新能力。事实上，福建一些有实力的企业如新大陆、福耀玻璃、恒安和安踏等都在建设自己的研发中心，并投入了大量资金，但目前大部分中小企业还没这个实力。

记　者：那么在扶持尚欠实力的中小企业自主创新方面，社会和政府相关部门有哪些可为之处？

林嘉騋：近年来，福建省各级政府都陆续出台了一系列政策，鼓励企业进行自主创新，特别是在科技项目立项过程中，对高校、科研院所的专家学者与企业联合申报的项目予以重点扶持，促进产学研的结合。同时，自2003年以来，每年6月福建省政府都举办一次项目成果交易会，促进资本、技术、项目和人才的对接，使大专院校的科技成果能和企业在这个平台上直接对接。

此外，福建还建成了六家国家级企业技术中心和91家省级企业技术中心，泉州市还建立了一个技术开发公共平台。通过这些平台，企业可以共享信息、技术、人才、实验设备等资源。这有助于企业通过自主创新带动经济效益的增长。

记　者： 要想成为世界级企业，就要充分利用国际资源，你认为福建的企业该如何利用国际资源进行自主创新？哪些国际资源可以为我们企业所用？

林嘉騋： 从世界经济全球化、区域经济一体化的大趋势来看，企业乃至国家之间进行资源共享是一种必然，这些资源包括资金、市场、技术、人才、信息等。

福建企业在进行自主创新时，要学会"引进来"，现在福建的企业由于资金短缺，在引进来的过程中，多数只注重引进资金这一层面。实际上，从长远来看，在利用国际资源的过程中，引进技术才是实现技术进步的捷径，技术引进来后，就要与消化、吸收和创新相结合，才能迅速提高企业本身的自主创新能力。政府有关部门也应统一引进产业共性技术，通过多种渠道，加大对外来技术消化、吸收和创新的投入。

利用国际资源的另一条途径就是"走出去"，目前不少闽企以产品出口为契机，在海外建立生产销售基地。但"走出去"不单单是为了占领别人的市场，更要想办法和国际一流的研发机构合作，在合作中学习，借助国际一流的研发机构，把我们的人才培养成为高端人才。这样，我们在充分利用国际资源的同时，也培养了企业自主创新的人才。

变"福建制造"为"福建创造"

福建企业今后不应仅仅满足于为国外企业加工产品，还要有自主创新的新产品，这将是以后发展的重点。

扶持民企创建高科技产品品牌，首先要建立向民营企业提供自主创新技术服务的中介体系，其次要制定激励民营企业自主创新的政策。

记　者： 当前，福建省在建设海峡西岸经济区的大格局中，要变"福建制造"为"福建创造"的呼声愈来愈高，福建企业走向"福建创造"的条件和时机是否已经成熟？

林嘉騋： 我个人认为，还是要从福建如何加大自主创新力度这方面去理解。中国已经成为世界制造业大工厂，而福建的制造业颇具代表性，很多名牌服装、鞋帽都是在福建加工生产，也就是说，福建一直在做贴牌生产，为别人打工。贴牌生产的利润是很低的，比如福建的万利达，每生产一件产品，都要向日本企业缴纳专利费，只能赚取其中很小的一块利润。

制造业的根本出路不是廉价劳动力，而是靠掌握核心制造技术，提升国际竞争力。福建制造业在承接国际产业转移过程中，通过学习国外先进技术、跨国公司的技术外溢和本土化以及自身的技术进步，已经由初期主要集中于垂直分工（产业价值链的分工，可分为研发、生产、销售和服务三大环节）的低端产业链逐步向水平分工（劳动密集型、资本密集型、技术密集型产业的分工）和垂直分工双向发展，为"福建创造"赢取了一定的空间。也就是说，福建企业今后不应仅仅满足于为国外企业加工产品，还要有自主创新的新产品，这将是以后发展的重点。

记　者：刚才你提到福建企业自主研发生产新产品，这又涉及品牌创新方面的问题了。有一组数据很值得我们思考，在新近揭晓的2005年"中国名牌"评选中，福建有33个产品获得"中国名牌"称号，比去年增加近一倍，至此福建共有62个产品被评为"中国名牌"。目前，福建被评为"中国名牌"的产品数量居全国第5位，但为什么在外界看来，福建企业自主创新能力仍然不高呢？

林嘉骒：这就是品牌自主创新的发展战略问题了。福建的产品品牌确实不少，但较多的品牌还是停留在一些传统产业如服装、鞋帽和食品领域，并且多数集中于民营企业，高科技领域的产品品牌还很少。福建的产品品牌不能停留在"老字号"上，要不断地创造新的品牌，特别是要在高科技领域树立一些品牌。

记　者：那么，可以通过哪些手段扶持民营企业创建高科技产品品牌？

林嘉骒：首先就是要建立向民营企业提供自主创新技术服务的中介体系，大力培育各类技术中介服务组织，为民营企业提供技术创新、成果转换、技术咨询等方面的服务。在各类技术中介服务组织中，有相当一部分是为民营企业提供公益性、扶持性的技术创新服务，这些中介服务组织本身具有一定"公共产品"的属性。

其次，要制定激励民营企业自主创新的政策，可适度集中财政资金建立民营企业自主创新基金，扶持创办科技型民营企业，支持民营企业自主创新，加快技术进步，提高其市场竞争力。在这方面，泉州市做得比较好，特别是晋江和石狮等地，对生产名牌产品的企业给予了一定的物资或政策的激励。

记　者： 从自主创新的角度来看，福建企业最大的优势和特色在哪里？你认为福建可以怎样利用这种优势？

林嘉騋： 对台，这是福建的特色，也是其他省份都无法取代的优势。今年3月，我向全国政协提交了《关于建设海峡两岸高科技城的提案》。我在提案中提出，可以引进台湾新竹和台南的高科技企业，在福州长乐建立一个高科技工业园；此外，还可以吸引台湾的金融机构、中介机构甚至教育机构，形成一个能够容纳五六十万人的台湾城。这样，可以在本地形成完整的上下游产业链，不但可以帮助解决福建大中专学生的就业问题，还能提供一个平台，方便大专院校、科研机构的专家学者与台湾的科技人员进行交流和协作。

（原载于《海峡财经导报》2005年12月1日）

民政部审批慈善机构、公益组织时应放开

2007年3月10日下午3：00，林嘉骒带着他的提案做客腾讯，与网友分享他对两会民生问题的思考。

按照联合国标准，我国贫困人数不止2000万

主持人：腾讯网友，大家好，欢迎大家光临两会嘉宾聊天室，今天我们请来的是中国扶贫开发会副会长林嘉骒先生。首先请您跟广大网友打声招呼。

林嘉骒：网友们，大家好！

主持人：林老师是刚刚参加了两会。能不能就您今年的两会提案来聊一聊？

林嘉骒：今年两会，我关注的问题还挺多的。一个是老百姓比较关注的社会热点问题、焦点问题。另一个是海峡两岸关系的问题、祖国统一的问题，还有非物质文化遗产的保护、开发和利用。提案有20来个。

主持人：对于扶贫工作，您好像关注得特别多。我想问一下，目前我国农村地区的贫困状况大概如何？

林嘉骒：改革开放近30年来，我们国家经济发生翻天覆地的变化，但是城乡差别、贫富之间的差距、沿海和中西部地区的差距越来越大。去年，全国政协和我们扶贫开发会组织人员，一起到陕西的延安、山西的太行山革命老区、江西的瑞金革命老区，还有内蒙古和云南一些贫困地区考察，我们感觉，它们与发达地区的差别是比较明显的。

原来我们国家有1亿多的贫困人口。近30年来，从中央到地方都非常重视

扶贫工作，现在全国贫困人口还有2000多万。按照联合国标准，贫困人口可能还不止这个数。所以我们感觉，肩上的扶贫任务还是挺艰巨的。

主持人：扶贫开发协会具体做哪些方面的工作？

林嘉䠅：我们扶贫开发协会是NGO，是经过国家民政部批准成立的，主管部门是国务院扶贫办。主要是按照中央常委批示的精神，动员全社会的力量，把扶贫工作做好。

我们国家的扶贫工作分为两大块：一是执行国务院扶贫的任务。每年国家财政都有拨钱，拨到各省、各市县，主要是解决贫困地区、边远老区和贫困山区的资金缺口问题，比如地方要发展什么产业需要资金，就把钱拨下去。一是动员社会力量，特别是动员沿海地区比较强的企业，它们在改革开放30年中富裕起来，愿意做一些扶贫事业，还有就是动员海外的组织，为我们社会作一些贡献。

郭台铭给大陆教育捐了一亿元人民币

主持人：今年都有哪些重点工作？

林嘉䠅：一块是教育扶贫。比如台湾的郭台铭，他捐了一亿元人民币给中国扶贫开发协会，就是搞教育扶贫，专门针对贫困地区的农民孩子，让他们接受教育，到正规学校免费学习。还有一块是农民工子女的继续培训，让他们掌握一定的技能，可以到东部沿海地区去就业。

主持人：除了捐赠以外，今年你们扶贫工作还有什么？

林嘉䠅：国家财政这一块，主要是通过扶贫办这个系统层层下拨，这是政府在做的事情。我们作为NGO，积极配合政府工作，动员全社会力量。比如刚才讲到的企业定向捐款，我们考察得比较多，包括到边远山区、革命老区，考察当地有哪些资源，动员东部沿海地区的企业家到那里投资，所以我们在招商引资方面也做了大量的工作。我们的扶贫工作很重要的一大块就是产业化扶贫和开发扶贫，因为产业扶贫和开发扶贫跟"输血"一样起着一个作用，就是培养地方的"造血"功能，企业家在那里培养完了以后，通过"公司+农户"的模式，使当地群众掌握一定的技能，慢慢地自力更生、艰苦奋斗，从根本上改变地区的面貌。

主持人：不直接把钱发到他们手上，而是通过一些间接的方式，使他们的生活得到改善。

林嘉𬴊：我们涉及的面很广，包括产业化扶贫、开发扶贫，同时把一些科技成果带到贫困地方去，进行科技成果的培训，提高当地农民的农业技术水平。现在世界经济全球化，农业逐步从传统农业向现代农业发展，让他们从根本上一步到位，用一些比较新的科学技术来武装自己。现在农村信息化很重要，我们就选了一些试点，做一些试点工作，让农民用上电脑。我们还让一些有爱心的企业捐钱，或者捐电脑，把这些东西配备到农村去。我们还搞医疗卫生扶贫，让药厂和医疗仪器厂献爱心，捐药，捐医疗仪器，送到农村的医院去。城市医院以前进口的外国先进设备，淘汰下来，还能用，这些东西就送到农村的卫生院，也可以解决燃眉之急。除此之外，还有文化扶贫，就是送图书下乡，还有一些书法家献爱心，捐赠作品，我们进行拍卖。他们愿意搞信息化，我们帮他们搞信息化；愿意搞项目，我们帮他们搞项目。

主持人：在扶贫开发过程中有没有遇到过一些困难？

林嘉𬴊：有困难。我们也是在不断地探索、创新。因为我们扶贫开发协会本身没有资金，都要靠动员社会的资金，政府也没给我们钱，跟扶贫办的任务又不一样。除了企业捐款，我们跟国家开发银行谈了一个全面合作协议。贫困地区如果有好项目，我们的科研报告送上来，通过专家评审，就向国家开发银行推荐，建议国家开发银行把资金贷给他们。因为国家开行的资金贷款期很长，一般就是10年期，这样比较适合农业开发方面的扶贫。还有一个好处，它不要企业担保，也不要财产抵押，所以比较适合贫困地区产业发展的需要。虽然我们协会力量比较弱，但我们进行三大整合：一个是资金整合，利用国家银行的资金帮助他们，今后还准备逐步建立起小额贷款机制，争取国家给他们政策，同时争取一些大的企业，按它们的意愿出一点钱，组建担保公司。这几种方式都是解决扶贫工作当中的资金问题。二是人才资源的整合。这是很大的一块。即把大专院校、科研院所的专家、学者组织起来，上山下乡，把科技成果转移到农村去，转化成生产力。三是市场资源整合，比如将西部生产的产品，我们供应给东部。今年厦门搞开发会，我们还是组委会很重要的一员。我们有自己的摊位，组织一些农产品在会上展示，让外国投资商或者东部沿海企业家到那里进行投资。

我们协会通过帮企业赚钱来获得捐助

主持人：现在协会里的工作人员大概有多少？

林嘉骙：不多，就十来个。为我们工作的人大多数是义工。

主持人：我感觉它不成规模，也没有固定的工资。人员方面会不会成为你们扶贫开发工作的难点呢？

林嘉骙：我们是感到比较困难。我们协会现在搞的是会员制，有会长、副会长，常务理事、理事，还有普通的会员。我们通过发展会员来壮大我们的队伍。我们的会员基本上都很有爱心，有钱出钱，有力出力，重大活动的时候他们来当义工。另外我们通过为企业提供咨询服务，帮助企业解决一些困难。企业赚了钱，比如赚了1亿元，如果是因为协会的支持，那就捐1000万元给我们。

主持人：等于是一种变通的模式。

林嘉骙：通过咨询服务。比如他们遇到法律问题，我们让法律顾问帮他们解决。这样的话他们就捐一些钱。我们基本上还是属于自收自支的单位。大多数工作是靠义工来做。

主持人：我也看了一些相关报道，有企业家反映，在基层投资遇到很多困难，比如地方保护主义和一些政策问题。您在扶贫开发过程中，有没有遇到过类似的困难？

林嘉骙：有，各种情况都有。比如我们的企业会员碰到经济纠纷的时候，或者遇到不公正待遇的时候，他们就有反映，我们通过律师咨询，咨询完后，我们会长就出面到地方上帮他们协调、解决。我们这个协会总的宗旨，就是为企业服务。为企业解决问题，它就很热心做这些慈善事业。如果企业想投资，比如自己有30%的资金，还有70%的资金缺口，那么我们通过国家开发银行给它们提供贷款资金。上一次我参加了国务院发展研究中心的课题调研，又认识了中国农业发展银行的领导，农发行也很愿意跟我们合作。现在几大商业银行都开始重视扶贫开发工作，都愿意为这方面出力。今后这支队伍会越来越壮大。至于说其他投资公司，就更多了，有的很主动地跟我说，是不是可以利用我们扶贫开发协会这个平台，他们出一点钱，组建一个公司，从公司的盈利当中拿出一部分做扶贫事业。

主持人：您经过调查研究，从城市到农村的资金、信息，流到县一级就很难再深入，这是什么原因呢？

林嘉騋：我们国家改革开放30年来，重点还是放在东部沿海的建设上，重点放在城市。农村方面，这几年开始关注。比如免除农业税后，失去土地的农民今后的生活怎么样，我们也在调研、探讨。有的地方做得比较好，我们也在总结经验。比如说，有一个企业家把200多户专门养观赏鱼的人组织起来，互相流通。有时候往国外出口，一家的货源不足，可以把这200多户的资源集中在一起。我们不断地调研，把这些好经验写成内参，向中央高层领导报告。

主持人：在具体的扶贫工作中，有没有让您特别感动或者是印象特别深刻的事情？

林嘉騋：搞扶贫工作的人要有爱心。给我印象深刻的是，我们会长是一位非常有爱心的老同志。他过去也是德高望重的老同志，曾经是山西的省委书记，也当过煤炭部的部长。

主持人：您自己为什么这么关注扶贫工作？

林嘉騋：因为我原来在福建省工作，各个岗位都待过，当过大学的老师，当过外贸集团的老总，也当过科技厅的厅长，现在退下来了。我是第九届、第十届、第十一届的全国政协委员，当时跟着会长参加过几次全国政协的视察，被他的人格魅力吸引，就跟着他到北京来参与这个工作。

华南虎事件属道德问题

主持人：除了扶贫工作，您还很关心华南虎的问题，为什么？

林嘉騋：第一，我爱好比较多，也爱好摄影，从摄影这个技术角度来看，那张照片肯定是假的。第二，华南虎属于濒临灭绝动物，据一些专家讲，要么找不到，要么很少。在陕西那个地方，一个普通农民就能用数码相机拍出华南虎的照片，科学上讲不通。一般来说，在动物园里拍老虎，老虎都会对你虎视眈眈，更何况在野外？有一次我出差，看到水牛很好看，给它照了一张，它就冲着我跑过来，吓得我赶快跑掉了。就周正龙的照片看，他是在距老虎很近的地方拍的，这个不可信。

主持人： 关于这件事情，您有没有提案？

林嘉骙： 没有。但我有一个专门提案，《关于建议出台公民社会责任的道德条例的提案》。

主持人： 这是什么样的内容呢？

林嘉骙： 我举了一个新闻记者假报、漏报的事情，另外还举了周正龙的假华南虎事件。整个社会的道德败坏风已经很糟糕了，假酒、假药、假学历、假职称、假科技成果，这些道德上面的事情已经延伸到各行各业，涉及一些官员和知识分子。原来知识分子是很清高的，哪儿会出现剽窃论文这些问题？所以各行各业都出现了浮躁的现象。我提出明确的建议：我们不但要依法治国，而且要以德治国，有的东西已经触犯法律了，法律可以处理；法律不可以处理的，已经有了道德的问题，就需要公民有道德规范。不能乱讲话，乱做事。

国家应该批准私人办校

主持人： 好像您还对教育问题特别感兴趣，您今年的提案当中也有这方面的内容。

林嘉骙： 我感觉，在教育改革方面老百姓的意见比较大，关键是大学的盲目扩招，造成大量的毕业生找不到工作。每年都有100多万的学生找不到工作，这给家庭造成压力，给学生造成压力，所以每年一定要根据就业岗位的多少，来核定大学生的人数。现在不但是大学生扩招，硕士生、博士生也扩招。我记得在我们那个年代，一个硕士生导师就带五六个学生，博士生导师也是这样。现在不是这样，一个研究生导师带好多学生，就像生产产品一样，粗制滥造。同时，学校的招生名额很多，造成民众觉得，高中念完了以后就该念大学，然后念研究生。现在的职业院校、职业中专、职业学校却招不到学生，这样就使得教育结构失衡。现在已经出现苗头了，如果政府再不控制这种局势，再过三年五年，会有很多学校招不到生。因为我们国家实行了计划生育政策，听说有些农村里的小学已经偏多了，开始是小学结构调整，关停并转。招不到学生的小学就关掉，再过若干年中学也偏多，最后是扩招的这些大学——盖那么多校舍，但招不到学生，这不就造成了社会资源的严重浪费？到时候我们国家进入老龄化社会，这些人转行，就住进了养老院。

主持人： 就是说，要根据具体工作岗位来设置学校的招生名额。

林嘉騋： 教育一定要两条腿走路。比如，国家财政保证公立学校，比如大学、中学、小学的运转，同时允许民间资金进来。因为我们国家30年来的变化很大，老百姓手中有钱了，富裕的企业家中有爱心的很多：我宁可不赚钱，或者少赚钱，投入多少亿办学校，办职业学校，或者是办国家承认学历的大学。我认为必须批准他们这样做，只要专家评估认为其够条件。为什么不能一条腿走路？这样就跟得小儿麻痹症一样，走不稳。两条腿走路，国家财政一块，民办私立学校一块。其实哪个国家都有私立学校，为什么我们不让办呢？福建厦门有一个金地房地产集团，他们的董事长很有爱心，在厦门投资七八亿元，盖了一所福建理工学院。福建省很支持他们，报到教育部，但八个多月以后还没有批。

盲目扩建是不是浪费？大学盲目地扩建，扩建要贷款，贷款有利息。我这个提案提得蛮严重的。这些大学欠银行几亿元，甚至十几亿元，到时候大学破产，银行就有大量的呆账，跟美国的次贷危机有什么两样？这些情况现在看不出来，但以后会影响到我们国家的金融体系，从教育进而影响到其他方面的发展。企业家都说招工太难，就是职业学校的招生问题，招生太难了。

县政府只该建一幢办公楼

主持人： 技能学校的培训跟不上。您还比较关心国家机构改革这一块，这个能不能讲一讲呢？

林嘉騋：前几年开全国政协会议，我提出了关于构建节约型政府的提案。十七大之后，胡锦涛总书记又提出构建服务型政府的意见，我感觉非常好。新中国成立以来，我们机构改革已经进行了好几次，但机构改了以后，过一段时间又膨胀。机构改革的关键在于政府职能的转变，就是大量的事务是政府不该管的事，应该交给民间组织，权力下放。很多事务上，政府不能既当运动员，又当裁判员，导致权力过分集中，权力集中又缺乏监督就会导致腐败。比如我有资金，某个项目获得了立项，专家评审认为，这个项目应该给你，就把这个项目给你。但是进行鉴定、验收的时候，就不能再让这帮专家做了。要改变现状，关键在于政府职能的转变。至于说行政方面，浪费的地方太多。县里一个很小的机构，没有多少人，也要盖一栋楼：公安局盖一栋楼，工商局盖一栋楼，其实可以让所有部门在一起办公，搞一条龙服务，提高行政效率、办事效率。中央部委当然不能全部在一起。但到县乡一级，就不能再建这么多楼房了。至于说基层干部不该配车的配车，不该配秘书的配秘书，这些太浪费了。又比如，现在科学技术这么发达，何必一定要在北京开会呢？完全可以搞电视电话会议。有时候开会传达精神，我们都传达腻了。将中央会议精神传到省里，省里再向下传达，其实完全可以直接开电视电话会议。

主持人：您提的这些议案都很好。

林嘉騋：这些也是老百姓关心的问题，因为这些问题我确实是经过调查发现的。到了基层，老百姓会讲这些东西。

中国人不热衷慈善，与国家政策有关

主持人：我们再回到关于慈善的话题，您接触到的这些企业家，他们对慈善的态度怎么样？因为现在有一种说法是，中国人不太热衷于慈善。

林嘉騋：这个跟国家政策有关系。首先，为什么国外的慈善机构那么多，我们国家少？我们民政部在审批慈善机构、公益组织的时候应该放开。

主持人：现在很严格吗？

林嘉騋：是比较严格。还得自己去找主管部门。在国外都没有主管部门一说，都只有审批部门。

主持人：自己想成立的话，需要找相关部门审批。

林嘉骒：对。比如某个企业家想出1000万元，搞一个基金会，需要找主管部门、审批单位。这一块的程序审批很麻烦。西方政府在这个方面是放开的。其次，就是税收政策。做慈善的企业和个人会想，我做慈善事业、公益事业，捐出来的钱，税钱能不能抵销？目前税务部门只给抵3%，今年提出说给抵12%，我是希望能够100%抵税。这样才能够引导我们很多企业，包括先富起来的人献爱心。我们希望越来越多的人参与到慈善组织中来，这就需要国家税务方面的支持。最后，还需要媒体的公益宣传，让全社会都来做慈善事业，特别是要鼓励大量的人参与做义工。

主持人：今天的嘉宾访谈到此结束，最后请您给网友说几句话，或者是对两会的期待。

林嘉骒：今年的两会，我感触很深：人大代表和政协委员们对民生问题特别关注，收集老百姓的想法，帮政府出点子。我们希望在2008年，大家感兴趣的很多问题在中央的领导下，都会逐步解决。

主持人：谢谢林老师的祝福。谢谢各位网友！

（原载于腾讯网2007年3月10日）

着力改善民生，推进产业扶贫

——访中国扶贫开发协会副会长林嘉騋

田晓旭

"我国扶贫开发不仅表现在贫困人口减少和贫困地区加快发展上，更重要的是成功地探索了一条符合中国国情的扶贫开发道路，成为中国特色社会主义理论体系的组成部分。"国务院扶贫办主任范小建日前撰文指出。

在中国特色的扶贫道路上，产业化扶贫无疑是适应新阶段扶贫工作形势和市场需求而出现的新方式，也是开发式扶贫工作的重要内容。正如中国扶贫开发协会副会长林嘉騋所说，把重点放在产业扶贫上，已经是我国扶贫开发事业的重要方针之一。

架起产业扶贫桥梁

记　者： 中国扶贫开发协会在产业化扶贫方面有哪些具体作用和贡献？

林嘉騋： 中国扶贫开发协会自1993年成立以来，一直致力于消除贫困、缩小贫富差距、促进共同富裕、构建社会主义和谐社会、辅助政府广泛动员社会力量，引导多种所有制经济组织开发产业扶贫工作，实现扶贫开发的社会效益与投资回报的双赢目的。推动产业扶贫开发，是协会的最主要工作，也是协会扶贫创新的长效品牌工程。

中国的扶贫工作一直都是以"输血"为主，有政府财政拨款资助，社会资金捐献援助等。而在"造血"方面，则必须坚持产业化扶贫和开发式扶贫。

中国扶贫开发协会就是朝着这个方向努力。比如一个贫困地区、革命老区或者边远山区，当地资源如地下资源很丰富，或者是农产品很丰富，但是农民缺少信息，没有加工技术，那么我们就把东部沿海的企业通过招商引资，引到当地办工厂，吸收这些农民变成工厂的打工者，变成工厂的职工。

以山西长治为例，该地区干旱缺水，饮水问题一直以来都是"老大难"。为此，中国扶贫开发协会通过与国家开发银行和山西省政府合作，从2006年2月开始将长治确定为"新农村建设与扶贫开发"试点市，由国家开发银行为长治市提供1.17亿元贷款，在全市共建成各类农村饮水工程1641处，彻底解决了全市3334个自然村82.4万农村人口和11.6万头牲畜的饮水安全问题。此外，协会通过牵线搭桥，为"长治家禽标准化生产示范县"建设项目和农村基础教育工程争取贷款4000万元。

长治市农村饮水安全试点工程的成功实践，探索和创新出了中国扶贫开发协会、国家开发银行、地方政府和项目"四位一体"支持产业化扶贫的新机制，协会在其中所发挥的作用正是为产业扶贫架起沟通服务桥梁。仅通过与国家开发银行合作，协会便为贫困地区引进资金约30亿元。

此外，中国扶贫开发协会在宁夏启动的贫困地区小额融资体系建设试点工程，也将在宁夏辖区的原州区、隆德县、盐池县、灵武市等地区逐步开展。相信试点之后，将有效解决基层农村贫困农户贷款难的问题，加速宁夏设施农业和特色农业产业化发展。

扶贫产业立足民生

记　者： 作为中国扶贫开发协会副会长和中国产业扶贫委员会主任，您认为当前我国产业化扶贫的重点是什么？

林嘉騋： 产业化扶贫是国家制定的"一体两翼"扶贫开发战略方针的重要组成部分。具体到我国的实际情况，实现广泛而且高度的农业产业化是广大贫困农民彻底摆脱贫困的落脚点和归宿。产业化扶贫的目的就是要使贫困地区的社会经济从本质上得到提升，改变传统自给自足小农经济社会的现状，从而实现富裕文明的共同愿望，因此，产业化扶贫不仅涉及千家万户，而且涉及千变万化和激烈竞争的市场。

产业化扶贫的关键在于因地制宜、科学规划、正确引导。无论是从自然地理环境还是从社会经济发展现状，贫困地区每处都不尽相同，这一客观现实决定了产业化扶贫必须因地制宜，对于产业的确定要根据各地不同的自然气候条件和群体习惯并结合市场发展前景，会集相关方面的专家进行综合分析和论证，根据产业发展的需要和扶贫资源的可行性进行科学合理的配置。科学可行的产业化扶贫规划不仅能够对广大农民起到正确引导的作用，而且还可以吸引社会资本及生产要素参与到规划产业建设之中，起到"引窝蛋"的作用，有利于最大限度地发挥扶贫资金的效益。

同时，产业化扶贫也需要通过对外开放，融入市场，使资源优势变为经济优势，提高市场竞争能力，从而达到脱贫致富的目的。将当地的优势、特色发展成为产业，形成现实有效的经济支柱，便是产业化扶贫的最有效途径。

当然，产业化扶贫还应重视对公共需求的投入，搞好公共需求服务。同时，在扶贫产业项目的选择上，应该立足民生，对有利于地方可持续发展的民生、教育、科技等项目给予重点扶持，促进产业化扶贫又好又快、健康发展。

全面推进产业化扶贫

记　者：以中国扶贫开发协会多年来的经验，如何才能更好地推进产业化扶贫事业？

林嘉騋：就协会的经验而言，加大产业化扶贫力度，推进产业化扶贫事业，更好地提供服务是关键。

第一，在招商引资方面，东部沿海地区的经济普遍要比西部地区强，有东部经济向西部扩散的趋势，我们的工作是从贷款资金上支持企业家向西部发展，为贫困地区争取贷款资金支持。将扶贫资金用在农村有一定经济基础、市场经验的企业手中，通过它们带动农户脱贫，同时也解决企业在产业化发展中的基地建设的问题，如蒙牛集团用的奶牛牧场，很多都拿过扶贫资金。这种方式不仅是救助贫困的典型模式，同时也是产业扶贫的示范模式。这次金融和企业在贫困地区的合作，将是未来农村产业化解决贫困的重要形式。

第二，在产业化扶贫方面，协会非常重视发挥人才优势。大力开发人才资源，依靠科技进步，提高产业开发效益，把科技推广应用贯穿于产业化扶贫的始终，用科技优化产业结构，发展科技型、创新型龙头企业，形成独具优势的特色产业，促进科技成果在产业化扶贫中得到转化利用。

第三，注重农村人才培训，也是协会在推进产业化扶贫事业中比较注重的。农民工失去了工作，失去了土地，给当地政府带来了很多压力。我建议中央出台相关政策给予支持，为积极创业者给予优惠政策，为他们开启方便之门。从东向西，就地解决农民工的后顾之忧，如解决留守儿童、老弱病残等的生活问题，保障当地社会稳定。农民工大多数在东部地区掌握了一些技能，当地政府应培养他们一专多能，来适应当地工作环境，转变观念。即便在本地，在工厂，也要有创业精神，让农村逐步形成一村一品、一乡一业的扶贫开发新格局，这样社会才能进步。

第四，产业化扶贫需要龙头企业带动，加强龙头企业与特色基地的衔接，健全完善龙头企业与农户的利益联结机制，农民才能广泛受益。龙头企业要立足于加工转化，通过市场辐射和效益覆盖，带动贫困村和农户发展优势特色产业，推动产业结构升级，推进产业化扶贫工作的有效开展。

此外，积极组织全社会力量参与扶贫事业，引导社会各方面大力开展各具特色的扶贫行动，促进国际合作。弘扬中华民族扶贫济困的传统美德，为推动产业化扶贫的健康发展再接再厉，作出新的贡献。

（原载于《信息导刊》2009年第44期）

应尽快为扶贫事业立法

顾 磊

提案背景

改革开放以来，我国发展迅速，经济实力大大增强，综合国力已立于强国之林。但发展不均衡的问题仍然存在，城乡之间、东西部之间的贫富差距较大，扶贫事业任重道远。

国务院总理温家宝在去年全国两会期间所作的政府工作报告指出，应加大扶贫开发力度。今年将实行新的扶贫标准，对农村低收入人口全面实施扶贫政策。新标准提高到人均1196元，扶贫对象覆盖4007万人。

国务院总理温家宝等中央领导在多次谈话中指出，要完善国家扶贫战略和政策，加大扶贫战略和政策，加大扶贫资金投入，坚持开发式扶贫，稳定解决扶贫对象温饱问题并努力实现脱贫致富。

因此，开发式扶贫已经成为当前扶贫事业的"重中之重"，需要全社会的参与。

今年全国两会，林嘉騋委员在扶贫开发方面共抛出四个重点建议，从立法和政策的角度建言献策。林嘉騋委员在接受记者采访时指出，国家应该出台综合性的配套政策，为扶贫开发打造政策保障体系，动员社会力量参与，最终消除贫困。

在扶贫领域，目前社会各界已达成共识——必须改变过去救济式的"输血"扶贫方式，发展开发式的"造血"扶贫。

那么，如何转变？除了社会各界转变观念、一起努力之外，相关配套政策必不可少。全国政协委员、中国扶贫开发协会执行副会长林嘉骒今年抛出一系列"重磅"提案，旨在通过抛砖引玉的方式，为扶贫开发建言献策。

提案建议：

建议一：应尽快为扶贫事业立法。

加快为扶贫事业立法已经是社会各界呼吁多年的一个问题，早在2004年全国两会上，全国人大代表郭海亮就曾建议将《扶贫法》纳入全国人大的立法规划。此后，关于扶贫立法的呼声不断。

扶贫立法如何为开发式扶贫提供法律方面的保障？林嘉骒委员认为，立法应该对参与开发式扶贫的主体进行规范。

主体包括政府、NGO、企业和各方社会力量。

"应该分清这些主体各自的方向和分工，把这些界定清楚。"林嘉骒委员告诉记者，"比如，政府应该在资金倾斜、政策引导等方面加大投入，政府应该将一些职能延伸出去，让NGO来执行；而NGO应该在公益慈善方面、在扶贫开发的项目实施上努力；同时，爱心企业和爱心人士也应该参与进来，为扶贫开发出资出力，民间资金和物力是非常庞大的，可以弥补财政不足。"

因为角色不清，林嘉骒委员所在的中国扶贫开发协会在项目实施的过程中，多次被政府或企业拒绝。"他们认为这是政府应该做的事情，NGO来做这个事情是不应该的，这是一种偏见，应该通过立法来规范。"林嘉骒委员说。

扶贫立法的第二个重点，是应该指明，扶贫事业应倾向发展开发式的"造血"扶贫，并强调产业扶贫的重要性。"我们动员一切社会力量参与开发式扶贫，让偏远地区和相对贫困地区的劳动人民利用本地和外来的资源，通过自己双手的努力创造美好的家园。"林嘉骒委员告诉记者。

建议二：增强国务院扶贫办职能。

"我建议将国务院扶贫办改名为国务院'富民办'。这个改名有两个意义：第一，改变扶贫的色彩，扶贫不是救济式的，而是开发式的，因此应该让大家都富裕起来；第二，这个名称也可以改变社会上一些仇富的心理，表明党和政府的扶贫政策的富民色彩。"

林嘉骒委员还建议："国务院扶贫办要统筹全国扶贫事业的发展。"

为什么要这样建议呢？林嘉骢委员认为，目前国家各大部委下面都有扶贫办，但有点"各自为战"和部门分割的色彩，力量难以统一。另外，国务院扶贫办目前主要抓的是农村地区的扶贫事业，而城市中的困难群体，目前没有专门的部门来开展开发式扶贫。

"我建议的这个'富民办'，应该将各个扶贫机构统筹起来，有主导性地开展开发式扶贫，将城市和农村的困难群体全部纳入扶贫事业中来。"林嘉骢委员说，"但光依靠政府是不够的，党中央和国务院的领导人多次指出，要依靠社会力量扶贫，因此，应该动员NGO和企业以及爱心人士参与扶贫事业。"

建议三：成立中国扶贫开发银行。

林嘉骢委员介绍，目前中国农村约有5500万低收入农户，他们中能从信用社获得贷款服务的不到20%，即使向每户提供一次10000元的贷款，信贷需求缺口也在4000亿元以上；如果扩展到城乡近亿贫困群体，若向每人提供一次10000元的贷款，信贷需求缺口就达10000亿元之多。

"我们认为，组建一家全国性的以贫困人群为主要服务对象的金融扶贫机构，可以有效地克服金融扶贫这一短板，让困难群体享受到贷款的帮助，帮助其实现脱贫致富的梦想。"林嘉骢委员告诉记者。

林嘉骢委员介绍，拟组建的中国扶贫开发银行在市场定位、营运目标及运行模式上将完全不同于现行的其他金融机构。

"市场定位上，中国扶贫开发银行将以向国内贫困人口提供信贷服务为目标，主要目标客户群则瞄准无法从商业银行、小额贷款公司、农村金融机构获得贷款支持且具有劳动能力的农村及城镇贫困人口、失业人员、残疾人、未就业的大学毕业生。通过发放小额贷款，促进这部分人通过创业致富。"林嘉骢委员说。

"营运目标上，中国扶贫开发银行追求的是经济效益与社会公益效益的最大统一。其强调盈利，并非为了自身利益，而是把所得利润的大部分仍用于新的扶贫项目、新的扶贫领域。"林嘉骢委员告诉记者。

此外，在运营模式上，林嘉骢委员认为，应该建立爱心人士出钱帮助困难群体的资本金募集及扶贫存款机制，同时建立"多户联保+风险基金+循环贷款"的贷款模式，并针对不同地区和不同情况的贫困群体，实行差异化的服务方式。

据了解，目前，中国扶贫开发协会联手共青团中央、全国妇联、中国残联、全国总工会及全国工商联，正在牵头发起并组建中国扶贫开发银行。

建议四：博彩向扶贫开放。

"扶贫事业需要动员社会力量参与，也就意味着每个人都可以参与，那么该怎么参与呢？其实有很多种方式，比如博彩。"林嘉騄委员说。

经过多年发展，我国博彩事业获得长远发展，目前在体育和助残等领域，筹集了大量的社会资金，并把这些资金用于社会福利方面，取得了很好的效果。

为此，林嘉騄委员建议，博彩应该向扶贫事业放开。"这是一种草根参与的最佳方式，每个人都可以奉献自己的爱心。大家花很少的钱购买彩票，既有可能获奖，又为扶贫事业作出了贡献，何乐而不为？通过这种滴水汇聚成大海的方式，就可以吸纳大量的民间资金用于扶贫事业。这对消除贫困当然是有帮助的。"林嘉騄委员告诉记者。

（原载于《人民政协报》2010年3月2日）

如何让中国的扶贫工作走向正轨

——林嘉骒先生访谈录

2018年3月17日，全国政协委员、中国扶贫开发协会执行副会长、中国产业扶贫委员会主任、联合国开发计划署中国政府南南合作专家委员会委员、全国中小城市发展委员会副会长林嘉骒先生，接受了凤凰新闻社《新闻人物》专访。

记　者：马克思在创建共产主义理论时明确指出："共产党的根本任务，就是让人民群众认识自己的利益，并且为自己的利益而奋斗！"

那么什么是人民群众的利益呢？我认为，人民的利益，应该就是让人民群众改变贫困面貌，集体走向富裕的道路。习主席曾经提出：致富路上，不能落下一个人。这充分说明，30%的人富了，不算富；50%的人富了，也不算富；只有全体人民都走上富裕的道路，这才算真正达到了富裕的标准。

中国原来有10亿人口的时候，曾经号称有8亿农民。现在有将近14亿人口，农村常住人口只有5.7亿人。从人口比例来看，中国的农村人口和城镇人口的比例不断下降。中国早年有句俗话，叫"无工不富"，可当今的农业，已经发展成了集约化和立体化的大农业，先进的农业生产技术已经取代了纯粹的牛犁加锄头式的旧农业时代，无工也能走上富裕的道路了。现阶段，除了边远山区的农民因地势和土地面积小，不能实行大规模机械化耕作以外，平原地区的农民，基本上已经解决了贫困问题。那么对于边远山区农民的扶贫问题，国家要采取什么样的帮扶政策呢？

林嘉骒：改革开放40年，中国的经济面貌发生了翻天覆地的变化，取得了举世瞩目的成就和取得了世界的公认。从中国经济总量的发展情况来看，中国经济已经成为世界强国，超越日本，跃居了世界第二。人民的生活水平，大幅度地提升。不过，我们应该承认，在人民生活的问题上，还存在一定的差距，比如贫富差距过大的问题、中西部和内地的差距、沿海开发开放城市和内地的差距、城乡差距等。

这几年，国家财政每年给国务院扶贫办拨款300亿元、400亿元，拨款数额逐年增加，足以说明国家对扶贫工作的重视和不断加大扶贫工作的力度。国务院扶贫办主任刘永富很明确地说："就算是国家财政每年拨款1000个亿，对于扶贫问题来说，也是杯水车薪。"中央历届领导，包括我们的习总书记，都强调要调动全社会力量，共同来参与扶贫工作。中共十九大以后，中央提出，中国进入了中国特色的社会主义，进入了一个新时代，我们必须要有一个全新的观念。如何从阶级斗争的领域，走向提高人民生活水平，解决贫富差距的道路上来。

记　者：在我上小学三年级的时候，在语文课本上，学过一篇寓言故事，叫《小灰兔和小白兔》。故事里讲的是，一只小灰兔和一只小白兔，去帮老山羊收白菜。白菜收完后，老山羊为了答谢它俩，送给它们每人一车白菜小灰兔愉快地收下了白菜，而小白兔则摇摇头说："您还是送我一些菜籽吧！"于是，老山羊便送给小白兔一包菜籽。小白兔收到菜籽后，便在自家的地里种上了白菜籽。到了收获的季节，小白兔收获了整整一片地的白菜。这时，小灰兔才恍然大悟，要吃的迟早会吃光，只有自己动手，才能丰衣足食。

同样，国家在扶贫问题上，是不是也应该借鉴这个寓言故事的道理，在扶贫工作上，除了改变农村硬件设施上，比如修路、盖房、改善农村环境之外，还要多给农民指路，在农民的农业生产上多下功夫，让农民自己通过劳动，用双手创造财富，自己走上富裕道路呢？

还有，全国有2862个县和县级市，2012年，贫困县有590多个。据了解，到现在，贫困县还有390多个。在短短的5年时间里，我国能够脱贫200个县，这个成绩，是相当不错的。那么今后国家在脱贫问题上，还将采取哪些战略和举措呢？

林嘉骐：我们最开始的扶贫工作，是很粗糙的，从中央到地方，扶贫款逐级下拨，基本上是"输血式"的扶贫。我在全国政协委员提案上，明确强调，要改变扶贫工作的状态，实现扶贫的两大转移。一是把"输血式"扶贫，向"造血式"扶贫转移；二是要从"救灾式"扶贫，向"产业"扶贫转移。要确立精准扶贫的项目，来实现脱贫致富。这个提案，得到了民政部和国务院的认可。国务院扶贫办同国家各个部委签订了扶贫工作协议，使扶贫工作从形式化走向了具体化。

记　者：是的，国家在扶贫问题上，每年都会拿出巨额资金，用在扶持"三农"发展上。可是据我了解，有地方的贪官们，却把眼光盯在这些钱上，出现了贪腐和截留问题。尽管国家加大了打击力度，查获了很多在扶贫款上做文章的贪官。目前扶贫领域作风不实的问题还是不少，比如说责任不落实、政策不落实、工作不落实等等。很多地方也做了，但是做得不够好、不到位。还存在一些形式主义、官僚主义、弄虚作假、数字脱贫等现象。出现了挤占挪用、贪污扶贫资金问题、优亲厚友等问题。为了解决这些问题，山西省浮山县县长廉海平，带领全县各个部门，研究开发了一套扶贫软件管理系统，用数据管理来实现精准扶贫，能有效地杜绝和抵制各种在扶贫问题上走形式和贪腐现象。这种管理模式，是否能在国家进行推广，以用科学的管理模式来杜绝扶贫管理上的漏洞呢？

林嘉骏：凡是有利于扶贫工作的先进经验和创新举措，我们都要进行借鉴和推广。浮山县用大数据平台来管理和监督扶贫工作，这个项目做得很好。我正在跟出版社联系，准备出版一部书，叫《扶贫经济学》，准备把这个研究成果收录到该书之中。另外，我还要把这个案例汇报给国务院扶贫办，建议向全国推广。希望凤凰新闻社和我们合作，一起来做这项工作。下个月，我们要组成考察组，到山西省浮山县进行实地考察。

记　者：习总书记说："绿水青山，就是金山银山。"国家在社会主义经济建设中，开始注重生态文明建设。特别是，习总书记把"构建人类命运共同体"的理念，提高到了全球的高度。并且，习总书记的这一倡导，得到了世界各国的积极响应和广泛认同。那么，我们现在需要在这方面，要着重做好哪些工作呢？

林嘉骏：我们都知道，贫困县虽然经济不发达，但是生态环境都很好，民俗文化和红色旅游资源很丰富。这些地区自身发展的能力差，等、靠、要的思想比较严重。所以，我们决定要充分利用这些地区的优势，调动方方面面的专家、学者，广泛地深入到这些地区去调研，因地制宜地去制定这些地区的经济文化发展规划。比如说，贵州省道真仡佬族苗族自治县就是一个例子。这个县很贫困，我们中国扶贫开发协会牵头当红娘，就把重庆市的名豪房地产公司的一位很有开拓精神的董事长，与它进行了对接。他对文化旅游很感兴趣，便在这里投资了200多个亿，建设了"中国傩城"，搞起了少数民族傩文化开发项目。这个项目建立后，不仅改变了该县的面貌，而且给当地百姓致富创造了先机。原来农民月人均收入只有200多元，现在提高到了几十倍，甚至达到了上万元。

记　者：大家知道，由于农民工涌向城里务工，农民工队伍为城市发展，做出了很大贡献。可是由于大量的农民工进城，却造成了严重的对留守儿童监管、教育等方面不力，出现了留守儿童、留守老人现象，也出现了很多负面的问题。国家积极鼓励农民回乡创业，那么国家采取什么样的措施，才能改变这一现状呢？

林嘉骒：这个问题，我早就注意过。我曾向各地的县级政府提议，让地方政府出台政策，兴业办厂，来吸引农民工返乡务工，以缓解城市农民工过剩和农民工进城所带来的社会性的留守儿童、留守妇女、留守老人问题。让农民工有工资，有社保，享天伦之乐。广西的隆安县，在开发区建立兴业园，鼓励农民工返乡创业，把商铺给租户提供两三年免费使用。这样做，就缓解了农民工无钱租房经商的困惑，能够顺利地脱贫致富。

记　者：谢谢林先生，今天的采访既生动，又具有实质性。看来您为中国的扶贫工作做出了积极有效的贡献。我们期待中国的扶贫事业就此走向更高的领地，在中国经济腾飞的道路上，把脱贫问题彻底解决好，再会！

（原载于凤凰网）

图书在版编目（CIP）数据

扶贫经济与产业发展 / 林嘉骅著 . —北京：中国文史出版社，2017.12
（政协委员文库）
ISBN 978-7-5205-0374-7

Ⅰ . ①扶… Ⅱ . ①林… Ⅲ . ①扶贫—中国—文集 Ⅳ . ① F126-53

中国版本图书馆 CIP 数据核字（2018）第 145823 号

责任编辑：梁玉梅

出版发行：**中国文史出版社**
社　　址：北京市西城区太平桥大街 23 号　　邮编：100811
电　　话：010—66173572　66168268　66192736（发行部）
传　　真：010—66192703
印　　装：北京地大彩印有限公司
经　　销：全国新华书店
开　　本：787×1092　1/16
印　　张：17.75　　插页：1
字　　数：265 千字
版　　次：2018 年 9 月北京第 1 版
印　　次：2018 年 9 月第 1 次印刷
定　　价：59.80 元